Gracia, Fe & Libre Albedrío

Un contraste de los
Puntos de Vista Soteriológicos
Entre el Calvinismo y el Arminianismo

Robert E. Picirilli

randall house

© 2016 Casa Randall de Publicaciones

Publicado por Casa Randall de Publicaciones
114 Bush Road
Nashville, TN 37217

Todas las citas bíblicas están tomadas de la versión Reina-Valera 1960.

Traducido por Ronald Callaway y Jose Luis Rodriguez

Imprimido en Los Estados Unidos de América

ISBN 13 - 9780892659913

CONTENIDOS

PREFACIO

Tengo varias cosas en mente para esta obra. Las primeras dos son las más importantes. En primer lugar, quiero contribuir a la renovación contemporánea de la discusión sobre los temas que han dividido el calvinismo y el arminianismo desde el tiempo de la Reforma. No me estoy engañando al pensar que puedo lograr un acercamiento entre los dos, pero sé que cada generación nueva de creyentes cristianos encuentra casi imposible evitar una discusión de las cuestiones del tema. Mi meta es presentar los dos lados del tema, de modo que el lector pueda decir exactamente lo que son: a clarificar un entendimiento de ambas posiciones y ayudar para que los lectores decidan inteligentemente por sí mismos.

En segundo lugar, mi propósito es instar una forma muy especial del ariminianismo como la mejor resolución de las tensiones, y en este respecto no soy imparcial. El problema con el "arminianismo" es que puede significar cosas distintas a personas distintas. Mi meta es preentar lo que llamo "Arminianismo Reformado", con esto quiero decir los puntos de vista del mismo Arminio y de sus defensores originales. Este es un arminianismo que demasiado a menudo se ha perdido de vista tanto por sus amigos como por sus adversarios. Es una posición eminentemente viril y defendible.

Puede que a algunos lectores se sorprendan al saber que hay un arminianismo que defiende:

- La depravación total,
- La soberanía de Dios que controla todas las cosas para el logro exacto de su voluntad,
- El conocimiento perfecto de Dios, y la certeza de todos los eventos futuros, incluyendo las decisiones morales y libres de los seres humanos,
- El punto de vista de la satisfacción penal de la expiación,
- La salvación, desde el principio hasta el final, por medio de la gracia por la fe y no por las obras, y
- Que la apostasía no tiene remedio.

Se sorprenderán al aprender que esto fue esencialmente el arminianismo de Arminio mismo. Como ha observado Alan P. F. Sell: "En unos aspectos importantes, Arminio no fue arminiano".[1]

Aunque el arminianismo original no continuó en la Iglesia Remonstrante Holandesa, ha habido defensores del arminianismo reformado durante varios tiempos y en lugares distintos. El anabaptista Balthasar Hubmaier también exponía unos puntos de vista similares. Thomas Grantham, un teólogo importante entre los primeros bautistas generales ingleses, exponía una soteriología muy semejante a la que Arminio destalló en su *Christianismus Primitivus*, o sea, *La Religión Cristiana*

Antigua, publicado en Londres (1678).[2] Juan Wesley recapturó mucho de la esencia de los puntos de vista de Arminio.

Puede que el nombre de "Arminianismo Reformado" resulte en una crítica de mi posición.[3] Pero estoy convencido igualmente que la teología de Arminio se desarrollaba en una consideración consciente de las creencias de los reformadores; y que Arminio exitosamente logró mantener la insistencia de la Reforma en cuanto a la salvación de *sola gratia, sola fide* y *solo Christo*. Alan Sell nos recuerda que: "Arminio surgió como una opción real *dentro de*, y no como un parasito sobre, la Iglesia Reformada de Holanda".[4] Por lo tanto, por "Arminianismo Reformado" quiero decir las dos cosas para distinguir el pensamiento de Armino y los Remonstrantes originales de algunas formas que el arminianismo ha tomado desde su tiempo, y para identificarlo con el énfasis principal de la Reforma.

Mi método en llevar a cabo estos dos propósitos principales mencionados ha sido buscar una teología que es histórica, sistemática y bíblica. En el primer capítulo he previsto el trasfondo histórico en cuanto a que involucró el esfuerzo o la lucha de Armino y de los Remonstrantes originales. Entonces cada una de las cuatro secciones, en turno, se dedica a uno de las cuatro cuestiones claves: Predestinación, Expiación, Salvación por la Fe y Perseverancia. En cada una de esas cuatro secciones hay tres capítulos: el primero expone el punto de vista calvinista, el próximo el arminiano y el tercero expone los estudios de la teología bíblica que sostienen el punto de vista arminiano. El procedimiento exacto variará dentro de cada sección según la naturaleza del material. Principalmente me he concentrado en las expresiones tradicionales. Consecuentemente, el enfoque principal tiene que ver, en el lado calvinista,`con los teólogos calvinistas clásicos, y por el otro lado, con Arminio mismo. El tamaño de esta obra no me permite prestar atención a las variaciones del tema.

Se puede preguntar, dado que estoy instando una forma de arminianismo, por qué he tomado el tiempo para exponer ambos lados en cada sección. Hay dos razones. Primero, una vez escuché al Dr. Roger Nicole observar que siempre deberíamos estar seguros que podemos expresar la posición opuesta de tal manera que su defensor esté de acuerdo de que la hemos expuesto correctamente. Creo que él tiene razón, y he hecho el intento consciente de hacer esto. No hay razón en argüir en contra de otra posición si lo has presentado incorrectamente. *Es demasiado fácil vencer a los hombres de paja.*

En segundo lugar, quiero que los defensores de cada lado comprendan el punto de vista del otro. La experiencia me ha demostrado que a menudo mis amigos Arminianos no entienden lo que es realmente el calvinismo, igualmente que los amigos calvinistas no comprenden el arminianismo. Los argumentos que resultan demasiado a menudo tienden a ser emocionales más que basados en un entendimiento cuidadoso de las dos posiciones. Me gustaría rectificar este defecto.

Mi tercer propósito para esta obra, aunque no el primario, no obstante tiene importancia. En el escenario actual somos testigos a un nuevo arminianismo que tiene algunos giros raros. Aquellos de este movimiento, a menudo llamado *el teísmo abierto*, niegan, por ejemplo, la omnisciencia de Dios o nos dicen que Dios salva a todos aquellos que se harían creyentes si tuvieran la oportunidad. Como lo veo yo, esta posición no es una mejora, en general, no para el cristianismo evangélico ni, en particular, para el arminianismo. Más bien, se confunden y obscurecen las diferencias entre el calvinismo y el arminianismo. Al presentar las cuestiones con sus términos tradicionales, espero con una perspectiva fresca, devolver el debate a sus temas fundamentales.

Ahora ofrezco no tanto una dedicación como una apreciación especial a dos maestros que hace tiempo ayudaron a formar mi pensamiento: en primer lugar a L. C. Johnson quien me enseñó el arminianismo reformado (aunque él no lo llamó así) directamente de Arminio; y en segundo a Wayne Witte quien me enseñó el calvinismo clásico directamente de Berkhof y Shedd y otros doctos semejantes, y lo hizo con gracia.

También debo dar las gracias a dos amigos distinguidos que han leído el texto a mi petición, y que han ofrecido algunas sugerencias: a Leroy Forlines, un compañero que lo ha leído del lado arminiano, y a Bob Reymond, un pensador reformado bien conocido que lo ha leído del lado reformado. Sin embargo, los puntos de vista que presento son míos, no son la responsabilidad de ellos.

Concluyo con las palabras de Arminio, escritas al final de su propio prefacio de su obra *Una Examinación del Tratado de Williams Perkins en cuanto al Orden y el Modo de la Predestinación*:

> Que Dios nos otorgue el estar totalmente de acuerdo, en cuanto a aquellas cosas necesarias para su gloria, y en cuanto a la salvación de la iglesia; y que, en las otras cosas, donde no puede haber una armonía de opinión, que pueda haber por lo menos una armonía de sentimientos, y que podamos "guardar la unidad del Espíritu en el vínculo de la paz".

Notas del Prefacio

[1] Alan P. F. Sell, *The Great Debate* [*El gran debate*] (Editorial Baker, 1983), 97.

[2] Agradezco a J.Matthew Pinson por llamar mi atención a Grantham y ocasionalmente citaré su ensayo (todavía no publicado) en esta obra.

[3] No estoy diciendo que Arminio debe nombrarse entre los reformadores magistrales. Pero veo la necesidad de dar algún título a esta especie de soteriología Arminiana; el "arminianismo evangélico" es demasiado amplio, el "arminianismo Wesleyano" demasiado limitado e impreciso y el "arminianismo de la Remonstrancia" demasiado diferente de lo que era en su principio. Lo consideré, pero finalmente decidí en contra de "protoarminianismo" como demasiado frío o aséptico.

[4] Sell, 5.

Trasfondo histórico

Cuando una persona se llama a sí mismo "arminiano", lo hace con un riesgo considerable. El nombre significa muchas cosas distintas para personas distintas. Automáticamente muchos piensan en los Arminianos como teologos liberales teológicos, diferenciándose muy poco de los universalistas, y por lo menos exponen una salvación por las obras y posiblemente sean arrianos en cuanto a la Trinidad o pelagianos en cuanto a la bondad del hombre. La verdad es, hay muchos "Arminianos" que han expuesto, y exponen, algunas de esas cosas.

No fue así con Arminio y sus seguidores. Charles Cameron ha escrito perceptivamente, que: "Arminio es un teólogo generalmente mal entendido. Frecuentemente se le evalúa según algunas habladurías superficiales".[1] Allí está la importancia de volver al principio. Sólo al volver sobre la historia podemos colocar en su propio trasfondo al movimiento que yo llamo el arminianismo reformado. Sólo entonces, hoy día, podremos evaluar las posibilidades que tenga tal forma del arminianismo.

Capítulo Uno

Arminio y aa sublevación contra el calvinismo

Este capítulo representa un intento, del tipo "teología histórica" de los temas que dividen a los calvinistas y a los arminianos, que debería servir como una introducción debido a las investigaciones sistemáticas y bíblicas que compondrán la mayor parte de esta obra. El relato siguiente, aunque importante para la comprensión de los temas, será necesariamente breve. Para aquellos que desean información más detallada, se les urge que lean la obra (1971) de Carl Bangs: ARMINIUS: A STUDY IN THE DUTCH REFORMATION (*Arminio: un estudio en la reforma holandesa*), como está indicado en la bibliografía. Sin duda es lo mejor de las obras sobre Arminio, y en este capítulo muy a menudo estaré resumiendo de este libro.

La crianza y educación de Arminio.

Jacobo Arminio es el nombre que él tomó más tarde en su vida. Nació Jacobo Harmenszoon, un buen nombre holandés que significa "hijo de Harmen", en Oudewater, Holanda, probablemente en el año 1559.[2] Su padre era un herrero, fabricante de espadas y armadura, y que aparentemente murió antes del nacimiento de Arminio, dejando así su viuda al cuidado de varios hijos.

La educación de Arminio fue sostenida por la ayuda de otros durante su niñez. Primero, Teodoro Aemilius, un sacerdote local con tendencias protestantes, se hizo su patrón y maestro. Durante los primeros años de su juventud, Arminio vivía con Aemilius en la ciudad de Utrecht. Cuando Aemilius murió en 1575, hubo otro benefactor, Rudofo Snellius, que se involucró en su vida. Snellius fue profesor en la Universidad de Marbug. Arminio estudió allí durante un año. Fue durante este período que toda su familia fue masacrada en la destrucción de Oudewater (agosto de 1575). Las fuerzas españolas habían tomado represalias cuando Oudewater se juntó con aquellos que buscaban la independencia de los Países Bajos de España.

Mientras tanto, se había establecido en su patria la Universidad de Leiden, y un Arminio, ya más maduro, llegó el 23 de octubre de 1576 allí para estudiar. Esta es la primera ocasión que usó el nombre "Jacobus Arminius", una versión latinizada de su nombre. En aquel entonces, la costumbre era adoptar un nombre latín para la obra erudita (fácilmente se reconoce que "Jacobus" en castellano se traduce por "Jacobo" o "Jaime"). Él se distinguió en el estudio de tales asignaturas como las matemáticas, la lógica, la teología, y los idiomas bíblicos.

Estando en Leiden, Arminio tuvo su primer contacto con la controversia dentro de las iglesias reformadas, donde había diferencias de opinión en cuanto a la relación entre la iglesia y el estado. Arminio compartía las ideas de un cierto pastor de Leiden, Casper Coolhaes, quien, al contrario de Calvino, creía que las autoridades civiles deberían ejercer ciertos poderes en cuanto a los asuntos de la iglesia.

En la ciudad de Leiden, los *burgomaestres* (i.e., los alcaldes) ejercitaban tales poderes; no fue así en la Ginebra de Calvino. Carl Bangs cree que Coolhaes, con su espíritu más tolerante y su independencia de Calvino, "exponía esencialmente las mismas posiciones que más tarde llegarían a ser conocidas por el nombre de arminianismo".[3] Si es así, Coolhaes ejerció una influencia importante sobre Arminio.

Cuando Arminio terminó sus estudios en Leiden (1581), era todavía demasiado joven para asignarle como pastor, así que los pastores y los magistrados de Amsterdam le ofrecieron la oportunidad para seguir adelante con su educación. Cuando él pactó con ellos para servir en la iglesia de Amsterdam, le pagaron sus estudios en la academia de Calvino en Ginebra.

En ese entonces, la cátedra de teología era de Teodora Beza, el sucesor de Calvino. El representaba lo que muchos han llamado el "hiper-calvinismo"; pero otros simplemente dicen que Beza dio una consistencia lógica a las enseñanzas de su maestro. De todos modos, Jewett llama a Arminio el "alumno más conocido de Beza".[4]

No se puede estar seguro si en ese entonces Arminio estaba de acuerdo con el "Alto Calvinismo" de Beza o no. Estando en Ginebra se involucró en alguna controversia, pero más bien tenía que ver con la lógica que con la predestinación, y aún así no tenía relación directa con Beza. Como resultado, Arminio dejó Ginebra para estudiar, durante más o menos un año (1583-1584) en Basilea. No obstante, regresó de nuevo a Ginebra para estudiar durante algún tiempo en el 1586.

Estando en Basilea, Arminio fue un favorito del profesor J. J. Grynaeus, un luterano que exponía puntos de vista zwinglianos, por lo que aparece otra influencia importante de una dirección contraria al calvinismo estricto. Estudiando con Grynaeus, Arminio hizo exégesis y escribió sobre algunas secciones de Romanos, quizás poniendo la base para sus sermones polémicos sobre Romanos 7 y 9 que vendrían más tarde. Algunos de los contemporáneos de Arminio decían que se le ofreció el título de Doctor allí en Basilea, pero él lo rechazó diciendo que era demasiado joven. Tenía en ese entonces unos 24 años.

Según lo que se conoce, el segundo período de Arminio en Ginebra no se caracterizó por ninguna tensión. Aún Beza mismo, respondiendo a una averiguación de las autoridades de Amsterdam (aquellos que sostenían económicamente a Arminio), escribió:

> Qué sea conocido de ustedes que desde el tiempo en que Arminio nos regresó de Basilea, su vida y su conocimiento han mejorado tanto, a nuestro parecer, que esperamos lo mejor de él en cada aspecto. Si él persiste continuamente en el mismo curso, por la bendición de Dios, no tenemos ninguna duda acerca de él.[5]

Si Arminio estuviera de acuerdo con los puntos de vista sobre la predestinación de Beza o no, de todos modos él expresó abiertamente su admiración por su brillantez. Había otros profesores en Ginebra: Charles Perrot fue uno de ellos que quizás le influenciara. Perrot argumentó en favor de la tolerancia en cuanto a asuntos teológicos, y se afirma que él dijo: "Se ha predicado demasiado solo de la justificación por la fe; ya es tiempo para hablar de las obras."[6] Entre los compañeros en Ginebra se encontró su amigo de toda la vida, Johannes Uitenbogaert,[7] quien, más tarde, jugaría un papel importante en las controversias.

A mediados del año 1586, los *burgomaestres* de Amsterdam habían decidido que Arminio debía dejar la universidad y volver para comenzar sus deberes como pastor. Pero antes, Arminio y un amigo, decidieron que viajarían a Italia, incluyendo una visita apresurada a Roma. Más tarde, aquellos que le criticarían dijeron que él besó la zapatilla del papa y que tuvo trato con el Cardenal Bellarmine, a pesar de que no hubo nada de verdad en todo eso y que Arminio nunca tenía una palabra buena para decir en cuanto a los papas.

Arminio el pastor

Arminio llegó a Amsterdam a finales del 1587. Después de haber obtenido las aprobaciones necesarias de las autoridades civiles y eclesiásticas, fue ordenado el 27 de agosto del 1588. Como pastor, él serviría igualmente a la iglesia y la ciudad durante ese período de la historia cuando las líneas entre la iglesia y el estado no estaban tan claras. Bangs está seguro que la actitud del concilio de la ciudad en ese estaban fue benigna y tolerante en cuanto a la libertad de conciencia, y que Arminio fue considerado, por ellos, como alma gemela.[8]

Arminio fue un predicador popular. La práctica era que varios pastores organizaran el horario de la predicación de las distintas iglesias de la ciudad, y pronto Arminio participaba en la predicación. "Él siempre atraía grandes multitudes cuando se sabía que sería el predicador del día."[9] A menudo predicaba sobre Romanos, aunque no hubo controversia hasta que él llegó al capítulo 7 (1591). Mientras tanto cumplía con sus deberes pastorales y al mismo tiempo se hizo novio de Lijsbet Reael, la hija de un miembro del concilio de la ciudad, llegando así a formar parte de la aristocracia de la sociedad de Amsterdam. Se casaron en septiembre de 1590.

Por aquel entonces, Arminio estaba en los comienzos de una controversia. No la originó; ya existían disputas, entre las iglesias reformadas, en relación a algunas de las enseñanzas de Calvino y Beza. La participación de Arminio ocurrió así: uno de los críticos más severos del "calvinismo" era un humanista llamado Dirck Coornhert. Existió un grupo de pastores reformados de Delft que, bajo la presión de los argumentos de Coornhert, habían publicado (1589) un panfleto exponiendo algunas modificaciones del alto calvinismo de Beza. Se le pidió a Arminio que entrara en la polémica, o para refutar las modificaciones expuestas por los pastores de Delft, o para negar al mismo Coornhert, o ambas cosas —existe alguna confusión en cuanto a este punto.

De todos modos, la historia suele decir que Arminio, mientras estudiaba para defender el calvinismo de Beza en contra de sus críticos o modificadores, se dio cuenta de que las Escrituras no sostenían de ninguna manera al calvinismo.[10] Bangs expone un caso firme en contra de esta versión popular. El está convencido de que Arminio nunca había aceptado la formulación de la predestinación hecha por Beza.[11] En tal caso, la controversia fue inevitable, dada la influencia extensa de Calvino y Beza, su intérprete.

El primer episodio de la controversia ocurrió cuando Arminio predicó sobre Romanos 7 (1591). Los altos calvinistas mantenían que la persona descrita en los versículos 14-24 era un hombre regenerado. Arminio predicó que esa persona debía ser pecador, de lo contraio el poder de Dios sería infructuoso. Se le criticó duramente, encabezando la crítica un pastor compañero, un tal Pedro Plancius. Durante una reunión de pastores (enero de 1592), Plancius acusó a Arminio de enseñar el pelagianismo, de depender demasiado de los padres primitivos de la iglesia, de desviarse de la Confesión Belga y del Catecismo de Heidelberg (dos credos influyentes en aquel entonces dentro de la iglesia reformada), y de sostener puntos de vista incorrectos en cuanto a la predestinación y a la perfección del hombre en esta vida.

Las discusiones no fueron fructíferas. Finalmente los burgomaestres de la ciudad se involucraron, a pesar de las objeciones del consistorio de la iglesia. Arminio insistía en que él estaba dentro de los límites de los credos. Los burgomaestres le apoyaron y amonestaron a sus críticos para que se abstuviesen en sus señalamientos, hasta que se pudiera decidir en cuanto a los puntos disputados en algún concilio general de la iglesia de Holanda.

Los sermones de Arminio no han sobrevivido, sin embargo se puede dar por sentado que su tratado posterior (1599) sobre Romanos 7 (publicado en 1612 por "Los Nueve Hijos Orfanatos" de Arminio) contiene lo esencial de lo que él predicó. En la introducción de dicho tratado insistió que Romanos 7.14ss. se refiere al "hombre viviendo bajo la ley", llamado de otra manera no regenerado. Reconoció que aquellos que sostenían su punto de vista fueron "acusados de sostener una doctrina que tienen afinidades a la herejía doble de Pelagio, y que ellos adscriben al hombre, sin la gracia de Cristo, algún bien verdadero y salvífico, y, quitando la lucha entre la carne y el espíritu que ocurre en la persona regenerada, (dicen de ellos) mantienen una perfección de justicia en esta vida actual." Arminio añadió en seguida: "Confieso que detesto, de corazón, las consecuencias que aquí se han deducido" —aparentemente quería decir los puntos de vista anteriormente nombrados— y afirmó que haría "evidente que ni esas herejías, ni cualquier otra, se desprendían de esta opinión." Añadió, específicamente, que su punto de vista "refuta la gran falsedad de Pelagio."[12]

El segundo episodio ocurrió alrededor de un año más tarde, cuando Arminio, en su predicación, llegó a Romanos 9. Plancius le acusó de:

(1) Que Arminio había enseñado que nadie está condenado excepto por sus propios pecados —lo que pondría en peligro la doctrina de predestinación de Beza y excluiría a los infantes de la condenación.

(2) Que él había puesto demasiado importancia en el papel de las buenas obras.

(3) Que había enseñado que los ángeles no son inmortales.[13]

Arminio contestó, la primera acusación, diciendo que Plancius pasaba por alto la doctrina del pecado original, así eludiendo Arminio la polémica de la predestinación. En cuanto a la segunda, Arminio insistía en que no tenía nada que abjurar dado que él no había atribuido ningún mérito a las buenas obras. Explicó la tercera acusación diciendo que resultó en su insistencia en que solo Dios poseía la inmortalidad en sí mismo. Concluyó su defensa reafirmando su conformidad a los dos credos, añadiendo que su única hesitación tendría que ver con el problema de interpretación, y no con las palabras de la Confesión Belga, en el artículo 16. Ese artículo se refiere a los elegidos, diciendo: "...porque [Dios] saca y salva de esta perdición a aquellos que él, en su eterno e inmutable consejo, de pura misericordia, ha elegido en Jesucristo, nuestro Señor..." (de *Confesiones de fe de la Iglesia*, editorial Literatura Evangélica, Madrid, 1983: 84). Arminio planteó la cuestión en relación a "aquellos" quería decir todos los *creyentes*, como lo interpretó él, o si se implica un decreto arbitrario por la parte de Dios a otorgar *fe*, como creían otros. En otras palabras, Arminio creía aparentemente que el artículo en sí podrían implicar una elección *condicional*. De todos modos, el consistorio de la iglesia encontró aceptable la declaración de Arminio y rogó a todo el mundo de que mantuviera la paz hasta que llegara el tiempo para un sínodo general de iglesias a través del el cual determinar la interpretación debida. Quizás el consistorio tenía temor de hacer más sobre el asunto, para que los burgomaestres de la ciudad no se involucrasen de nuevo.

Desde este momento, en mayo de 1593 hasta mayo de 1603, la vida y el ministerio de Arminio permanecieron bastante pacíficos. Sus dos primeros hijos murieron aún pequeños, pero después le nacieron una hija y cuatro varones. Todos sobrevivieron y llenaron las vidas de Arminio y Lijsbet con gran gozo. Su ministerio pastoral fue típico de los tiempos, y fue activo en los asuntos de la iglesia, tanto en Amsterdam como más allá de la ciudad. A menudo estaba involucrado en la oposición en contra de las herejías, aunque él continuamente aplazaba una petición de que refutara a los anabaptistas —quizás porque su doctrina de predestinación se acercaba a la suya. Es probable que el tiempo más difícil de su ministerio ocurrió cuando la peste bubónica invadió Amsterdam en 1601, llevando 20.000 víctimas. En una ocasión, Arminio llevó agua a la casa de una familia que sufría de la peste cuando nadie más entraría allí.

Durante esos años en Amsterdam, Arminio escribió muchos tratados teológicos, aunque no se publicaron hasta después de su muerte. Se incluyen entre ésos, ensayos sobre Romanos 7 y 9 (ver anterior), y una correspondencia larga con Franciscus Junius.

Muchos de esos escritos tenían que ver básicamente con el pecado, la gracia, la predestinación, y el libre albedrío. El ensayo sobre Romanos 7 concluye que "no se puede imaginar nada más pernicioso a la moralidad verdadera que afirmar que 'forma parte del regenerado *no hacer el bien que quieren, y hacer el mal que no quieren*'."[14]

El trato de Romanos 9 tomó la forma de una carta larga a un tal Gellius Snecanus, un pastor reformado de Friesland que había escrito en favor de una predestinación condicional y había publicado, en 1596, una *Introducción Al Capítulo Noveno de Romanos*. Arminio reconoció unos puntos de vista similares a los suyos y escribió para decir a Snecanus cómo él personalmente trataba Romanos 9 y sus implicaciones de una predestinación arbitraria. Beza había interpretado que *el barro* (Ro. 9.21) fue "la raza humana, todavía no creada, y todavía no corrompida." Arminio, citando a Agustín, lo comprendía como la humanidad ya caída, ya que los objetivos tanto de la misericordia como del juicio de Dios son los pecadores.[15] Según Arminio, el mensaje de Romanos 9 fue: "la libertad de la misericordia de Dios, por medio de la cual solo él determina quien se salvará, es decir, el creyente."[16]

Mantenía una correspondencia, que Arminio quería fuese confidencial, con un tal Junius, un profesor calvinista de Leiden más moderado que Beza. Arminio le escribió una declaración extensa sobre lo que creía sobre la posición de Junius; éste respondió, expresando la posición de Arminio como veintisiete (27) proposiciones y contestando largamente en cuanto a cada una. Arminio respondió —después de haber conocido que uno de los alumnos de Junius había hecho una copia de dicha correspondencia y que la había mostrado a sus compañeros de clase— con una presentación aún más larga de cada una de las respuestas de Junius.

El punto principal de Arminio fue insistir en que la totalidad de la obra salvífica de Dios trata con los hombres como *pecadores*, y que no se debe hacer que Dios sea el autor del pecado. El creía que la predestinación incondicional sí hacía a Dios el autor del mal. También se sentía obligado a insistir en que la elección sea "cristocéntrica". La salvación es por la obra redentora de Cristo y no por ningún decreto arbitrario.

Arminio, el profesor polémico

El 28 de agosto de 1602, la peste se llevó a Lucas Trelcatius, un profesor de teología en la Universidad de Leiden. Los amigos de Arminio comenzaron inmediatamente a buscar su nombramiento para tomar el lugar de Trelcatius. La oposición a ello también comenzó inmediatamente, encabezada por Franciscus Gomarus, un profesor de teología influyente de Leiden.

Finalmente, después de muchas consultaciones y de mala gana, Gomarus dio su aprobación, y el 8 de mayo de 1603, los comisarios y los burgomaestres de Leiden nombraron a Arminio como profesor de teología. Poco después, se le otorgó un doctorado, quizá el primero que Leiden hubiera conferido. El pasaría los últimos seis años de su vida allí, casi siempre en medio de una tempestad de controversia teológica. También estaba sufriendo de tuberculosis. Al mismo tiempo, su familia creció hasta incluir siete hijos y dos hijas. Como lo afirma Bangs, durante este período él fue "bendecido con familia y amigos pero maldecido con enfermedad y conflicto."[17]

Al centro de la controversia aparece la cuestión de la predestinación. Aún entre los calvinistas no hubo acuerdo en cuanto a los detalles. Los más severos, como

Beza y Gomarus, exponían que Dios decretó *primero* salvar y condenar a ciertos individuos y *entonces* decretó la caída como un paso necesario para su cumplimiento —una posición que a menudo se llama el "supralapsarianismo". Otros cambiaron el orden, exponiendo que Dios decretó *primero* crear y permitir la caída, y *entonces* él decretó salvar o condenar a los individuos caídos —una posición que a menudo se llama el "sublapsarianismo" o el "infralapsarianismo."[18]

Pero todos ellos estaban de acuerdo que los decretos de salvar o condenar fueron incondicionales, y que Dios conoce de antemano todos los eventos futuros *porque* primero los ha ordenado. Arminio creía que los calvinistas finalmente habían hecho necesario el pecado y por lo tanto, causado por Dios. Más importante, él exponía que la elección a la salvación fue una elección de *creyentes*, que significa que *se condiciona la elección en la fe*. El también insistía en que la presciencia que Dios tenía en cuanto a las decisiones del hombre no las causó ni las hizo necesarias.

Para los principios de 1605 se veían claramente las líneas del conflicto y la tensión fue persistente. Arminio no batalló solo de ninguna manera. Las diferencias se habían extendido y abarcaban igualmente implicaciones políticas como teológicas. La cuestión de la separación entre iglesia y estado continuaba afectando el debate. También lo afectó la guerra, tediosa y desganada, de independencia en contra de España, igualmente como las pugnas políticas internas que la acompañaban.

Quizá sea una simplificación excesiva, pero se puede decir que había dos partidos. Por una parte había un grupo que deseaba la guerra, y rechazaban cualquier paz con España que no estableciera una independencia total. El Príncipe Mauricio fue el comandante militar de este grupo y él buscaba un gran poder. Los calvinistas estrictos se inclinaban a este lado, y fue su esperanza de que pudieran librar el gobernar y la autoridad de la iglesia de cualquier tipo de obligación al estado.

Por la otra parte, el partido para la paz estaba dispuesto a una tregua con España. Jan van Oldenbarnevelt guió a este grupo en su papel de gran gobernador de Holanda que personificó y ejercitó el poder civil. Los que lo apoyaban se inclinaron a una tolerancia teológica más amplia, y dieron su aprobación a la estructura tradicional que proveía que las autoridades civiles ejercitaran algún control sobre los oficiales de la iglesia. Arminio y sus asociados formaban parte de este segundo grupo.

Uno de los temas prácticos que seguía surgiendo durante todo la controversia tenía que ver con si se había de convocar un sínodo nacional o no y cómo hacerlo. La idea era que tal sínodo daría su sentencia en cuanto a los puntos disputados. Arminio y sus amigos continuaban insistiendo en que se debiera convocar tal sínodo, y que debería tener el poder para revisar las confesiones. Sus adversarios preferían usar la influencia de sus sínodos locales en contra de los Arminianos.

En el año 1607, los *Estados Generales* solicitaron a los estados que enviaran delegados para conferenciar sobre la preparación para convocar un sínodo. Durante esa conferencia Arminio falló en su intento de hacer que se abriese el sínodo para la posibilidad de revisar las confesiones. A partir de ese momento, aunque él y sus seguidores continuaban insistiendo en un sínodo nacional como su esperanza mejor, él, sin duda, se dio cuenta que había poca posibilidad de recibir tolerancia para sus puntos de vista. Se le atacó por todos lados, y fue acusado por cualquier punto imaginable. La mayoría de sus intentos de que sus acusadores presentaran pruebas formales no resultó en nada. Durante su vida no se convocó ningún sínodo.

En el año 1608, como resultado de la petición por parte de Arminio a los *Estados Generales* para una investigación legal en cuanto a su situación, hubo una reunión ante el Tribunal Supremo, con Arminio y Gomarus como los principales que al final, se les ordenó que escribiesen sus criterios, para someterlos a los *Estados Generales*. El resultado, por parte de Arminio, fue su *Declaración de Sentimientos*, (o sea, una declaración de lo que él creía) que "representa los puntos de vista maduros de Arminio".[19] Anteriormente intentaba pasar por alto los puntos disputados. Ahora, aunque no fue un sínodo nacional como él había deseado, al menos tenía la oportunidad de exponer esta declaración oficial ante los respectivos gobernantes del país.

En la *Declaración de Sentimientos*, después de refutar los puntos de vista calvinistas, Arminio procedió a exponer los suyos: en esencia, que el decreto divino de elección fue para salvar a esos pecadores que se habían arrepentido y creído en Cristo. El decreto para salvar y condenar a ciertas personas se basó en la presciencia de Dios de su fe o incredulidad. En cuanto a la perseverancia —que no había sido un tema tan crucial como la predestinación— Arminio fue cauteloso: "Nunca he enseñado que un *creyente verdadero puede caer total o finalmente de la fe y perecer*, sin embargo no negaré que hay pasajes en las Escrituras que me parecen llevar a este aspecto."[20] Terminó su declaración con otra apelación para un sínodo nacional, uno que estaría abierto a la posibilidad de unas revisiones de las confesiones.

A partir de entonces, los eventos se movían rápidamente. Gomarus pidió y recibió permiso para presentarse ante los Estados de Holanda. Su presentación fue vitriólica. Dijo que Arminio fue culpable de errores en cuanto a la predestinación, el pecado original, la presciencia, la posibilidad de caer de la gracia, la Trinidad, la autoridad de las Escrituras, la regeneración, las obras, y varias cosas más; también dijo que tenía doble cara y que era inconsistente, diciendo una cosa una vez y otra algo distinto, una cosa en público y otra en privado o a sus estudiantes en la casa. Los gobernadores no admitieron las acusaciones de Gomarus. Aún así. en todo el país se comenzó una campaña viciosa, y ambos grupos produjeron folletos y libritos. "Se involucró una población entera en la controversia teológica".[21]

En agosto de 1609, los *Estados Generales* pidieron a Arminio y a Gomarus que se presentaran para "una conferencia amistosa", trayendo consigo cada uno cuatro pastores de su elección. Presidió la reunión Oldenbarnevelt, por ser el gran gobernador. Entre los consejeros de Arminio se incluía a Uitenbogaert. Después de reunirse jueves y viernes, el 13 y 14 de agosto, se suspendieron las reuniones para el fin de la semana. Arminio, cuya condición física había ido empeorando desde hacía algún tiempo, empeoró demasiado para continuar y tuvo que regresar a Leiden. Se canceló la conferencia. Los oficiales de los Estados decidieron que Arminio y Gomarus deberían someter sus puntos de vista dentro de catorce días. Gomarus terminó su obra en fecha. Arminio nunca terminó la suya; estaba en su lecho de muerte. Murió el lunes 19 de octubre de 1609. Se enterró su cuerpo el jueves, bajo las losas de la Iglesia Pieterskerk en Leiden.

Los Remonstrantes y el Síodo de Dort

En cierto sentido, fue sólo el comienzo de la controversia. Aún antes de la muerte de Arminio, algunos de los síodos locales habían exigido que todos sus pastores presentasen declaraciones de sus puntos de vista sobre las confesiones. Los *Estados Generales* reconocieron que esa demanda representaba resistencia a su autoridad. Se dio la contraorden a esa exigencia y se decidió más bien que los partidos demandantes enviasen sus declaraciones a los *Estados Generales*.

Consecuentemente, en 1610, con la tensión todavía aumentando, los seguidores de Arminio presentaron una petición a los Estados, llamada una *Remonstrancia*, es decir, una "objeción" (así que aquellos que sostuvieron la petición fueron llamados los "Remonstrantes" y los calvinistas que les opusieron fueron llamados los "contra-Remonstrantes"). Entre los líderes del lado arminiano se encontraron Uitenbogaert, un erudito llamado Simón Episcopius, y un abogado influyente llamado Hugo Grotius; Oldenbarnevelt les dio su apoyo.

La *Remonstrancia* expresó brevemente los puntos principales Arminianos en cinco artículos: Son los siguientes:

Artículo 1. Que Dios, por medio de un propósito eterno e inmutable en Jesucristo su Hijo, antes de la fundación del mundo, ha determinado, de la raza caída y pecaminosa humana, a salvar en Cristo, por Cristo, y por medio de Cristo, a aquellos que, por la gracia del Espíritu Santo, creerán en éste su Hijo Jesús, y que perseverarán en esta fe y la obediencia a la fe, por medio de esta gracia, aún hasta el final; y, por la otra parte, dejar a los incrédulos e incorregibles en el pecado y bajo la ira, y a condenarlos como alienados de Cristo.

Este artículo presenta el punto principal de la polémica. Se acepta que la predestinación incluye igualmente la elección a la salvación y la reprobación a la condenación. Pero señala que los dos decretos tienen que ver con el hombre *después* de su caída voluntaria en el pecado. Los decretos no hicieron necesaria tal caída. Los dos decretos son *condicionales* en la fe o la incredulidad respectiva de los individuos que son los objetivos de la elección o de la reprobación. Va en oposición al punto de vista calvinista de una elección incondicional.

Artículo 2. Que, Jesucristo, el Salvador del mundo, estando de acuerdo [con el decreto divino], murió por todos los hombres y por cada hombre, de tal manera que él obtuvo para todos, por medio de su muerte en la cruz, la redención y el perdón de pecados; sin embargo nadie puede disfrutar de este perdón de pecados excepto el creyente.

Este artículo enfatiza la expiación ilimitada, o sea, universal, y sin embargo, aclara que no todos son realmente salvados por esta expiación; sólo los creyentes experimentan sus efectos redentores. Va en oposición al punto de vista calvinista que dice que la expiación sólo proveyó redención para los elegidos.

Artículo 3. Que el hombre no tiene la gracia salvífica en sí mismo, ni en la energía de su libre albedrío, ya que él, en el estado de apostasía y pecado, no puede ni por sí mismo pensar, querer, ni hacer cosa alguna que sea verdaderamente buena (tal como, por ejemplo, es sumamente buena la fe salvífica); sino que le es necesario que sea nacido de nuevo de Dios en Cristo, por su Espíritu Santo, y renovado en entendimiento, en inclinación (o voluntad), y en todos sus poderes, para que pueda comprender, pensar, querer, y efectuar debidamente lo que es verdaderamente bueno.

Este artículo destaca que todo lo que se abarca igualmente en la salvación y en la vida cristiana es por la gracia de Dios. Ni aún puede el libre albedrío del hombre iniciar una respuesta positiva de Dios aparte de la gracia habilitante. Así pues, el hombre "mismo" no logra la gracia salvífica. Siempre se acusaba a los arminianos que atribuyeron demasiado al hombre y así despreciaron la gracia. El propósito de este artículo fue para contrarrestar esa acusación falsa y para demostrar que eran unánimes con su oposición en atribuir todo lo bueno a la gracia de Dios.

Artículo 4. Que esta gracia de Dios es el comienzo, la continuación, y el logro de todo lo bueno, hasta este punto, de que el hombre regenerado mismo, sin la gracia preveniente, o sea, la gracia que asiste, despierta, sigue y coopera, no puede pensar, querer, ni hacer nada bueno, ni puede resistir la tentación de ceder al mal; de modo que todos los hechos o movimientos buenos que se pueden concebir, deben ser atribuidos a la gracia de Dios en Cristo. Pero en cuanto a la representación del modo de operación de esta gracia, no es irresistible, ya que se ha escrito en cuanto a muchos, que ellos han resistido el Espíritu Santo.

El artículo cuarto continúa el énfasis del tercero, pero añade una provisión importante: la gracia de Dios opera de tal manera que un hombre la puede resistir. Ella no domina a nadie en contra de su voluntad, y por su obra no se quita la libertad del hombre. Este artículo se opone el punto de vista calvinista de que la gracia salvífica es irresistible.

Artículo 5. Que los incorporados en Cristo por medio de una fe verdadera, y que por lo tanto se han hecho partícipes de su Espíritu que da vida, tienen así el poder pleno para luchar en contra de Satanás, del pecado, del mundo, y de su propia carne, y para ganar la victoria; siendo bien entendido que es siempre por medio de la gracia ayudadora del Espíritu Santo; y que Jesucristo los asiste por medio de su Espíritu en todas sus tentaciones, que él les extiende la mano, y sólo si ellos están preparados para el conflicto y desean su ayuda y no están inactivos, los guarda de no caer, para que, por medio de ninguna astucia de poder de Satanás, puedan ser desviados ni quitados de las manos de Cristo.... Pero si son capaces, a través de la negligencia, de abandonar de nuevo los primeros comienzos de sus vidas en Cristo, o de volver de nuevo a este mundo malo actual, de dar la espalda a la doctrina santa que les fue entregado, de perder una consciencia buena, de carecer de la gracia, ésto es algo que debe ser determinado particularmente de las Escrituras Santas, antes de que nosotros mismos podamos enseñarlo con la persuasión plena de nuestras mentes.[22]

Este último artículo es el más largo. Demuestra que los Arminianos, en su principio, aunque todavía no habían decidido por completo, estaban abiertos al punto de vista que una persona puede perderse después de haber sido salvada. No había aparecido como uno de los temas principales de la controversia, aunque sí había surgido. Esta declaración representó una idea prudente y temprana sobre el tema. Finalmente los Arminianos llegarían a expresar este punto de vista sin valilación, oponiéndose a la creencia calvinista de una perseverancia necesaria.

Los años subsiguientes fueron tormentosos. Los *Estados Generales* hicieron varios intentos a conseguir una paz. Durante un tiempo, con la ayuda de los magistrados, los Remonstrantes permanecieron en sus posiciones en muchas de las ciudades y persistieron en su llamada para un sínodo general donde se involucrarían todas las iglesias protestantes de los estados. Sin embargo, por el año 1618, el Príncipe Mauricio, al crecer en poder, hizo uso de los militares para reemplazar, por la fuerza, a los magistrados Remonstrantes con calvinistas en ciudad tras ciudad. El convenció a muchos que Oldenbarnevelt y los Arminianos eran simpatizantes con los católicos y que inevitablemente entregarían el país a España. De esta manera tuvo éxito en preparar el camino para un sínodo nacional que fuera totalmente anti-arminiano. Los *Estados Generales* convocaron tal sínodo para el 1 de mayo de 1618. Arrestaron a Oldenbarnevelt y Grotius, y se preparó el camino para un sínodo cuyo fin ya fue predeterminado (sin decir "predestinado").

Después de algunos retrasos, se convocó el sínodo el 13 de noviembre de 1618 y hubo sesiones hasta el 9 de mayo de 1619. Se celebró en la ciudad de Dordrecht y desde entonces se ha conocido por el Sínodo de Dort. Aunque fue principalmente un sínodo nacional holandés, asistieron representantes de las iglesias reformadas de Gran Bretaña, Suiza, Palatinado, Hesse, Wetterau, Emden, y Bremen. Desde el principio las circunstancias les fueron desfavorables a los Arminianos: las instrucciones para la selección de delegados fueron tales que, por definición, los Arminianos fueron eliminados.

Hubo tres delegados Arminianos de Utrecht que, de alguna manera, llegaron a estar sentados, pero muy temprano fueron forzados a ceder su sitio a algunos alternativos calvinistas. A todos los Arminianos se les consideró como culpables de herejía más bien que participantes en el sínodo. Se citaron a Episcopius, como el portavoz principal de los Arminianos, y a otros doce Remonstrantes, para comparecer y contestar los cargos en su contra.

El 14 de enero de 1619, se destituyeron a los defensores Remonstrantes y se condenó sus puntos de vista como herejía. Por último, las confesiones de Belga y Heidelberg fueron adoptadas como las declaraciones ortodoxas de la doctrina de las iglesias reformadas. Además, se escribieron y adoptaron cinco "cánones" en oposición a la *Remonstrancia*. Hasta los días de hoy, los "Cánones de Dort" sirven como parte de la base doctrinal oficial de muchas de las iglesias reformadas. Y, como en oposición a los cinco Artículos de la *Remonstrancia*, a veces se llaman los "cinco puntos del calvinismo".

El castigo de los Remonstrantes, ya condenados oficialmente como herejes y por lo tanto bajo el juicio igualmente de la iglesia y del estado, fue severo. Todos los pastores Arminianos —unos 200— fueron privados de su oficio; cualquiera de ellos que no estuviera de acuerdo a callarse fue desterrado. "Se pagaron a espías para cazar a todos los sospechosos de regresar a su patria."[23]

Algunos fueron encarcelados, entre ellos Grotius; pero él se escapó y huyó del país. Cinco días después de la clausura del sínodo, Oldenbarnevelt fue decapitado. Se terminó la controversia.

Aquí hace falta una postdata. Después de la muerte de Mauricio en 1625, se concedió tolerancia a los Remonstrantes —por el país, no por la iglesia reformada. En 1630, se les otorgó la libertad para seguir su religión en paz, para construir sus iglesias y escuelas. En 1795, la iglesia *Remonstrancia* fue reconocida oficialmente y permanece hasta hoy en día. Se instituyó un seminario teológico *Remonstrancia* en Ámsterdam, con Episcopius y Grotius entre sus primeros profesores. Tal seminario todavía existe. Lamento decir que la Iglesia *Remonstrancia* Holandesa representa un arminianismo hoy en día que es muy poco diferente al liberalismo humanista.

> La inclinación hacia una libertad de especulación, el rechazo de todos los credos y de todas las confesiones, una preferencias para lo moral en lugar de la enseñanza doctrinal, unos puntos de vista arrianos en cuanto a la Trinidad, el rechazo total de las doctrinas del pecado original y la justicia imputada, y el menosprecio del valor espiritual de los sacramentos, han resultado en la reducción paulatina del arminianismo de Holanda a una cantidad teológica insignificante, y a las dimensiones de una secta insignificante, numerada en sólo unas veinte congregaciones.[24]

Como he notado en el prefacio, las doctrinas distintivas de Arminio, y las de todos sus partidarios tempranos, han aparecido en otros lugares de tiempo en tiempo. Los puntos de vista del anabaptista (en parte) Balthasar Hubmaier estaban muy cerca a los de Arminio y tendrán valor para un estudio adicional. Juan Wesley y los teólogos que desarrollaron las enseñanzas tempranas del metodismo tenían mucho en común con Arminio. Igualmente lo fueron los puntos de vista de los bautistas generales de Inglaterra, bajo la influencia de Thomas Grantham, mientas este grupo estuviera todavía sano en doctrina.[25]

Estos son algunos ejemplos: cada uno de ellos, en parte al menos, ha servido para "rescatar" al arminianismo de su enfermedad y restituirlo a la salud evangélica y al énfasis en la gracia de Dios que Arminio y los Remonstrantes originales lo dieron. Pero esta historia va más allá del alcance de este estudio. Aquí, es suficiente observar, que hay disponible para nosotros aún hoy en día un tipo de arminianismo que sigue la dirección de Arminio mismo y sus seguidores tempranos, un arminianismo verdaderamente reformado. Es el propósito del resto de esta obra indicar cuál es realmente este punto de vista arminiano.

Lectura adicional sobre la historia de Arminio y los Remonstrantes:

en español

J. Kenneth Grider, "Arminianismo," *Diccionario Teológico Beacón*, redactor general Richard S. Taylor, (Casa Nazarena de Publicaciones, 1995), 63-65.

Roger Nicole, "Arminianismo," *Diccionario de Teología*, redactor Everett F. Harrison (Editorial T.E.L.L., 1985), 61-62.

Justo L. González, *Historia del Pensamiento Cristiano*, tomo 3, (Editorial Caribe, 1993), 284-291.

Robert G. Clouse, "Arminianismo," *Diccionario de Historia de la Iglesia*, redactor general Wilton M. Nelson (Editorial Caribe, 1989), 74-75.

en inglés

Carl Bangs, *Arminius: A Study in the Dutch Reformation* (*Arminio: un estudio en la reforma holandesa*) (Abingdon, 1971).

W. R. Bagnall, "A Sketch of the Life of James Arminius" ("*Un boceto de la vida de Jacobo Arminio*") en *The Writings of James Arminius* (*Los escritos de Jacobo Arminio*), traductor al inglés: James Michols y W. R. Bagnall (Baker, 1956), tomo I, pp. 9-15.

Donald M. Lake, "Jacob Arminius' Contribution to a Theology of Grace" ("*La contribución de Jacobo Arminio a una teología de Gracia*"), *Grace Unlimited* (*La gracia ilimitada*), editado por Clark H. Pinnock (Editorial Bethany Fellowship, 1975).

Gerald O. McCulloh, redactor, *Man's Faith and Freedom* (*La fe y libertad del hombre*) (Editorial Abingdon, 1962).

Roy S. Nicholson, "A Historical Survey of the Rise of Wesleyan-Arminian Theology" ("*Un estudio histórico del surgimiento de una teología wesleyana-arminiana*"), *The Word and Doctrine* (*La Palabra y doctrina*), editado por Kenneth E. Geiger (Editorial Beacon Hill Press, 1965).

J. S. O'Malley, "Arminianism" ("*Arminianismo*"), *Dictionary of Christianity in America* (*Diccionario del cristianismo en América*), editado por Reid, Linder, Shelly, y Stout (Editorial InterVarsity, 1990).

Frederic Platt, "Arminianism" ("*Arminianismo*") *Encyclopadia of Religions and Ethics* (*Enciclopedia de religión y ética*), editado por James Hastings (Editorial Charles Scribner's Sons, sin fecha), tomo 1.

Alan P. F. Sell, *The Great Debate* (*El gran debate*), (Editorial Baker, 1983). (Una historia de la lucha entre el calvinismo y el arminianismo durante la historia de la iglesia.)

Notas de la Primera Sección y del Capítulo 1

[1] Charles M. Cameron, "Arminius—Hero or Heretic? [*Arminio, ¿héroe o hereje?*] (*Evangelical Quarterly*, 64:3 [1992], 213-227), 213.

[2] La fecha tradicional es 1560. Carl Bangs ha expuesto un mejor argumento por el año 1559 en *Arminius: A Study in the Dutch Reformation* [*Arminio: un estudio en la reforma holandesa*] (Editorial Abingdon, 1971), 25, 26.

[3] Bangs, 52.

[4] Paul K. Jewett, *Election and Predestination* [*Elección y predestinación*] (Editorial Eerdmans, 1985), 63.

[5] Bangs, 73, 74.

[6] Bangs, 76.

[7] Uitenbogaert es uno de muchos nombres de personas o lugares deletreados, en esta historia, en maneras distintas de las fuentes de información. En este ensayo ha adoptado la forma empleada por Bangs.

[8] Bangs, 123, 124.

[9] Donald M. Lake, "Jacob Arminius' Contribution to a Theology of Grace" [*La contribución de Arminio a una teología de gracia*] en *Grace Unlimited* [*Gracia ilimitada*], redactado por Clark H. Pinnock (Editorial Bethany Fellowship, 1975), 226.

[10] Para el punto de vista normal de la "conversión" de Arminio del predestinarianismo calvinista, ver otro miembros de la familia de Bangs, Mildred Bangs Wynkoop, Bases Teológicas de Arminio y Wesley, trad. Lucia G. de Costa, (Casa Nazarena de Publicaciones, 1983), 48-51.

[11] Bangs, 138-141.

[12] Jacobus Arminius, *The Writings of James Arminius* [*Los escritos de Jacobo Arminio*], trad. James Nichols y W. R. Bagnall (Editorial Baker, 1956), II:219, 220. El trato entero ocupa las páginas 196-452.

[13] Una vez más, debido a la ausencia del sermón, hemos de dependernos su análisis subsecuente escrito sobre Romanos 9. Ver Arminius, III:527-565.

[14] Arminius, II:423.

[15] Arminius, III:554.

[16] Estas palabras son un resumen por Bangs, 198; ver Arminius, III:554-559.

[17] Bangs, 251.

[18] Para más discusión de este tema, ver el siguiente capítulo.

[19] Bangs, 307.

[20] Arminius, I:254.

[21] Gerrit Jan Hoenderdall, "The Life and Struggle of Arminius in the Dutch Republic" [*"La vida y los conflictos de Arminio en la República Holandesa*] en *Man's Faith and Freedom* [*La fe y libertad del hombre*], redactor Gerald O. McCulloch (Editorial Abingdon, 1962), 20.

[22] Se pueden encontrar estos artículos en varios lugares. La versión inglesa, holandesa y latina se encuentran en la obra por Philip Schaff, *The Creeds of Christendom* [*Los credos de la cristiandad*] (Editorial Baker, 1966), III:545-549.

[23] Roy S. Nicholson, "A Historical Survey of the Rise of Wesleyan-Arminian Theology" [*"Una seña histórica de la teología wesleyan-arminiana"*], en *The Word and the Doctrine* {*La Palabra y la doctrina*], redactor Kenneth E. Geiger (Editorial Beacon Hill Press, 1965), 30.

[24] Frederic Platt, "Arminianism" [*"Arminianismo"*], en *Enclycopaedia of Religion and Ethics* [*Enciclopedia de la religión y la ética*], redactor James Hastings (Editorial Charles Scribner's Sons, s.f.), I:811. En el capítulo 2 de la obra citada anteriormente de *Man's Faith*

and Freedom, se encuentra una explicación (en tono de aprobación) del desarrollo "*Del Arminio al arminianismo*".

[25] Hay familias de bautistas actualmente que siguen en la tradición de la Confesión de 1660 de Grantham.

El plan de salvación

Se suele comenzar un estudio de la teología de la salvación con las decisiones tomadas por Dios antes de la creación. Cuando hacemos esto, tratamos lo que se llama técnicamente los *decretos* de Dios, o —para tomar prestado un título usado por Warfield— *El Plan de Salvación*.[1]

Los teólogos sistemáticos suelen tratar este tema bajo el encabezamiento *la predestinación*. Luego, subdividen la predestinación en dos partes, la elección y la reprobación. Las definiciones específicas de estos términos dependerán, más o menos, de la posición teológica de aquellos que los definen.

Examinaremos, en primer lugar, el punto de vista calvinista de la predestinación (el cap. 2), y posteriormente, el punto de vista arminiano (el cap. 3). En cada caso, se bosquejará brevemente un enfoque tipo *teológico sistemático*, con los comentarios que parezcan necesarios para un buen entendimiento.

En el capítulo 4 se harán unas investigaciones tipo *teológica bíblica* que ayudarán en la comprensión de los temas involucrados. Se utilizará este método en el resto de la obra, con algunas variaciones que reflejen la naturaleza de la materia.

Capítulo Dos

La doctrina calvinista clásica ee la predestinación

Trasfondo Teológico

Si se ha de comprender el punto de vista de cualquier teólogo en cuanto a la predestinación, primero hay que considerar las suposiciones básicas de tal teólogo en cuanto a la naturaleza de Dios, del hombre y de la salvación.

El Concepto de Dios

Dios es soberano, el monarca absoluto del universo creado. Brevemente, la soberanía de Dios quiere decir que él es absolutamente libre para actuar como él quiere de acuerdo con su propia naturaleza. Dicho de otra manera, no se *condicionan* sus acciones por cualesquiera otras consideraciones más que ser verdadero a sí mismo. Por la parte de Dios, no hay obligaciones a nadie ni nada fuera de sí mismo. No hay limitaciones impuestas por nadie ni nada sobre él ni sobre sus acciones además de su propia voluntad y sus atributos.

Dios es creador y él preserva todo lo que no es él. Entre otras cosas, esto quiere decir que todo lo que existe, existe de acuerdo con y por su voluntad. Y lo que *es* incluye lo que *ocurre*: el curso entero de la historia, todas las acciones de los seres creados.

Por supuesto, no hay nada que se encuentre fuera de su control. Para Dios no hay sorpresas. Nada que ocurra está más allá de su plan: "El consejo del Señor es su eterno buen placer, según el cual él decretó y concibió todas las cosas que jamás se realicen o ocurran en el tiempo".[2]

Una vez más: jamás nada ocurre que sea incierto, por accidente o por casualidad. Indeterminadamente, jamás nada puede desarrollarse realmente por una de dos maneras. Si Dios no supiera por cierto todo que sucedería, él no podría incluir todo en su plan y así mantener el control absoluto sobre todos los eventos.

Además, nada puede ocurrir fuera del control providencial de Dios, ni de su preservación y sostén de todas las cosas. Aún los átomos de la energía en la bala de la pistola del asesino son sostenidas por él para hacer su obra espeluznante.

Dios es omnisciente, y su conocimiento manifiesta su voluntad. Dios sabe perfecta y ciertamente todo que va a ocurrir. Sabía todo antes de crear todo. Ya sabía todo lo que podría haber sido: en otras palabras, todas las contingencias. Considerando todas las consecuencias posibles de las decisiones que podría haber tomado en cuanto al universo y al hombre, él escogió aquel curso (de todos los cursos de eventos posibles) que puso en moción por sus decisiones creativas. Así pues, él decidió lo que es y por lo tanto sabía todo lo que *habría* o *sucedería*. Entonces, en un sentido real, su conocimiento equivale a su voluntad. Dios sabe todo que será por cierto porque lo quiso que sucediera y existiera.

Tampoco se puede frustrar su voluntad. Esto es obvio debido a su soberanía absoluta. No hay ninguna fuerza en el universo que pueda destruir la voluntad de Dios, porque de otro modo tal fuerza sería superior a Dios y por lo tanto sería Dios. Todas las fuerzas del universo, excepto Dios, deben su existencia a las acciones creativas divinas y por lo tanto le son subordinadas a él y están bajo su control dominante. Nada ni nadie puede vencer a Dios ni evitar que él logre todo que quiera.

Dios es bueno y a él solo se le debe la gloria. Dios es la fuente de todo lo que es bueno y por tanto merece toda la gloria por cualquier cosa buena. No hay otro ser que deba tomar el crédito por haber hecho algo bueno. "Dios es todo, y nosotros, en nosotros mismos, no somos nada... él solo es el manantial superabundante... la criatura es quien siempre recibe".[3]

El Concepto del Hombre

Igualmente esencial para la comprensión del plan de Dios para la salvación del hombre es el concepto bíblico del hombre como el objeto de la gracia de Dios.

El hombre es criatura de Dios. Siendo esto verdadero, el hombre está totalmente subordinado y gobernado absolutamente por Dios. Dios no debe nada al hombre y en modo alguno es responsable ante el hombre en cuanto a los planes o las acciones divinas. El hombre no tiene derecho alguno sobre Dios de modo que él tuviera que tomar al hombre en cuenta en cuanto a las acciones divinas.

El hombre es caído y totalmente pecaminoso. Como resultado de la caída, el hombre es malo. Por lo tanto no puede hacer nada bueno que merezca cosa alguna de Dios. Como ya se ha notado, todo lo bueno debe ser atribuido a Dios y es para su gloria propia.

Esta es la doctrina de la depravación total. El hombre, como caído, no está libre. Su voluntad está atada a un intelecto obscurecido como resultado de la pecaminosidad de su propia naturaleza. Por tanto, no tiene en sí el hacer cualquier cosa buena, y sin duda se incluye en esto el no poder responder, antes de una regeneración, al ofrecimiento de la salvación para todos los que creen. Como pecador, el hombre no puede poner su fe en Dios.

El Concepto de la Salvación

De lo anterior este concepto se desarrolla naturalmente.

La salvación es totalmente la obra de Dios. Ni el crédito más mínimo puede darse al hombre: "La soteriología es estrictamente teología. No se debe poner el énfasis en el hombre, sino en la obra de Dios. La soteriología enfatiza no la aceptación de, sino...la aplicación de la salvación por el Espíritu Santo."[4]

La salvación es totalmente por gracia. La gracia es el favor de Dios que se otorga totalmente aparte de cualquier consideración de haber merecido tal favor. Dado que el hombre está totalmente depravado no puede existir en manera alguna

una posibilidad de merecer algo; no hay mérito para un ser que no tiene ningún bien. Por tanto, aún ha de verse la fe no como algo bueno que hace el hombre sino como una obra de gracia por parte de Dios.

Como concluyó Agustín, el *primer predestinista verdadero*: "No es sola la obra objetiva de salvación hecha por Cristo la obra de Dios, sino también lo es la respuesta humana a tal obra. En otras palabras, la salvación es totalmente de gracia."[5]

En conclusión, el calvinista está seguro que este trasfondo no puede hacer más que llegar a las conclusiones siguientes sobre el plan de salvación de Dios:

- todo lo que ocurre es por su plan y su voluntad;
- cualquiera persona que se salve se salva simplemente porque Dios lo quiso;
- aquellos que se pierdan también están perdidos conforme con su plan.

Este trasfondo debería servir para prepararnos para una discusión de los elementos principales del sistema calvinista doctrinal sobre el tema de la predestinación.

La Doctrina de los Decretos Generales de Dios

Otra parte importante del trasfondo de la teología de salvación es la teología de los decretos de Dios. Los teólogos calvinistas nombran de varias maneras este tópico: "Los Decretos Divinos en General," (Berkhof): "El Consejo Eterno de Dios," (Hoekema): "Los Decretos Divinos" (Shedd).

Definición

Los decretos de Dios se refieren a "Su propósito eterno, según el consejo de su propia voluntad, en virtud del cual ha preordenado para su propia gloria todo lo que sucede" (*Catecismo Menor de Westminster*). La doctrina de los decretos es que Dios, en la virtud de su soberanía, "ha determinado soberanamente desde la eternidad todo lo que tiene que acontecer y ejecuta su soberana voluntad en toda su Creación, tanto la natural como la espiritual, de acuerdo con su plan predeterminado."[6]

El propósito de tal discusión es decir lo que ya he expuesto anteriormente en la discusión del trasfondo teológico: es decir, que no hay nada que exista ni acontezca que vaya en contra al plan predeterminado, que todo lo abarca (decisión, voluntad, consejo, decreto, ordenar), de Dios.

Descripción

Las características de los decretos son las siguientes:

Como tal, no se encuentran escritos en las Escrituras. Pertenecen a la categoría a la que se refiere Deuteronomio 29.29 (BLA) como: "*Las cosas secretas pertenecen al Señor nuestro Dios*". Dios ha revelado que tiene un plan que lo incluye todo, pero sólo vamos aprendiendo lo que se incluye mientras vemos lo que realmente acontece, especialmente como interpretado por las Escrituras. (Desde luego, este punto no quiere decir que Dios no ha revelado nada de su voluntad en las Escrituras.)

Se basan en la sabiduría divina (Sal. 104.24). El consejo (gr. *boule*) de Dios en su esencia es lo mismo que su sabiduría. El Dr. Shedd habla del "discernimiento sabio y el conocimiento de Dios, a la luz de lo que él forma a su determinación."[7]

Manifiestan un solo plan. Esto "sigue de la unicidad y simplicidad de Dios... Nunca podemos separar en partes distintas el consejo de Dios."[8] Cualesquier distinciones que hagamos entre *los decretos* —aún usando la forma plural— son estrictamente (aunque apropiadas) para asistirnos, en nuestra lógica finita, a examinar los distintos detalles del propósito *singular* de Dios (gr. *prothesis*). Así pues, técnicamente hablando, hasta un llamado *orden de decretos* no es válido y sirve meramente para nuestra conveniencia.

Son exhaustivos. Esto quiere decir que el plan único de Dios es *todo* inclusivo, y que incorpora cualquier acontecimiento que haya o que se desarrolle:

* las llamadas *cosas accidentales*,
* todo lo *mecánico* (o es decir, las leyes de causa y efecto, etcétera),
* todas las decisiones y acciones morales de los seres *libres*, sean buenas o malas.

Proverbios 21.1 incluye también en esta categoría: "el corazón del rey". Hechos 2.23 y 4.38 incluyen aquí aún el acto vil de la crucifixión. "Si no se mantiene estrictamente, la soberanía y señorío de Dios no puede ser confesado conforme las Escrituras."[9] De otra manera existiría en el universo otra fuerza, además de Dios, cuya voluntad habría que tomar en cuenta antes de nosotros —o hasta Dios mismo— pudiésemos saber lo que se lograra. ¡En tal caso lo que aconteciera podría llegar a ser contrario a lo que Dios quisiera!

Incluyen los actos libres de los hombres. Se repite, en general, lo que ya se ha hecho evidente en el punto anterior: los decretos de Dios incluyen *los actos de la voluntad* de las criaturas libres, y resultan en que todos estos actos sean igualmente ciertos.

Hay dos tipos de acciones *libres*:

1) en cuanto a los actos pecaminosos, el decreto es *permisivo*; se deja al hombre solo para cometer el pecado;
2) en cuanto a los hechos buenos, el decreto es *eficaz*; Dios obra directamente en la voluntad del hombre para inclinarla al bien.

En ambos tipos, la acción es *libre* —en el sentido de ser *voluntaria* (no forzada), y el hombre es un ser libre y moral.

Para ambos tipos, el *cómo* es para nosotros un misterio: no se sabe ni cómo es que el decreto permisivo pueda resultar cierto sin ser la causa, ni cómo la influencia positiva de Dios sobre la voluntad del hombre pueda obrar eficazmente y al mismo tiempo permita que el hombre sea un ser libre.

Los decretos de Dios no sólo incluyen la acción o el resultado mismo, sino también *todas las circunstancias e influencias y antecedentes* (incluyendo la influencia directa sobre la voluntad, en el caso de hechos buenos) de la acción, sin embargo los decretos funcionan de una manera consistente con la naturaleza del hombre como un ser libre y moral. En otras palabras, las acciones del hombre en tales casos son auto determinadas racionalmente y no son aspectos de la ley de necesidad que gobierna los movimientos causa y efecto de las cosas materiales en el cosmos. Pero el decreto en sí no hace que las acciones en sí sean necesarias.

Puesto que la Biblia presenta ambos lados de esas verdades (que Dios las ha decretado y sin embargo el hombre las hace libremente) sin notar contradicción alguna entre ellas, no debe existir ninguna contradicción —a pesar de nuestra incapacidad para explicarlo.

Incluyen el pecado y el mal. Esto precede de lo anterior. Los decretos de Dios hacen *ciertos* la caída del hombre y los actos del pecado, pero tales decretos son *permisivos* más bien que activamente causales. Dios no actúa directamente en la voluntad del hombre para influenciar ni hacerle inclinarse hacia el pecado; por lo tanto Dios no es la causa del pecado. No es responsable por el hecho de que la humanidad peca.

La manera en que los decretos divinos hacen cierto el pecado sin causarlo es un *misterio*; no nos es revelado. Sin embargo Dios permite el pecado por razones buenas que son suficientes para él mismo, incluyendo la manifestación de los atributos que de otra manera no serían demostrables —como la misericordia y la compasión. Y podemos estar seguros que él anula finalmente el pecado para su bien y para su gloria personal.

Son eternos. Si Dios es eterno, también lo es su *voluntad*. Después de todo, su voluntad es Dios mismo, un aspecto de su propio ser. Nunca hubo un "tiempo" cuando, después de haberlo considerado, Dios estableciera en un plan. Puede que el cumplimiento de su plan (propósito o consejo) ocurra en el tiempo, pero el propósito mismo es tan eterno como lo es Dios.

Son inmutables. Se implica esto de lo anterior, ya que, como dicen las Escrituras: "*Porque yo el Señor no cambio...*" (Malaquías 3.6a BLA). Si él no cambia, tampoco cambia su voluntad. Con él no hay "*mudanza, ni sombra de variación*" (Santiago 1.17b). Dios nunca cambia de parecer ni altera su propósito. No tiene las debilidades de los hombres —inconstancia, ignorancia, impotencia— que conducen a cambios de parecer.

Son incondicionales y absolutos. No se condicionan los decretos de Dios por nada fuera del buen placer (Gr. *eudokia*) o consejo de Dios. No importa lo que contenga el decreto, su éxito no depende de nada fuera del decreto mismo. "La *ejecución* del plan puede requerir medios, o depender de ciertas condiciones; pero entonces estos medios o condiciones también han sido determinados en el decreto."[10]

Proveen la base para la presciencia de Dios. Dios sabe, desde la eternidad, todo que va a suceder. Se basa esta presciencia en los decretos divinos. Son ellos que hacen que todo sea cierto. La certeza precede la ciencia. Dios posee eterna y necesariamente conocimiento de todas las posibilidades. De este conocimiento de todas las posibilidades, él decretó cuál "juego de posibilidades" que quería llevar a cabo. Por lo tanto, de este decreto él conoce todas las actividades. "Mientras que haya algo no decretado, es contingente y fortuito. Puede que ocurra o no"[11] —una frase con lo que el Dr. Shedd quería negar que hubiera tales situaciones en el universo.

De hecho, *la presciencia*, en la Biblia, generalmente quiere decir más que un mero saber de antemano ("pre-sciencia"), sino que conlleva más bien la idea de una selección cariñosa en una relación personal. Así pues, en este sentido la presciencia es esencialmente el equivalente de la elección (y por lo tanto no puede ser la "base" de la elección). Además, la presciencia es de personas y no de sus acciones o calidades (incluyendo la fe).

En el sentido de la precognición, la presciencia no sería posible para Dios si él ya no hubiera hecho ciertos todos los eventos por medio de la predeterminación o predestinación. Así la presciencia fluye de la predestinación, y no al revés, y es, en lo esencial, la misma cosa.

Son eficaces. Significa que el efecto del decreto, por virtud de su existencia, sirve para hacer cierto que todo que suceda es decretado. Por lo tanto, los decretos de Dios son exactamente equivalentes a lo que llega a suceder. Como se notó anteriormente, no hay fuerza que pueda frustrar la voluntad de Dios. "*Todo lo que [Dios] quiso ha hecho*" (Salmo 115.3b), y puesto que todo que *es,* equivale a lo que él ha hecho, entonces todo lo que sucede es idéntico a lo que él ha querido.

Pensando en los decretos de Dios como eficaces se hace aconsejable dividirlos en dos tipos:

1) los que son eficaces positivamente: es decir, causales directa y activamente, incluyendo
   • todos los "eventos" en el reino físico/material, y
   • la "acción directa espiritual de Dios sobre la voluntad finita" del hombre para las acciones buenas (morales)[12] (Filipenses 2.13). En otras palabras, pues, Dios *es el autor* de todo lo bueno.
2) los que son eficaces *permisivamente*: son causales indirecta y no activamente, pero de todas maneras son ciertos. Se incluye aquí todos los hechos pecaminosos de los seres morales. Significa que Dios no actúa directamente sobre la voluntad humana para producir el mal. El *no es el autor* del mal.

Esta manera de expresar lo anterior es mía para describir el punto de vista normal de los calvinistas, como Berkhof[13] y Shedd.[14] No todo el mundo aprecia esta distinción. Por ejemplo, Hoekema, insiste en que solo haya un punto para enfatizar: que *todos* los decretos son eficaces. Entonces, argumenta en contra de la distinción artificial entre eficaz y permisivo.[15] Sin embargo, el hecho es que todos están de acuerdo en cuanto al punto principal de los decretos: los decretos de Dios son perfectamente exitosos. Todo lo que sucede es la voluntad decretada de Dios, y nunca se puede frustrar su voluntad.

Los decretos incluyen los medios para lograr los propósitos igual como los fines en sí mismos. Este punto fluye del hecho de que los decretos lo abarcan todo. Por ejemplo, si se requiere la proclamación del evangelio para la fe y la conversión, entonces se decreta tal proclamación tan ciertamente como la fe y la conversión.

La Predestinación: Los Decretos Divinos Con Respecto a la Salvación

Definiciones de los términos[16]

La predestinación es el tema general, y se define como: "el consejo de Dios con respecto a los hombres caídos, incluyendo la soberana elección de algunos y la justa reprobación del resto".[17] Esta definición aclara el hecho que la predestinación tiene que ver con dos aspectos, la preordenación de los destinos de los salvos y de los perdidos. A veces se llama la "predestinación doble".

La elección es la predestinación de los salvados: "aquel acto eterno de Dios por el cual, en su soberano beneplácito, y sin tomar en cuenta ningún mérito visto de antemano en ellos, elige cierto número de hombres para hacerlos recipientes de gracia especial y de eterna salvación".[18]

La reprobación es la predestinación de los condenados: "aquel acto eterno de Dios por medio del cual determinó pasar por alto a algunos hombres, negándoles las operaciones de su gracia especial y castigarlos por causa de sus pecados, para la manifestación de la justicia divina.".[19]

La elección a la salvación:[20] la predestinación positiva.

La base o fuente de la elección para la salvación (cómo o por qué se origina):

La elección es una expresión de la voluntad soberana de Dios, por y para su beneplácito. Por lo tanto, su base *no es* (1) nada que hay en el hombre, ni mérito ni la llamada "fe prevista"; *ni es* (2) Cristo mismo como si él fuera la causa impelente, movible o meritoria de la elección. "El amor electivo de Dios precede al envío de su Hijo".21

La elección se origina en la compasión divina hacia el pecador.

1) Razones: porque el hombre es su obra, y porque el hombre tiene la capacidad para la santidad y la adoración.
2) La diferencia entre "todos" y "los elegidos": De hecho, Dios tiene compasión hacia todo el mundo, pero él expresa su compasión salvífica sólo a los elegidos. No se ha revelado la razón para ésto: hay "razones suficientes para Dios que son desconocidas para la criatura".[22]

Las características de esta elección: Estas son básicamente las mismas como en los decretos generales.
- La elección es inmutable.
- La elección es eterna (no es "una elección en tiempo").
- No se puede tachar la elección como injusta ni parcial, dado que Dios no debe nada a nadie, y dado que todo el mundo ya ha perdido sus bendiciones y no tiene derecho alguno ni reclamación a ellas.
- La elección es irresistible. El hombre no puede frustrar el propósito de Dios.

(1) Por supuesto los hombres —todo el mundo— resisten pero la resistencia de los elegidos no prevalece sobre los propósitos de Dios para salvarlos.

(2) Dios garantiza su éxito "por la operación directa del Espíritu Santo sobre la voluntad humana como espíritu".[23] El Espíritu "ejercita una influencia tal sobre el espíritu humano como para hacerlo dispuesto".[24]

(3) Sin embargo, no se trata de ningún decreto que aniquile la voluntad de la persona de una forma inconsistente con la agencia libre humana;[25] no es "forzosa".[26] "Dios es el creador de la voluntad, y nunca obra de una manera contraria a sus calidades creadas".[27]

La elección es incondicional. La "fe prevista" no puede ser una condición de la elección; depende únicamente del buen placer soberano de Dios:

(1) Dado que todos los pecadores son igualmente impotentes, no hay una base para la distinción.

(2) Dado que todo lo bueno —aún la fe— es un fruto de la gracia de Dios, no se puede dar ningún crédito al hombre en cuanto a satisfacer cualquier condición y así, en parte, determinar su propia salvación.

El propósito de la elección:

• El propósito inmediato es la salvación de los elegidos.
• El propósito final o último es la gloria de Dios.

Los objetos de la elección: algunas cuestiones secundarias.

• ¿Se salvarán más que lo que se perderán? No todos los calvinistas están de acuerdo; hay muchos que dirían: Sí.

• ¿Se regenerarán algunos paganos no evangelizados? De nuevo, no todos estarán de acuerdo, pero algunos —probablemente no muchos actualmente— dirían: Sí. El Dr. Shedd habla de esta posibilidad, refiriéndose a "aquellos del mundo pagano que Dios se complazca a regenerar sin la palabra escrita". El observa: "El Espíritu divino no siempre…espera para las acciones tardías de la iglesia infiel en predicar la palabra escrita, antes de que él ejerza su gracia omnipotente en la regeneración".[28]

Sin embargo, aún para el Dr. Shedd, no se puede pensar en tal método como lo normal, sino que es un método extraordinario. Además, aún cuando se efectúe este método, ha de darse cuenta que es la obra de Cristo lo que sigue siendo la base para la regeneración de la persona no evangelizada.

• ¿Se salvarán *todos* los que mueren como infantes? Una vez más, no todos los calvinistas están de acuerdo, pero la tendencia general es contestar: Sí. Es por esto, en parte, que el Dr. Charles Hodge puede afirmar: "El número de aquellos que finalmente se pierden, en comparación con el número total de los salvados no será muy considerable".[29]

LA REPROBACIÓN: la predestinación negativa.

Hay dos partes básicas de esta doctrina:

1) La preterición es el decreto de pasar por alto a algunas personas en el otorgamiento de la gracia de la regeneración (no es la gracia "común"). Este aspecto del decreto es:
   - soberano —su base no es el demérito del hombre;
   - debido a razones solamente conocidas por Dios mismo;
   - permisivo, o pasivo, que no actúa sobre el hombre (es decir, no influencia su voluntad, como en la elección).
2) La condenación es el decreto de castigar, de asignar al pecador a la deshonra y a la ira. Este aspecto del decreto es:
   - judicial, es decir, el pecado será castigado;
   - conocida la razón: el pecado;
   - positivo, activo, efectivo (no sólo permisivo, pasivo).

Los tres subdivisiones de estos dos aspectos del decreto de reprobación son directamente comparables y están colocadas intencionalmente opuestas la una a la otra.

Una *comparación* con la elección. La elección y la reprobación no son completamente paralelas.

Se diferencian de dos maneras:

1) Se efectúa la elección por la acción directa de Dios sobre la voluntad. La reprobación no está efectuada así.
2) La elección es activamente eficaz, pero la reprobación (o por lo menos su aspecto de preterición) es permisivo.

Por lo tanto, todo esto significa que Dios es el autor o la causa del bien, de la justicia y de la salvación, y es responsable por todo esto. Dios no es el autor ni la causa del pecado, ni de la caída ni de la condenación, y no es responsable por todo este aspecto. El decreto de la elección es la causa eficaz de la salvación; pero el decreto de la reprobación no es la causa eficaz de la perdición. "La causa eficaz de la perdición es la autodeterminación de la voluntad humana".[30] Aunque Dios es la causa que decretó la caída, el pecado y el mal, él no causa que nadie peque en contra de su voluntad.

Otros temas involucrados. Debido al hecho de que la reprobación tiende a sonar muy severa, la doctrina es algo polémica y se enredan varios puntos de vistas diferentes aún entre los calvinistas. Algunos de estos temas son:

La doctrina es necesaria lógicamente como antítesis a la elección. Si algunos son elegidos, otros no lo son: "El rechazo implicado en el concepto de la elección también forma parte del propósito de Aquel que logra todas las cosas conforme con el curso de su voluntad".[31] Como observa el Dr. Shedd, Dios debe extender a todos los transgresores la misericordia (la elección) o la justicia (la reprobación).[32] Así pues, el rechazo por parte de Dios del reprobado se ve en las Escrituras como una implicación mera; ver Romanos 9:13, "*mas a Esaú aborrecí*".

El Dr. Shedd trata extensamente, y contesta, la objeción de que la doctrina de la reprobación haría que la invitación universal divina no fuera honesta. No hay necesidad de exponer largamente este argumento aquí, sin embargo se puede resumir[33] que:

1) La sinceridad depende de la naturaleza del deseo y no en los resultados.
2) El decreto de Dios no es necesariamente igual a su deseo. Su deseo natural y espontáneo (cf. Ez. 33:11, por ejemplo) es "constitucional", un deseo sincero y permanente que se manifiesta en la compasión hacia todo el mundo, pero no se requiere un decreto para satisfacer tal deseo. En otras palabras, la "voluntad" de Dios es capaz de más de un significado: (1) su voluntad revelada es igual a su deseo, que no tiene placer en la muerte del pecador; que también puede llamarse su voluntad legislativa, o la voluntad de complacencia. (b) Su voluntad secreta iguala su decreto, que demanda justamente la muerte del pecador; que también puede llamarse su voluntad decretada, o la voluntad de su beneplácito.
3) Así pues, la reprobación es consistente con un deseo sincero de que todo el mundo se salve. Por un lado, la expiación es suficiente para todos. Por otra parte, Dios desea sinceramente que todos para quienes se ofrece la salvación —el género humano— pongan su fe en Cristo y se salven. Sin embargo, Dios sabe que nadie va a hacerlo, y así él toma otro paso y asegura eficazmente la salvación de algunos por medio de una elección de gracia. Dios no ha revelado por qué él pasa por encima de los demás, y ordena su condenación —excepto por la razón expuesta en Romanos 9:22; para demostrar su ira y hacer conocido su poder a través de los vasos de ira preparados para la destrucción.

Hay debate entre los calvinistas mismos en cuanto al *orden* de los decretos con respecto a la elección y la reprobación. Aquí, es suficiente observar que los Drs. Berkhof y Shedd representan la posición más típica de los calvinistas actuales cuando insisten en que la reprobación presupone la caída. A veces este punto de vista se llama el "infralapsarianismo" (o "sublapsarianismo"), o sea, al decreto de la condenación sigue lógicamente el decreto de permitir la caída. Algunos calvinistas exponen la posición del "supralapsarianismo", y consideran que la caída como un método decretado para lograr el decreto de condenación. Entre éstos se encuentra el Dr. Hoekema.[34]

Originalmente la diferencia entre el supralapsarianismo y el infralapsarianismo simplemente tenía que ver con si Dios (eficazmente) decretó la caída. Pero ha llegado a complicarse (y a veces llegando a la confusión). La diferencia *principal* se encuentra en el orden *lógico* (pero no cronológico) de los decretos. Se ilustra en lo siguiente:[35]

Supralapsarianismo:
1. La elección de algunos para la salvación en Cristo (y la reprobación de otros),
2. El decreto de crear el mundo y los hombres,
3. El decreto que los hombres cayesen,

4. El decreto para redimir a los elegidos que ya son pecadores por medio de la obra de la cruz de Cristo,
5. El decreto de aplicar los beneficios de redención provistos por Cristo a estos pecadores elegidos.

Infralapsarianismo (o *sublapsarianismo*):
1. El decreto de crear el mundo y los hombres,
2. El decreto que los hombres cayesen,
3. La elección de algunas personas caídas para la salvación en Cristo (y la reprobación de los demás),
4. El decreto de redimir a los elegidos por la obra de la cruz de Cristo,
5. El decreto de aplicar los beneficios de redención provistos por Cristo a estos elegidos.

El Dr. Shedd es menos típico cuando observa que el decreto de reprobación no previene la obra activa del Espíritu de Dios en obrar con los no elegidos.[36] De hecho, el Espíritu les toca, convenciéndoles del pecado. Sin embargo, ellos —igual que los elegidos— le resisten, y el Espíritu no va más lejos. A este respecto, la reprobación es el pasar por alto el paso siguiente. Con los elegidos, el Espíritu toma el próximo paso y les regenera. Esta obra universal forma parte de la gracia "común". *Cada* pecador es más fuerte que la gracia común; *nadie* puede resistir la gracia que regenera.

El Dr. Shedd no será un típico exponente de los calvinistas en general cuando él plantea la relación entre la reprobación y la certeza. La reprobación hace *cierta* la perdición (porque la esclavitud de la voluntad del pecador descarta su recuperación aparte de la regeneración), pero no hace que la perdición sea *necesaria*. Shedd insiste en que el decreto de reprobación no tiene efecto sobre el pecador hasta después que se haya escogido libremente el pecado.[37] Otros calvinistas insistirían en que el Dr. Shedd está ignorando Romanos 5.12-14 cuando hace tal distinción. El argumento no es esencial para el propósito de esta obra.

El fin de la reprobación, igual que con la elección, es la gloria de Dios.

Lectura adicional sobre la doctrina calvinista de la predestinación:

en español

Louis Berkhof, Teología Sistemática, traductor Pbro. Felipe Delgado Cortés, edición revisada (T.E.L.L., 1976).
J. Oliver Buswell, Jr., Teología Sistemática, tomo 3, (Editorial Logoi, 1983).
F. Leroy Forlines, Teología Cristiana Sistemática, traductor, Ronald Callaway, (Editorial Casa de Randall, 1992).
Charles Hodge, Teología Sistemática, tomo 1, traductor, Santiago Escuain (Editorial Clie, 1991).

Charles C. Ryrie, Teología Básica, traductor, Alberto Samuel Valdés, (Editorial Unilit, 1993).

en inglés

G. C. Berkouwer, *Divine Election* (*Elección divina*) (Editorial Eerdmans, 1960). (Es una lectura contemporánea del calvinismo actual con un sabor algo bartiano. No siempre representa la teología clásica de la Reforma.)

Loraine Boettner, *The Reformed Doctrine of Predestination* (*La doctrina reformada de la predestinación*), (Editorial Eerdmans, 1954).

Gordon Clark, *Biblical Predestination* (*Predestinación bíblica*), (Editorial Presbyterian and Reformed, 1969).

Arthur Custance, *The Sovereignty of Grace* (*La soberanía de gracia*) (Editorial Baker, 1979).

Herman Hoekema, *Reformed Dogmatics* (*Dogma reformado*), (Editorial Reformed Free Publishing Association, 1966), chp. 5. (Muchos calvinistas consideran a Hoekema demasiado extremo para ser un representante verdadero de la fe reformada.)

A. W. Pink, *The Sovereignty of God* (*La soberanía de Dios*), (Editorial Baker, 1963).

William G. T. Shedd, *Dogmatic Theology* (*Teología dogmática*), (Editorial Zondervan, sin fecha), tomo 1, pp. 393-462. (Algunos calvinistas consideran que Shedd es demasiado especulativo en algunos temas.)

Notas de la Sección 2 y el Capítulo 2

[1] Benjamin B. Warfield, *The Plan of Salvation* [*El plan de salvación*] (Editorial Eerdmans, 1942).

[2] Herman Hoeksema, *Reformed Dogmatics* [*La dogmática reformada*] (Editorial Reformed Free Publishing Association, 1966), 155.

[3] Hoeksema, 154.

[4] Hoeksema, 442, 443.

[5] Paul K. Jewett, *Election and Predestination* [*Elección y predestinación*] (Editorial Eerdmans, 1985), 5, 6.

[6] Louis Berkhof, Teología Sistemática, trad. Pbro. Felipe Delgado Cortés, tercera edición española revisada (Editorial T.E.L.L., 1976), 117.

[7] W. G. T. Shedd, *Dogmatic Theology* [*Teología dogmática*] (Editorial Zondervan, s.f.), I:399.

[8] Hoeksema, 159.

[9] Hoeksema, 157.

[10] Berkhof, 122.

[11] Shedd, I:397.

[12] Shedd, I:406.

[13] Berkhof, 121, 123.

[14] Shedd, 405-412.

[15] Hoeksema, 158, 159.

[16] Para los propósitos de esta obra, se limitan las definiciones a su referencia en el plan de las salvación de los seres humanos.

[17] Berkhof, 128, 129.

[18] Berkhof, 134.

[19] Berkhof, 136, 137.

[20] La mayoría de los teólogos hace distinción entre la elección a la salvación y otros tipos de elección, tales como la elección colectiva de Israel o la elección de personas para llevar a cabo ciertos trabajos o papeles de servicio. Aquí sólo se refiere a la primera elección mencionada.

[21] Berkhof, 134.

[22] Shedd, I:424.

[23] Shedd, I:428.

[24] Berkhof, 135, 136.

[25] Berkhof, 135, 136.

[26] Shedd, I:428.

[27] Shedd, I:428.

[28] Shedd, I:436, 439.

[29] Charles Hodge, TEOLOGÍA SISTEMÁTICA, tomo II, traducción y condensación, Santiago Escuain (Editorial CLIE, 1991)

[30] Shedd: I:445.

[31] Jewett, 27.

[32] Shedd, I:430.

[33] Shedd, I:451-457.

[34] Hoeksema, 161-165.

[35] El orden expuesto aquí, incluyendo las palabras, se toma de un libro de apuntes teológicos que se publicará en el futuro, por Robert L. Reymond.

[36] Shedd, I:435.

[37] Shedd, I:444-446.

Capítulo Tres

La doctrina arminiana clásica de la predestinación

Trasfondo Teológico

En el capítulo anterior se ha resumido el trasfondo teológico de la doctrina calvinista de la predestinación. Se habló de:

(1) el concepto de Dios, como soberano, creador y preservador, omnisciente, y que solo él es bueno y digno de glorificación;
(2) el concepto del hombre, como una criatura subordinada, caída y depravada;
(3) el concepto de la salvación, siendo totalmente de Dios y totalmente por gracia.

Esta misma materia también provee el trasfondo para la doctrina arminiana de la predestinación. Así que, la cuestión delante de nosotros es: ¿Hasta que punto habrá un acuerdo del arminiano con las ideas sobre Dios, el hombre y la salvación que se retratan por el calvinista (en el capítulo anterior)? Y, ¿en qué puntos se diferencian?

Areas donde los calvinistas y los arminianos están de acuerdo

En la mayoría de las circunstancias, el arminiano estará de acuerdo con el trasfondo teológico bosquejado en la introducción al calvinismo:

Dios es soberano. No puedo mejorar la descripción de la soberanía como se ha presentado en el capítulo previo. No se pueden imponer condiciones algunas sobre Dios desde fuera de sí mismo. Nada, además de su propia naturaleza, limita su libertad para actuar conforme con su propio beneplácito.

Dios es el creador y el preservador de todo lo que existe fuera de sí mismo, de tal manera que todo lo que hay —incluyendo todo que ocurre— está de acuerdo con su voluntad, su plan para la historia del universo creado, subordinado y sostenido.

Dios es omnisciente, y se incluyen entre las implicaciones:

1) que él sabía todas las contingencias posibles; y
2) que de todas ésas él decidió o determinó lo que existe.

No existe fuerza alguna que no sea subordinada a Dios y no hay ninguna que pueda frustrar su voluntad.

Dios es la fuente de todo bien y a él solo se debe la gloria.

El hombre está un ser creado y está totalmente gobernado por Dios.

El hombre es caído y completamente depravado, y por lo tanto, incapaz de hacer cualquier bien, aparte de la obra de Dios, que la capacita para este fin. Se puede añadir alguna clarificación a este punto (aunque no creo que el calvinista esté de acuerdo con tal necesidad de clarificación). El hombre caído no es capaz de hacer cualquier bien que le justificaría delante de Dios, ni es capaz de hacer cualquier bien absoluto. Aún así, el hombre caído sigue en la imagen de Dios y es recipiente de la gracia común y de la revelación general. Esto significa que es capaz de algún bien relativo, de hacer y pensar cosas que son relativamente dignas y nobles. En otras palabras, el hombre caído existe en un estado de contradicción y conflicto doloroso, siempre lejos de la gloria de Dios (Ro. 3.23).

La salvación es totalmente la obra de gracia de Dios, no concediendo ningún crédito ni mérito al hombre. No hay lugar para el *sinergismo* (la teoría que Dios y el hombre trabajan juntos para lograr la salvación).

Por lo tanto, yo sugiero que la persona que quiera estudiar esta cuestión comience con un buen repaso del trasfondo teológico del calvinismo bosquejado en el capítulo anterior. El arminiano construye sobre la misma base.

Areas donde los calvinistas y los arminianos no están de acuerdo

Si los arminianos comparten con los calvinistas, en gran parte, los mismos conceptos de Dios, el hombre y la salvación, ¿en qué áreas se diferencian? Hay por lo menos tres diferencias, que son tanto cuestiones de énfasis como de desacuerdo inmediato.

La relación entre la certeza, la contingencia y la necesidad. Los arminianos están de acuerdo que Dios sabe todas las cosas que serán ciertas y que estarán de acuerdo a su plan. Pero insisten en que muchas de estas certezas sean realmente contingentes. Mientras el calvinista puede afirmar lo contrario, el énfasis que da es tanto que parece que él está negando que algunas de las certezas son realmente contingencias, es decir, cosas que pueden acontecer de dos (o más) maneras.

El arminiano afirma que hay cosas que realmente pueden ocurrir de una o de dos maneras, y sin embargo Dios sabe cómo saldrán. El conoce perfectamente todos los eventos futuros. Esto quiere decir que todo es *cierto*, si no, él no supiera lo que ocurriría. Además, quiere decir que todos los eventos futuros están de acuerdo con su plan y propósito total: nada jamás ocurre en su universo que esté fuera de su conocimiento o control o que frustre su plan final.

Esto *no* se contradice por el hecho de que hay eventos que realmente puedan desarrollarse de más de una manera. El arminiano insiste que no hay conflicto entre la *certeza* y una *contingencia* verdadera, aunque la explicación de ello requiere una discusión cuidadosa y técnica de términos importantes: certeza, contingencia y necesidad.[1] La distinción entre estos términos juega un papel importante en los temas asociados con la predestinación. Me atrevería a decir, que en este tema mismo, hay más probabilidad del entendimiento incorrecto y más para ganar con la claridad que de casi cualquier otro punto de la discusión.

Todas las cosas que ocurren son *ciertamente* conocidas de antemano por Dios. Cada acontecimiento es cierto y conocido como tal por Dios desde la eternidad.

¿Significa esto: "Qué será, será"? Así es, pero el significado de esta frase requiere más investigación. De hecho, la frase es, como una ecuación matemática con dos partes iguales. Por ejemplo si digo que 4 = 4, se me puede acusar de no haber dicho nada.

La frase *Qué será, será*, es exactamente igual. Es nada más que: *qué será = será*. Todo lo que va a ocurrir, ocurrirá; y si añado "ciertamente" a la frase: *qué será = será ciertamente* —no he añadido nada a la frase. La llamada "certeza" de un evento no significa nada más que un evento que va a ocurrir y que Dios sabe que va a ocurrir.

Los actos libres de las personas moralmente responsables son actos *contingentes*. Una contingencia es cualquier cosa que realmente puede suceder de más de una manera. Esta libertad de elegir no contradice la certeza. La certeza se refiere al hecho de un evento y si es o será un evento, y *si* va a ocurrir o no; la contingencia tiene que ver con la *naturaleza* del evento como un acto libre o un acto necesario. El mismo evento puede ser, al mismo tiempo, igualmente cierto y contingente.

Los eventos que sólo pueden suceder de una manera sola, que deben ser u ocurrir inevitablemente de la manera como son, se llaman eventos *necesarios*. Para tales eventos hay causas que conducen al evento que no permiten ninguna elección libre, son causas que necesariamente producen el evento. Por ejemplo, cuando Dios "hace" que algo ocurra de la manera en que ocurre sin permitir ninguna otra eventualidad, este evento es una necesidad.

Un evento puede ser cierto sin ser necesario: "será" (certeza) no es lo mismo como "deberá" (necesidad). Algunos eventos son "necesarios"; es decir, son causados inevitablemente por medio de una influencia previa. Otros son "contingentes"; es decir, son libres, capaces de más de una posibilidad dependiendo de una decisión no forzada. Los dos tipos de eventos son ciertos, conocidos por Dios.

¿Cómo, entonces, se relaciona el *conocimiento* de un evento con el hecho que es un evento? Se puede ilustrar del conocimiento humano: mientras no podemos conocer el futuro, podemos conocer eventos del pasado, y los podemos conocer como ciertos. Al mismo tiempo, la certeza de los eventos se encuentra en el hecho de que eran eventos, y nuestro conocimiento de ellos no afecta de manera alguna el hecho de que los eventos estaban hechos. El conocimiento sale de nuestro reconocimiento de los hechos.

De igual manera, Dios sabe de antemano todo lo futuro como cierto. Esta certeza de los eventos futuros no se encuentra en su necesidad sino en el hecho simple de que son (o serán) hechos. Serán como serán, y Dios sabe lo que serán porque él tiene reconocimiento perfecto, de antemano, de todos los hechos. Pero este conocimiento en sí, aunque es *presciencia*, no tiene más efecto causal sobre los eventos que nuestro conocimiento de los hechos del pasado tiene sobre ellos.

Para proveer una ilustración sencilla, supongamos que mañana llego a una encrucijada del camino y necesito decidir en qué dirección viajaré. El hecho es que voy a elegir una de dos direcciones, y la que elija será la que ciertamente preferiré. (Una vez más, la palabra "ciertamente" no añade nada a la frase.) Pero todo esto de *ninguna manera es* para decir que *debo* elegir la dirección que elegiré. El hecho es que estoy libre para preferir entre las dos rutas, tomando en consideración lo que desee yo considerar en la ocasión. Que Dios sabe cuál voy a tomar, y lo ha incorporado en su plan, no limita mi elección; él también sabe qué ocurriría si mi decisión fuera al contrario a la que prefiero —y él sabe como incorporar esta posibilidad real en su plan.

Para esclarecer: si mañana decido por la ruta a la derecha, es cierto que la voy a elegir. Pero es igualmente verdad que si mañana prefiero el camino a la izquierda, es cierto que voy a elegirlo y él ya lo sabe. La decisión se tomará libremente, *por mí*, mañana. El futuro es igualmente cierto y abierto; no se cerrará hasta que ocurra. Por lo tanto, esta acción es realmente contingente y la verdad es que puede ir de una de las dos direcciones, aún cuando la decisión será (para decirlo redundantemente) lo que será.

Arminio presentó estos puntos con una claridad convincente. Por ejemplo, él escribió: "Si [Dios] decide emplear una fuerza que...puede ser resistida por la criatura, es decir entonces que la cosa ya está hecha, *no necesariamente* sino *contingentemente*, aunque la ocurrencia real fue ciertamente conocida de antemano por Dios".[2] Así pues aún lo que ha sido profetizada divinamente puede ocurrir contingentemente y no por necesidad, si fue producido por una causa resistible. Arminio usó el caso de los huesos de Jesús como ilustración, negando que no podían haber sido rotos pero afirmando la certeza de que no iban a ser quebrados.[3]

En otro lugar Arminio observó: "Puesto que Dios, en su sabiduría infinita, vio, desde la eternidad, que el hombre caería en un tiempo dado, esa caída ocurrió infaliblemente, sólo en respecto a su presciencia, no en respecto a cualquier acto de la voluntad divina". Continuó haciendo una distinción "entre lo que es hecho *infaliblemente* [significando 'ciertamente'] y lo que es hecho *necesariamente*. El primero depende de la infinidad del conocimiento de Dios, el último del acto de su voluntad". El dijo que el primero "tiene respeto sólo en cuanto al conocimiento de Dios, a quien pertenecen, infaliblemente y con certeza, las cosas contingentes".[4]

Uno de los mejores teólogos wesleyanos era Richard Watson. Aunque su estilo de escribir pertenece a los teólogos antiguos, y es algo incómodo para hoy día, recomiendo mucho su trato de esta diferencia entre la certeza, la contingencia y la necesidad. Cito aquí sólo algunas líneas:

> La posición, que la presciencia *cierta* destruye la *contingencia*, es un mero sofismo....
>
> La gran falacia del argumento...se encuentra en suponer que la *contingencia* y la *certeza* son opuestas la una a la otra.... Por lo tanto, la contingencia en las acciones morales representa su *libertad*, y se opone, no a la *certeza*, sino a la *necesidad*....
>
> La cuestión no tiene que ver... con la *certeza* de las acciones morales, o sea, si *sucederán* o no; sino en cuanto a su naturaleza, o libres o restringidas, si *deben* suceder o no....
>
> Así pues, la presciencia de Dios no tiene influencia sobre o la libertad o la certeza de las acciones, y la razón es que es *conocimiento* y no *influencia*; y ciertamente se pueden conocer las acciones de antemano, sin que ellas sean hechas necesarias por medio de tal conocimiento....
>
> Pero si una contingencia *tendrá* un cierto resultado, tal resultado debe ser determinado. De ninguna manera.[5]

El Dr. Watson continúa para citar a S. Clarke, al efecto de que, aún si no se conociese el futuro, ¡seguiría siendo cierto! Es preciso, porque "certeza" es simplemente futuro.

Se equivoca el calvinista, en cuanto a este tema, cuando sugiere que Dios sólo conoce el futuro porque primero él lo decretó incondicionalmente. En esto se confunde el conocimiento con una causa activa y en efecto quita la contingencia. Lo que Dios sabe de antemano, en el sentido de la presciencia,[6] forma parte de su omnisciencia e incluye todas las cosas como ciertas, igualmente lo bueno y lo malo, lo contingente y lo necesario. Su presciencia en sí no es causal.

Además, la predestinación divina de los eventos no es necesaria para su presciencia de ellos, por lo menos no de la manera limitada que implica tal afirmación. De hecho, él sabe eterna y perfectamente todas las posibilidades, igualmente las cosas que *no serán* como las que *serán*. Como lo dijo Arminio: "Dios sabe de antemano las cosas futuras por medio de la infinidad de su esencia, y por medio de la perfección preeminente de su entendimiento y presciencia, y no porque decretó que fueran hechas necesariamente, como si él no las pudiera conocer de antemano excepto que fueran del futuro, y que no serían del futuro si Dios no las hubiera decretado para hacerlas o permitirlas".[7]

Es más, *de* su conocimiento de todas las posibilidades, él escogió y ordenó el curso de acción que quería poner en moción —un curso de eventos que incluye las contingencias que él no hizo, ni hace necesarias de una forma u otra. Así pues, en su aplicación a la elección y la reprobación, la predestinación no es la base para la presciencia; el orden bíblico es la presciencia, después la predestinación (Ro. 8.29).

Hagamos una pausa aquí para mencionar brevemente un arminianismo deformado que niega la presciencia de Dios de todas las decisiones humanas "libres" o por lo menos las decisiones pecaminosas del hombre.[8] Clark Pinnock ha puesto la pauta para esta deformación con una innovación. Se cita aquí un resumen hecho por Pinnock de la posición de Richard Rice:

> Rice argumenta que igualmente como hay cosas que Dios no puede hacer, aunque es omnipotente, también hay cosas que Dios no puede saber a través de su omnisciencia, es decir las decisiones libres del futuro que no son debidamente objetos del conocimiento. Si las decisiones humanas son verdaderamente libres, razona Rice, no existen para ser conocidas de antemano por cualquier persona, ni aún por Dios.[9]

En otras palabras, "Las decisiones que todavia no han sido tomadas, no existen en ningún sitio para ser conocidas, ni aún por Dios".[10]

Al final de este capítulo se tratará, con más detalle, la polémica involucrada en esto; por ahora basta observar que tal pensamiento no es el arminianismo reformado. Cuando Pinnock observa que esto es una forma de teísmo a mitad del camino entre la forma tradicional de teísmo y el teísmo de proceso, uno se pregunta si más bien Pinnock no está revelando la influencia de la teología de proceso. El tiene razón en insistir en que Dios no sea estacionario ni impasible, pero tampoco es Dios un "llegar a ser" hegeliano. Jack Cottrell tiene razón cuando observa: "Decir que Dios no podría conocer de antemano las decisiones realmente libres de los humanos es exaltar demasiado al hombre o reducir a Dios al *estatus* de una criatura.[11] Y como Norman Geisler ha observado mordazmente: "Si la teoría de Pinnock sobre Dios es correcta, ¡él no puede ser un arminiano!"[12]

Un énfasis en la naturaleza del hombre como personal, no sólo como criatura y caído. Como bien Pinnock ha dicho: "El trato de Dios con su creación humana es dinámico y personal y las respuestas dadas por nosotros a él conllevan unas consecuencias trascendentales".[13] En esto hay varias verdades.

Se ha hecho al hombre a la imagen de Dios; de tal manera tiene —entre otras cosas— su propia *voluntad*. Hay una voluntad en el universo además de la de Dios: sí, subordinada a él, pero aún así una voluntad verdadera. Si no lo fuese, el hombre no sería verdaderamente personal (i.e., una persona).

El hombre es libre, poseyendo una voluntad verdadera, para tomar decisiones y elecciones reales entre dos (o más) cursos de acción (una contingencia verdadera). Una decisión que tiene una sola opción en realidad no es una elección, y sin esta "libertad" no hay personalidad.

1) No es una libertad absoluta. No es ilimitada, incondicionada ni soberana, como es la libertad de Dios. En este sentido, Dios es el único ser libre que existe.

2) Por lo tanto, esta libertad es limitada, condicionada y "gobernada". Por un lado, es Dios quien ha puesto todos los perímetros para las decisiones. Otra cosa es que la libertad humana fue afectada por la caída, y lo que el hombre puede hacer *teóricamente*, no puede hacerlo en la *práctica*. Por ejemplo, el pecador no está *libre* para no pecar. Aparte de la gracia eficaz de Dios, ningún pecador está *libre* para aceptar la oferta de la salvación y poner su fe en Cristo. La voluntad del hombre depravado está atada por el pecado. Arminio lo confesó: "En efecto, la voluntad está libre, pero no respecto a ese acto que no se puede hacer u omitir sin la gracia sobrenatural".[14] Y él insistía constantemente en que "no hay nada bueno que cualquier criatura racional pueda hacer sin esta ayuda especial de la gracia de Dios".[15]

Pero esta depravación no quita el legado natural del hombre. El hombre depravado sigue siendo personal, y este legado forma parte de la personalidad. Como lo expuso Jewett, desde una perspectiva calvinista: "Puesto que [Dios] nos ha hecho como *personas*…su voluntad para nosotros no se realiza en la forma del 'destino'. … El no compele el 'Sí' de los elegidos en cuanto a su oferta de la gracia; más bien, lo *gana*".[16] Yo sólo quisiera que Jewett, junto con otros calvinistas, cuando dicen cosas así, no lo contradijesen diciendo que Dios "hace disponible" la voluntad humana (como ya se ha notado en el capítulo previo). No es para sorprenderse cuando Jewett añade, típicamente, "Cómo esto puede ser no podemos decir".[17]

Por lo tanto, el hombre es un *actor* en el universo. Su legado con una voluntad más su libertad moral iguala el hecho que es un actor. Dios no es el único actor en el universo, y las declaraciones más entusiastas de algunos calvinistas a veces suenan como si lo fuera. Para citar a Pinnock de nuevo: "Dios es una persona y los hombres son personales, hechos a su imagen. Por lo tanto, él trata con el hombre como una persona…. El mundo no es simplemente una función pura de la Deidad".[18]

Y el hombre actúa *o por el mal o por el bien*. Ni contradice este *por el bien* (1) el hecho de que Dios es la fuente de todo bien y el único digno de gloria; o (2) que el hombre es caído e incapaz del bien. Después de todo, Dios creó el libre albedrío, de tal manera que aún este legado es de gracia. Además de esto, la obra de gracia por parte de Dios es necesaria si el hombre, especialmente el hombre caído, va a hacer cualquier cosa buena. Consecuentemente, toda la Biblia expone que el hombre es responsable por sus acciones malas o buenas.

Un entendimiento de la tensión entre la soberanía de Dios y la libertad del hombre. Por supuesto, igualmente el calvinista como el arminiano declaran que creen en las dos cosas. Los calvinistas consideran que los arminianos están negando la soberanía de Dios para afirmar la libertad del hombre. Los arminianos consideran que los calvinistas están negando la libertad del hombre para afirmar la soberanía de Dios. A menudo ambos lados dirán que el hombre no puede reconciliar estos dos aspectos.

Pero los arminianos creen que no hay amenaza, o limitación, de la soberanía de la libertad de Dios. El dirige todo (sin omitir nada) como él quiere, y lo hace permitiendo que hay otro ser personal y libre (aunque limitado) en el universo.

Y los arminianos, tomando por sentado que el plan o decreto de Dios de que hay tal ser libre y responsable que puede tomar decisiones libres, insisten, por tanto, que todas estas decisiones o elecciones (que son realmente contingentes) se incorporan en el plan divino (como Dios ciertamente ve y sabe de antemano como van a ser estas decisiones).

Los arminianos consideran que este punto de vista magnifica la omnisciencia de Dios. En el concepto arminiano del universo, Dios sabe de antemano las contingencias verdaderas. El hombre realmente puede escoger uno de dos caminos, y Dios realmente sabe cuál va a escoger.

Asimismo, los arminianos consideran que este punto de vista magnifica el poder de Dios en por lo menos dos maneras interrelacionadas.

Dios podía crear a un ser que no es meramente "determinado", sino es un actor que también "determina" cosas, un ser libre creado a su propia imagen. El que solo tiene una voluntad verdaderamente soberana podía otorgar al hombre una voluntad que realmente tiene el poder de decisión y elección.

Dios puede gobernar el ejercer verdaderamente libre la voluntad del hombre de tal manera que todo vaya conforme con el plan divino. Un universo complejo creado por Dios y habitado por seres pre-programados para hacer la voluntad divina sería muy bueno. Pero un Dios que puede crear personas con su propia voluntad y luego hacerlas libres para actuar de maneras que él no les ha determinado para ellos, *y a la vez gobernar la totalidad perfectamente conformada con sus propósitos*, es mucho más grande. "Si la Sabiduría divina sabe efectuar lo que ha decretado, empleando causas según sus naturalezas y mociones —sean sus naturalezas y mociones contingentes o libres— la alabanza debida a tal sabiduría es mucho más grande que si fuese empleado un poder a que no hubiera posibilidad alguna de que ninguna criatura lo resistiriera".[19]

Igual que el calvinista, el arminiano está dispuesto a afirmar que no hay nada fuera del control de Dios. Todo va conforme con su plan. No se puede frustrar su plan. Y, aún así, los hombres eligen libremente entre contingencias verdaderas. Como lo expresó Arminio: "Pongo en sujeción a la Providencia divina igualmente el *libre albedrío* y aún *las acciones de una criatura racional,* afirmando que no hay nada que puede hacerse sin la voluntad de Dios, ni aún esas cosas que se hacen en oposición a ella".[20]

La Doctrina De Los Decretos Divinos En General

Los arminianos no suelen tener esta sección en sus libros de teología. Probablemente la deberían tener (aunque yo preferiría llamar tal sección con un título como "El Consejo Eterno De Dios" (A. Hoekema), o "El Propósito Eterno De Dios"). La razón por la cual normalmente no hay tal sección entre los libros de texto arminianos puede ser, en parte, atribuido a una verdad a la que el Dr. Wood llama la atención: que aunque una doctrina de los decretos es "integral para la doctrina reformada", es una doctrina "deducida de las Escrituras más bien que realmente designada como tal en ellas".[21]

La naturaleza de los decretos: puntos de acuerdo

No puedo decir que yo rechazaría cualquiera de los términos empleados por el calvinista para describir las características generales de los decretos (consejo, plan) de Dios. Sin duda las "decisiones predeterminadas" de Dios son:

(1) fundadas en la sabiduría divina.
(2) una unidad sencilla (es decir, un solo plan).
(3) abarcan todo, incluyendo cualquier cosa que suceda, sea libre o necesaria, buena o mala.
(4) eternas: "Dios no hace nada en el tiempo, que él no ha decretado desde toda la eternidad".[22]
(5) inmutables.
(6) incondicionales, en que nada fuera de Dios puede condicionar a sus decisiones.
(7) incapaces de ser frustradas (calvinismo: "son eficaces"): en otras palabras, siempre son exitosas.

Y fácilmente se podría dividir este punto entre los decretos que son positivamente eficaces y los que son permisiblemente eficaces. Arminio simplemente distingue entre la "acción eficaz" y "permisión", pero nota que los dos aspectos "son inmutables".[23] El considera que es una "suposición impía" el decir que cualquier decreto de Dios fuera hecho en vano, porque "*el consejo del Señor permanecerá para siempre*" (Sal. 33.11a BLA).[24]

La naturaleza de los decretos: puntos de desacuerdo

Si se ha de estipular de la terminología calvinista, ¿cuáles son los puntos que no acatan los arminianos? Hay tres puntos de diferencia que afirman los arminianos: *Los decretos incondicionales no necesariamente se logran incondicionalmente.* La incondicionalidad de las "decisiones" (i.e., plan, propósito) soberanas de Dios no significa necesariamente que todos los fines que Dios ha propuesto se logran incondicional o necesariamente.

Lo que parece claro es que Dios ha decretado incondicionalmente (soberanamente) el administrar la salvación condicionalmente. Y, la "condicionalidad" incluye la contingencia real.

Por lo menos los calvinistas intentan incluir este concepto: "La ejecución del plan puede requerir medios, o depender de ciertas condiciones; pero entonces estos medios o condiciones también han sido determinados en el decreto".[25] Si el significado de esta afirmación sólo quiere decir que Dios determina *cuáles* condiciones deben cumplirse, entonces no hay problema aquí para el arminiano. Aún si quiere decir que Dios sabía de antemano que iban a cumplirse la condición como cierta, no hace falta objeción por parte del arminiano. Sin embargo, los términos "determinarse" y "condición" tienden a ser mutuamente exclusivos, por lo menos en el sentido calvinista del uso de la palabra "determinado".

Aparentemente el Dr. Berkhof quiere decir que Dios, por medio de sus decretos, hizo necesario no sólo el fin sino también los medios o las condiciones requeridas para lograr el fin. En tal caso, igualmente se ha decretado incondicionalmente la "llamada" condición tanto como el fin. Pero si Dios ha determinado, "en el decreto" que una cierta acción *debe* ocurrir, en realidad no hay una "condición" real porque no hay ninguna contingencia verdadera. Tal "condición" incondicionalmente determinada no es ninguna condición, sino es idéntica con el efecto o el fin decretado.

Podemos decir que Dios decretó incondicionalmente que la salvación fuera condicional. Cuando Dios decretó el plan de salvación, lo hizo sin imposición alguna de condiciones fuera de sí mismo. Lo que él decretara, lo hizo con su soberanía absoluta. No hubo ninguna obligación para cualquier consideración excepto por las que reflejaron su propia naturaleza. Se hizo el decreto *incondicionalmente*; su *contenido* es la salvación condicional.

El hecho de que Dios decretó todas las cosas no quiere decir que todas las cosas son necesarias. Puede que perezca que la sección de los "puntos de acuerdo" está hecha demasiado rápidamente. ¿Están de acuerdo los arminianos de que todo, desde el principio, fue "determinado" por Dios para que sea como es? Sí, pero hay que explicarlo detenidamente; la palabra "determinado" es la clave.

Lo que quiero decir es esto: Antes de cualquier acto de creación, Dios consideró todas las posibilidades y escogió entre ellas el juego exacto que él puso en moción por sus actos de creación. Así pues, antes del comienzo, él vio todo lo que acontecería al crear a Adán y Eva en las circunstancias mismas que él escogió para ellos. Viéndolo todo, él dijo: "Sea así", y por medio de esta palabra creativa se puso en moción la cadena de acontecimientos que abarcaría todo lo que jamás ocurra. En este sentido él "ordenó" o "determinó" todo lo que existe. Pero tal determinación *no causa* que los actos libres sean actos necesarios, y ciertamente no es la causa del mal.

Así "ordenar" o "determinar" es ambiguo. Arminio negó que siempre quiere decir "decretar que algo se hará [necesariamente]".[26] Con las acciones contingentes y libres, "determinar" no quiere decir hacerlas *necesarias*, sino a poner en moción la cadena de acontecimientos que Dios ve que *sin duda* conducirá a las acciones *sin causarlas*, y así permitirlas y gobernarlas de acuerdo con su voluntad. Si no se hace ciudadosamente tal distinción, se hará que Dios sea el autor del pecado.

Arminio consideró la caída a esta luz: "Dios ordenó la caída de Adán, no en el sentido de que tuviera que ocurrir, sino que, ocurriendo, serviría como ilustración de su justicia y misericordia".[27] Escribió: "Se usa la palabra [ordenar] en un sentido doble —en el sentido de decretar y determinar que se hará algo, y de establecer un orden en el que se hará, y en el sentido de disponer y determinar para un fin debido para las cosas que se hacen".[28] Sólo en este último sentido puede decirse que Dios "ordena" o "determina" los actos libres y contingentes. Arminio citó a Agustín: "Dios hace y decreta los justos, pero no hace pecadores, como tales; sólo los decreta".[29]

Por lo tanto, el arminiano no tiene inconveniente en reconocer que Dios puede poner en moción una serie de circunstancias (incluyendo la "convicción" interior) que él sabe *va a* producir un cierto efecto sin ser él la causa responsable de tal efecto ni hacer que sea un efecto *necesario*. En tales casos, la persona afectada, con la misma serie de circunstancias, realmente puede escoger lo contrario.

Para ilustrar: Una persona puede decir que hoy va a trabajar en su huerto, y Dios puede hacer que llueva sabiendo que la persona ciertamente va a decidir lo contrario. Se aplica esto al tema de la salvación. Arminio reconoció que "Se administran muchos actos de la Providencia divina de tal manera que resultan ciertamente en la salvación".[30] De nuevo, sin embargo, la "certeza" de tal cosa no quiere decir que esta sea "necesaria". Pero cuando Dios pone en moción una serie de circunstancias (externa o internamente) que *deben* producir cierto efecto, Dios solo es responsable por el efecto.

El decreto de Dios de crear al hombre libre moralmente y responsable —una persona verdadera, un actor— precede lógicamente los decretos en cuanto a la salvación. Esto es obvio en que Dios no podría considerar en su mente la salvación de una entidad que aún no existía ni necesitaba la salvación.[31] Además, el decreto de crear al hombre debe ser fundamental puesto a que el decreto de crear determina la naturaleza y el legado del ser que será creado.

Por lo tanto, el arminiano no va al contrario a la "doctrina de los decretos" ni a la soberanía de Dios cuando él considera al hombre como verdaderamente libre para elegir la salvación o la destrucción. Con la una o la otra, el hombre cumple el decreto de Dios. Como lo expresó Arminio: "Dios…no puede fracasar en su propósito universal. Porque, si cualquier persona no quiere convertirse y ser salva, Dios, como consecuencia, de todos modos ha añadido, y se propone para él mismo, otro diseño conforme con su voluntad en que él será glorificado en la condenación justa de tal persona".[32]

La relación entre los decretos de Dios y el pecado del hombre

He aquí algunos de los énfasis principales del arminianismo:

Dios no es el autor del pecado. La caída del hombre y su pecado de ninguna manera son medios para llevar a cabo un decreto de Dios. El pecado no está "necesitado" por la naturaleza o la influencia (activa o pasiva) de Dios, ni por la necesidad de revelar sus atributos.

El pecado tiene su origen en el ejercicio libre de la voluntad de la criatura que ha recibido tal libertad de Dios. Dios permite, conforme con su propia voluntad, esta libertad, y el hombre actúa conforme con esta libertad. Las *razones* determinadas por Dios para permitir el pecado le pertenecen, aunque algunas no son bastante claras.

Sin embargo, se incorpora el pecado mismo en el plan general de Dios para su creación. Dios determinó crear al hombre aunque ya sabía desde la eternidad que el hombre iba a pecar. Conociendo como ciertos los actos pecaminosos, Dios gobierna providencialmente al hombre como pecador. ¡Nada —ni aún el pecado— puede hacerse aparte del beneplácito de Dios de permitirlo, y para sostener la habilidad del hombre a hacerlo! Como Creador, considerando las posibilidades infinitas, Dios escogió poner en moción el curso de eventos que él vio de antemano como cierto, y éste incluía el pecado. Pero no hubo nada en la acción de Dios que hiciera necesario el pecado. Cada acto de pecado es *cierto* (y contingente), pero no es *necesario*.

La Predestinación: El Plan De La Salvación

Definición de los términos.

El término "predestinación" sirve al arminiano, igual que al calvinista, como un título general para todo el tema de los decretos o el plan de Dios en cuanto a la salvación, con "elección" y "reprobación" como sus dos subdivisiones principales. (Como se verá en el capítulo siguiente, el hecho es que quizás estos términos no coincidan precisamente con la manera en que el Nuevo Testamento mismo los usa. Sin embargo, una vez que el uso de algo está bien afianzado, es difícil de cambiar, y el uso tradicional de estos términos funciona aceptablemente.)

La Predestinación. Arminio la definió con los términos más simples posibles, como: "la *elección* de hombres para la *salvación*, y la *reprobación* de ellos a la *destrucción.*[33] Así se deja su énfasis teológico para las definiciones de la elección y la reprobación, aunque a veces su definición de la predestinación toma una postura positiva que normalmente pertenecería a la elección.[34]

La Elección. Arminio definió la elección como: "el decreto de Dios, por medio del cual, y de él mismo, y desde la eternidad, decretó justificar en (o por medio de) Cristo, a los creyentes, y aceptarles a la vida eterna, para la alabanza de su gracia gloriosa".[35] A veces él cambiaba las palabras, pero el énfasis fue constante, especialmente en cuanto a que la elección es de creyentes y en Cristo.[36]

La Reprobación. La reprobación fue definida como: "el decreto de la ira, o de la voluntad severa de Dios; por medio de la cual él decidió desde la eternidad condenar a los incrédulos a la muerte eterna, los cuales por su propia culpa y por el juicio justo de Dios, no creerían, para la declaración de su ira y poder".[37]

La doctrina de la elección arminiana.

Las características siguientes son las que necesitan un énfasis mayor y una aclaración de las diferencias principales entre la doctrina arminiana y la calvinista.

La elección es cristocéntrica. Este punto fue una de las preocupaciones principales de Arminio; como escribe Clarke: "[su] objeción final a Calvino fue que la doctrina calvinista de la justificación no fue suficientemente cristocéntrica[38] Arminio creía que el enfoque calvinista no honraba adecuadamente a Cristo. En el capítulo previo se citó la observación hecha por Berkhof en cuanto a que Cristo como mediador no es la causa que impele o mueve, ni tampoco es meritoria de la elección. Lo mejor que Berkhof diría es que Cristo es la causa "mediadora" del cumplimiento del decreto, o que es la causa "meritoria" de la salvación por la que se eligen a los creyentes.

Pero Arminio creía que tales distinciones fueron indignas, que así la elección llega a ser el fin y la salvación hecha en Cristo fue sólo un medio para la realización de ese fin: "*sólo una causa subordinada* de aquella salvación que ya había sido predeterminada".[39] Para él, Cristo debería ser el fundamento y el enfoque de la elección, como en la salvación o en el cristianismo mismo, Aquel "sobre quien se funda ese decreto".[40] Arminio insistía en que "el amor con que Dios ama absolutamente a los hombres para la salvación…no tiene existencia excepto en Jesucristo".[41]

En sus "Declaraciones De Sentimientos" Arminio expresó exactamente como él creía: la doctrina de la predestinación expuesta por sus adversarios no fue "el decreto de Dios por medio del cual Cristo es nombrado por Dios para ser el Salvador, la Cabeza, y el fundamento de aquellos que serán herederos de la salvación", y sólo tal doctrina puede ser la "fundación de la cristiandad".[42] De nuevo dijo: "Se considera a Cristo Jesús aquí no sólo como el fundamento sobre el cual se basa la ejecución del decreto, sino también como el fundamento en que se basa el decreto mismo".[43] Y dijo: "La predestinación es *posteriori*, en la presciencia y la predeterminación de Dios, a la muerte y resurrección de Cristo".[44] "Puesto que si el pecador no se reconcilia con Dios mismo en Cristo, Dios no le puede 'amar' a la salvación. Por tanto, resulta que no habría lugar para la predestinación excepto en Cristo".[45] "Según el Apóstol, Cristo no es sólo el medio por el cual viene la salvación, ya preparada por la elección, sino es, por decirlo así, la causa meritoria con respecto a la que fue hecha la elección, y por quien mismo la gracia fue preparada".[46] Hay muchos otros pasajes de Arminio que se podrían citar.[47]

Es por esta razón, que el "orden de decretos" de Arminio en cuanto a la salvación *comienza* con el nombramiento de Cristo como Mediador o Salvador. Entonces todos los demás decretos relacionados con la salvación fluyen lógicamente de este fundamento, como se ve en lo siguiente:

(1) nombrar a Cristo como Mediador/Salvador;

(2) determinar el recibir a favor a aquellos que se arrepienten y creen; así,

(a) en y por medio de Cristo para efectuar la salvación de los creyentes, y

(b) dejar en el pecado y bajo ira a los incrédulos, y condenarlos;

(3) determinar el administrar los medios para arrepentimiento y la fe de una manera apropiada con la sabiduría y justicia divina;

(4) determinar el salvar (o condenar) a personas en particular según la presciencia que creerían (o no), y que perseverían en la fe, por medio de su gracia.[48]

El Dr. Clark lamenta que, después de la muerte de Arminio, aún los arminianos no prestaron atención a su énfasis en el cristocentrismo de la elección y "pronto volvieron a ver a Cristo meramente como un agente que cumplió un decreto predeterminado del Padre".[49] Quizás es por esto que Cottrell, cuando habla de la "estructura" de la elección, detalla primero "la elección de Jesús" que él llama "el acto central y primario de la elección", afirmando que "todos los demás aspectos de la elección son subordinados a ella".[50] Se cita Isaías 42.1 (Mateo 12.18); Lucas 9.35; 1ª Pedro 2.4, 6, y aún textos relacionados con la muerte de Cristo: Hechos 2.23; 4.28; 1ª Pedro 1.20. Luego da énfasis a Efesios 1.4, donde se indica que *nos escogió* (i.e., *nos amó*) *en* Cristo, y esto "preserva el carácter cristocéntrico de la predestinación".[51]

Hace falta aquí una advertencia. Algunos arminianos han sacado este punto fuera del significado dado por Arminio. Por ejemplo, Robert Shank insiste que la elección es "primeramente colectiva y sólo en un aspecto secundario es particular; una persona *llega a ser* elegida por llegar a estar en Cristo".[52] Si se lleva esta idea adelante de una manera consistente, finalmente se llegará al punto de negar una elección personal y sustituye sólo una elección colectiva, la elección del cuerpo de Cristo, la iglesia. Arminio nunca sugería tal restricción.

Se puede expresar la idea de Arminio como: *Cristo* (y no la elección en sí) es el fundamento de la iglesia; la salvación es por *Cristo* (no por la elección, excepto en el sentido de que la elección es una expresión del amor de Dios en Cristo); el evangelio tiene que ver con *Cristo* (y no es un evangelio sobre el decreto de Dios de elección). Cuando Dios vio al hombre perdido, él dijo: "Haré que mi Hijo sea Mediador y amaré a los hombres por medio de él".

Puedo añadir, aunque el espacio no permitirá un desarrollo del aspecto, que Barth reconoció aparentemente esta debilidad del calvinismo tradicional y prosiguió a restaurar la naturaleza cristocéntrica de la elección. Pero él procedió incorrectamente, haciendo que Cristo fuera al mismo tiempo él que eligió y el elegido verdadero, e igualmente el reprobado verdadero. Esta idea parece haber conducido a Barth a aceptar la idea del universalismo. El Dr. Jewett rechaza correctamente esta idea y parece estar bien encaminado cuando observa: "No hay ninguna razón que tengo para preguntar: '¿Soy yo elegido?'. La angustia que tal pregunta puede evocar se desvanece cuando no me miro a mí mismo sino que me veo a mí mismo en él, porque es en su elección que me veo. En otras palabras, la elección de Cristo me asegura de mi elección".[53]

La elección es personal e individual. Esto no quiere decir que la Biblia no menciona una elección nacional o una elección a algunas personas para ciertos roles en el ministerio. Pero éstas no son la elección a la salvación y por tanto, no se abarcan en esta obra.

Como ya se ha notado, algunos arminianos erran cuando hacen que la elección sea totalmente colectiva, aún cuando hablan de la elección a la salvación. Así Orton Wiley habla de una "predestinación de clases (o grupo)",[54] y Wynkoop observa que "el *camino* de la salvación está predestinado".[55] Como ya se ha notado, Shank se acerca demasiado a este aspecto cuando él habla de la elección como *principalmente* colectiva y sólo personal de una manera *secundaria*. Como observa Jewett: "En la Biblia se habla generalmente de los elegidos como un grupo… Sin embargo está clara la implicación… que cada miembro… comparte, como un individuo, la elección de este pueblo".[56]

Arminio, como ya se ha visto anteriormente, dio la definición de la predestinación como la elección de los *hombres* para la salvación y la reprobación de ellos para la destrucción. Y, según su orden de decretos, el número cuatro incluía la salvación o la condenación de "ciertas personas en particular". Watson también indica que la elección es "de individuos para ser hijos de Dios, y herederos de la vida eterna".[57] Así pues se equivoca Wood en decir que Arminio propuso "la elección o la reprobación de clases (grupos) específicas más bien que de individuos como tal".[58] Lo que enseñó Arminio fue la elección de individuos *como creyentes*, pero que fueron elegidos individualmente.

Cottrell expresa correctamente la posición arminiana clásica cuando recalca que la elección es de *personas*, no meramente del *plan*. Se cita algunos pasajes como Romanos 8.29, 30; Romanos 16.13; 2ª Tesalonicenses 2.13; Efesios 1.4, 5, 11; y 1ª Pedro 1.1, 2, señalando que en algunos casos se habla de personas específicas que formaron parte de los elegidos. También él nota que los *nombres* de los elegidos están escrito en el libro de la vida (Ap. 17.8; Lc. 10.20; etcétera).[59]

La elección es eterna. La voluntad de Dios para salvar (en que se incluyen igualmente la determinación de la condición de la salvación y el conocimiento de quienes iban/van a satisfacerla y la elección de éstos para la salvación) es tan eterna como es él. "*[Dios]…nos escogió en él [Jesucristo] antes de la fundación del mundo…*" (Ef. 1.4a). Arminio citó este versículo y también Hechos 15.18, y luego dijo: "Atribuimos la eternidad a este decreto; porque Dios no hace nada en el tiempo que no haya decretado hacer desde toda la eternidad… si no fuese así, se podría culpar a Dios por no ser inmutable".[60]

Algunos arminianos han intentado esquivar la eternidad de la elección refiriéndose a la elección como el evento salvífico que ocurre en el tiempo. No creo que Watson quisiera sugerir esto, pero su discusión del punto confunde más bien que aclara el tema. Se refiere a la elección personal, y dice que los elegidos son: "aquellos que se han hechos participantes de la gracia y la eficacia salvífica del evangelio". Explica que la elección significa que se eligen a personas del mundo para la obediencia y el esparcimiento de la sangre de Jesús. Esto se hace en el tiempo, subsecuente a la administración del medio de la salvación. Todo esto parece indicar, para Watson, que se identifica la elección con el evento salvífico en el tiempo. Pero Watson observa, más claramente, que la "elección eterna" sólo puede significar el *"propósito* eterno de la elección", es decir, el propósito se formuló en la eternidad.[61] Precisamente: y ese propósito eterno de la elección es lo que compone la "elección". Es verdad, que *algunos* de los usos bíblicos de "elección" bien pueden referirse a actos en el *tiempo* más bien que en la eternidad (ver 1ª Tesalonicenses 1.4 como un ejemplo). Pero aún así, algunas de la declaraciones bíblicas se refieren claramente a la elección en la eternidad, al consejo eterno de Dios; y esto es de lo que los teólogos hablan cuando discuten la elección.

Como ya hemos visto, Arminio definió la elección como el decreto de Dios en que se determinó *desde toda la eternidad* a justificar a los creyentes. Y así observa correctamente Cottrell que "Dios determinó aún antes de la creación a cuáles individuos él iba a salvar, y aún escribió sus nombres en el libro de vida".[62]

La elección es condicional. Esto es el punto principal de diferencia entre el arminianismo y el calvinismo. El arminianismo entiende que la Biblia enseña que se eligieron o reprobaron a personas específicas (i.e., escogidos o rechazados) *como* creyentes o incrédulos.

Me parece más apropiada y debidamente prudente la manera en que Arminio presentaba la idea de la elección condicional. Su definición (citada anteriormente) indica que él veía a las personas elegidas *como* creyentes (a los incrédulos *como* reprobados). Consecuentemente la fe es la "condición" para la elección. Conforme con el pensamiento de Arminio, si la salvación es por la fe, entonces la elección es por la fe. Si la salvación es condicional, igualmente lo es la elección.

Esto no quiere decir que los decretos se hacen condicionalmente. Para repetir lo que ya se ha observado, las decisiones eternas de Dios se hacen sin la imposición de cualquier condición. El ha decretado incondicionalmente una elección condicional, es decir, a elegir a personas como creyentes.

Por tanto, no me atrae la idea de que la condición es "estando en Cristo".[63] Compárese el punto de vista de Shank, citado anteriormente, de que "uno *se hace* elegido por llegar a estar en Cristo". Tal idea parece decir que Cristo es el único elegido, y una persona tiene que ocuparse de llegar a estar "en Cristo" para poder estar entre los elegidos. Me parece que es una manera débil de afirmar una verdad buena. Es verdad que estamos escogidos "en él" (Ef. 1.4), pero sin duda *es él* (Dios el Padre) quien nos pone en Cristo, y esta unión o identificación forma parte de la obra de la salvación realizada por el Señor. De hecho, esta unión se condiciona por la fe; y así parece correcto afirmar la fe como la condición de la elección. Puede que Arminio estuviera contestando tal punto de vista cuando escribió: "Cristo no es ningún medio de salvación para nadie hasta que se le reciba por la fe"; y, "Dios no considera a nadie en Cristo hasta que al individuo se le injerte en Cristo por la fe".[64]

Uno de los puntos más importantes en el hecho de vincular la salvación por la fe con la elección de los creyentes es que así se elimina la necesidad de tomar por sentado alguna diferencia entre el decreto secreto y no revelado de Dios y la administración de la salvación en el tiempo. Como se notó en el capítulo dos, los calvinistas suelen dar énfasis a esta distinción, citando Deuteronomio 29.29a: *"Las cosas secretas pertenecen a Jehová nuestro Dios; mas las reveladas son para nosotros".* Sin embargo, para Arminio, como ha observado Charles Cameron: "El incrédulo no puede encontrar una excusa para su incredulidad en cualquier distinción entre la voluntad revelada de Dios y su voluntad secreta. Dios desea secreta como abiertamente que todos los hombres se salven".[65] De otra manera, la realidad es irracional y la verdad violaría la llamada ley de la no contradicción.

Sin duda hay facetas de la voluntad de Dios que él no ha revelado, pero su amor hacia las personas que están en Cristo para salvarles no es una de las cosas secretas. *El ha revelado su plan de salvación, y es la salvación por la fe.* Por lo tanto deberíamos entender la elección en estos términos. Poderosa es la observación de Arminio en este punto cuando escribió: "Como sólo se salvan los creyentes, igualmente sólo los creyentes son predestinados para la salvación".[66] "Se nos ha revelado que *sin fe es imposible que nadie pueda agradar a Dios*, o sea, ser salvado. Por lo tanto, no hay en Dios *ninguna otra voluntad por medio de la cual él quiera que alguien sea salvado absolutamente aparte de la consideración de la fe*". Arminio afirmó que si el decreto de la elección fuera incondicional, y que la fe subsecuente a tal elección como algo que Dios quisiera otorgar sobre los elegidos, entonces Dios sería de "voluntades contradictorias".[67]

Juan Wesley también recalcaba el mismo asunto, cuando comentó sobre el significado de la elección: "Creo que el decreto eterno en cuanto a los dos [el elegido y el reprobado] se expresa con estas palabras: 'El que cree será salvo; el que no cree será condenado'. Y este decreto, sin duda, Dios no lo va a cambiar, y el hombre no lo puede resistir".[68]

Sin derivar en esta conclusión lógica, el Dr. Jewett reconoce —citando la catequesis de Westminster como fuente— que: "No puede haber otra voluntad de Dios que la que fue proclamada en Cristo, ningún consejo secreto [en cuanto a nuestra redención] que no se haya revelado en él".[69] Bien, lo que *se ha revelado* es, simplemente, que el que cree en Cristo es salvo (elegido) y el que no cree es condenado (reprobado). No deberíamos estar tan empeñados en encontrar alguna otra verdad no revelada detrás de esta verdad revelada.

¿Cómo puede ser la fe del individuo *en el tiempo* la condición para la elección de Dios *en la eternidad*? Esta pregunta no es más difícil que cualquier otra que tiene que ver con las mismas dimensiones. La respuesta es que Dios no está limitado por el tiempo. En la eternidad, Dios les ve como creyentes (o incrédulos) y les ama (elige) *como* creyentes.

Después de todo, la fe (o incredulidad) del individuo, mientras es verdaderamente contingente y libre, es *cierta.* Siendo cierta, y claramente vista por Dios como cierta, él elige entonces libremente a aquellos que ha conocido de antemano como creyentes. Añadiendo a esto, además, el hecho de que su fe (o incredulidad) forma parte del curso de los eventos que él planeó (sin que su fe o su incredulidad resulte *necesaria*; es cierta y contingente, pero no necesaria).

¿Quiere decirse entonces (como se suele exponer): "la predestinación según la presciencia"? Aparentemente es así; porque cuando decimos que Dios eligió a personas, en la eternidad, como creyentes, su fe fue una fe conocida de antemano. Pero hablar así, de todos modos, es meramente una conveniencia para nosotros quienes tenemos que luchar con la distinción confusa entre lo eterno y nuestra temporalidad.

Arminio hablaba usando estos términos. Sobre el tema de la predestinación en general él notaba que ella "fue hecha debido al pecado, cuya aparición en el tiempo, Dios previó en la infinitud de su conocimiento".[70] En otro lugar él citó a Agustín enseñando que "Dios ha elegido para la salvación a aquellos que él ve que *creerán* después por la ayuda de su gracia preveniente o gracia precedente, y que *perseverarán* por medio de la ayuda de su gracia subsecuente o gracia que sigue".[71]

Aún así, el Dr. Jewett se equivoca en las palabras que usa cuando dice: "Los arminianos sacaron la conclusión final de que Dios preve a la decisión que tomará el pecador y entonces sobre ésto él basa su propia elección".[72] La última parte de la frase no es apropiada: decir que Dios "basa" su elección en la decisión de los creyentes *no es* lo mismo que decir que Dios eligió a los creyentes. Si el Dr. Jewett hubiera dado a los arminianos el mismo punto de vista de la tensión entre la eternidad y el tiempo que él mismo elige para sí mismo, entonces hubiera comprendido mejor la insistencia de Arminio de que Dios "en su decreto les ha considerado (o les ha visto) como creyentes".[73]

Es más, en la Biblia el "conocer de antemano" es, algunas veces, algo más que una mera presciencia. Aún en la discusión de la predestinación Arminio afirmó esto. Observó que algunos explicaron la presciencia (p.e., en Ro. 8.29) con el significado de "haber amado previamente, y considerado cariñosamente [a ellos] como los suyos", mientras otros la definieron como la "presciencia de fe en Cristo". Y entonces él procedió a inquirir si uno de estos aspectos podía ser verdadero sin el otro, llegando a la conclusión que "Dios no puede amar previamente y considerar cariñosamente a ningún pecador si no le ha conocido de antemano en Cristo, y le ha considerado como un creyente en Cristo".[74]

Mi propio punto de vista es que la frase: "elección según la fe prevista" no es la manera mejor para expresar el concepto de la elección condicional, aunque puede que sea lo mejor que podamos hacer teniendo que enfrentarnos con el problema de la eternidad y el tiempo. Estoy contento al referirme a la elección condicional, al decir que la fe es la condición, y al insistir en que Dios eligió a personas *como* creyentes.

Hay una cosa muy clara: Donald Lake ha torcido el entendimiento arminiano sobre la naturaleza de la predestinación hasta el punto que ya no es algo que ni Arminio ni los Remonstrantes jamás reconocerían. El Sr. Lake escribe:

> Jacobo Arminio y los arminianos que venían después interpretaron esta distinción de manera que la decisión de Dios a aplicar la expiación se basó en su conocimiento y reconocimiento de aquellos que creerían, cuando fueran debidamente confrontados con las afirmaciones del evangelio... Dios sabe quienes creerían, bajo las circunstancias ideales, el evangelio, y sobre la base de su presciencia, él aplica el evangelio aún si la persona nunca escucha el evangelio durante su vida.
>
> La tarea del evangelismo y las misiones es llevar el conocimiento de la salvación, no la salvación misma. Tal salvación ya ha sido efectuada en la obra toda suficiente de la expiación por medio de Jesucristo.[75]

Esta es una interpretación incorrecta igualmente de Arminio y de las Escrituras. De ninguna manera es el arminianismo reformado. Más bien parece ser una forma arminiana del barthianismo.

¿Cómo se relaciona la elección condicional a la soberanía de Dios? Parece obvia la respuesta: si el Dios soberano establece la fe incondicionalmente con la condición para la salvación (y por tanto, para elección), entonces no se viola su soberanía cuando él exige la condición. Por la "soberanía", ni los arminianos ni los calvinistas quieren decir que Dios actúa de una manera que los hombres llaman "arbitraria".

La soberanía de Dios significa sin duda que él actúa libremente, bajo ninguna condición excepto que él sea fiel a sí mismo. Ni *a priori* (de nuestra lógica) ni *a posteriori* (de la evidencia bíblica) existe razón alguna para creer que Dios no podría establecer cualquier condición que él quisiera para la salvación (o ninguna condición, si así lo decretara). Como escribió Arminio: "Se declara la libertad de la benignidad de Dios…cuando él la comunica sólo en la condición, que él mismo ha deseado imponer.[76]

¿Cómo se relaciona la elección condicional a la presentación bíblica de la salvación por la gracia? Lo más importante aquí es el hecho de que la fe no es una obra y no tiene mérito (como aparentemente creía Ambrosio). Si la fe aseverara para sí un mérito, entonces la salvación no podría ser, al mismo tiempo, por la fe y por gracia.

Se tratará este tema en más detalle en una sección subsecuente sobre la aplicación de la salvación. Por ahora, es suficiente observar que es la Biblia misma la que presenta la salvación por la fe como salvación por la gracia, así manifestando claramente que no hay contradicción. Como insiste Pablo en Romanos 4.16, la salvación es por la fe para que sea por la gracia. La fe, debidamente entendida, es la antítesis de las obras.

Arminio ciertamente creía en la salvación *sola gratia*: "Esta doctrina…establece la gracia de Dios, en que adscribe la totalidad de nuestra alabanza de nuestra vocación, justificación, adopción y glorificación, sólo a la misericordia de Dios, y la remueve totalmente de nuestras propias fuerza, obras y mérito".[77] De nuevo: "Igual como el evangelio es completamente por la gracia, esta predestinación también es por la gracia… excluye cada causa posible que se pudiera imaginar capaz de haber procedido del hombre, y por medio de la cual Dios pudiera estar movido a decretarlo".[78]

¿Cómo se relaciona la elección condicional con la doctrina de la "depravación total"? El calvinista insiste en que, dada la inhabilidad total del hombre caído para ejercer la fe, Dios mismo debe impartir la fe como un don a los elegidos. Así la fe fluye de la elección más bien que condicionarla.

Se tratará este tema más detalladamente en la sección sobre la aplicación de la salvación. Por ahora, es suficiente indicar brevemente la respuesta arminiana. Arminio vio la respuesta en lo que él llamaba la "gracia preveniente". En otras palabras, él reconocía abiertamente que el hombre caído, dejado a solas y presentado simplemente con el evangelio, es incapaz de ejercer la fe. Y así pues, él indicó que fue necesaria primero una obra de gracia: "Este acto de fe no viene del poder del hombre natural, carnal, sensual y pecaminoso", y "nadie puede hacer este acto excepto por medio de la gracia de Dios".[79]

Esta "gracia habilitante" (como la llamaremos) se hace funcionar antes de que el pecador pueda creer; "Damos el nombre de 'creyentes', no a aquellos que lo serían por medio de sus propios méritos o fuerza, sino a aquellos que por la benignidad misericordiosa y singular de Dios creerían en Cristo".[80] Arminio insistía consistentemente que esta fe era un don.

La diferencia entre el calvinista y el arminiano, en este punto, es que el arminiano entiende que Dios hace esta obra de la gracia habilitante para aquellos que responderán en fe (los elegidos) y para aquellos que no responderán (los no elegidos o los reprobados).

La reprobación en el sistema arminiano.

Ya hemos notado la definición de la reprobación según Arminio. No parece necesaria una descripción adicional, excepto por un análisis de la definición ya dada.

1) Igual que la elección trata con personas como creyentes, así la reprobación les trata como incrédulos.

2) La reprobación incluye el castigo no meramente por el pecado de rechazar a Cristo sino también por todos los pecados del individuo. Arminio no tardó en insistir, correctamente yo creo, que el castigo a que los incrédulos son sentenciados no es "únicamente debido a la incredulidad, sino también se debe a los otros pecados por los cuales podrían haber sido rescatados por medio de la fe en Cristo".[81] Así que el Sr. Lake es obviamente algo diferente a "arminiano" en el sentido original de la palabra cuando asevera:

> Lo que condena al hombre no son los pecados. ¿Por qué? Porque la obra redentora y expiatoria de Cristo es completa y suficiente... El asunto de la salvación de cada persona no tiene que ver con sus pecados, ¡sino más bien depende de su relación con el Hijo!....Sólo hay un pecado que Dios no puede perdonar, y es el rechazo del Señor Jesucristo como Salvador.[82]

Es exactamente este razonamiento el que ha llevado a Neal Punto a exponer el punto de vista de que sólo se condenan a aquellos que de propósito rechazan el evangelio.[83] Tomo por sentado, sin que se haya dicho, que Lake estaría de acuerdo con Punto. Igual que con otros temas semejantes, sólo tengo espacio y propósito aquí para aclarar que lo anterior no es el punto de Arminio ni de su obra.

3) El pecado es la única causa meritoria para la ira y la condenación de Dios. No hay ningún decreto de reprobación "secreto".

Para resumir, la reprobación es el corolario de la elección. Distintamente del sistema calvinista, el sistema arminiano hace esencialmente paralelas la elección y la reprobación (aunque como opuestos). La elección es por gracia y es eterna, fundada en Cristo, y condicional y personal en su aplicación. La reprobación es justa y es eterna, punitiva (castigo por los pecados), y condicional y personal en su aplicación. El no paralelismo principal es que la elección exige la preordenación de la administración incluida de los medios a la fe: es decir, la Palabra y el Espíritu; la reprobación no requiere nada más.

Una nota adicional sobre la libertad, la presciencia y el futuro

Titubeo en cuanto a ir más allá de lo que ya he dicho sobre este tema anteriormente en este capítulo; mi propósito no lo requiere. Pero ha habido tanta discusión actual —en parte bastante equivocada, según mi punto de vista— que creo que debo ofrecer algunas observaciones, si bien breves debido a las limitaciones de esta obra. La verdad es que el punto de vista que he expuesto anteriormente en este capítulo se considera a menudo como bastante simplista: el aceptar el hecho que Dios puede conocer el futuro como cierto sin que esto cierre la puerta a la libertad humana y a la responsabilidad moral.

Admito que estos temas son muy complejos. De una forma u otra, el problema de un Dios que no cambia y un mundo que cambia constantemente ha existido durante mucho tiempo. Zenón y Parménides, unos siglos antes de Cristo, respondían al problema cuando afirmaron que todo cambio era ilusorio. (A veces, ¡uno se pregunta si los calvinistas no están afirmando la misma cosa!)

Hay cuatro posiciones distintas sobre estos temas, al relacionarlos con el problema que se trate.

> 1) Los calvinistas afirman que todos los eventos, incluyendo los futuros, son ciertos y conocidos de antemano *porque Dios ha predeterminado todos los eventos*. En este caso, no hay problema con la presciencia absoluta, o con el control divino; la cuestión tiene que ver con si hay una libertad real y una responsabilidad moral para los humanos. A ésta los calvinistas contestan positivamente, aunque a nosotros los arminianos nos parece que en ello están dando rodeos.

A veces los calvinistas distinguen entre las causas *primarias* y las *secundarias* de un evento, y representan las decisiones humanas incluidas en la segunda clase de causa. Sin embargo, en tal caso se reduce la agencia humana a ser la instrumentación de Dios. Esto no parece ser diferente del "determinismo severo" que finalmente hace que toda libertad sea una ilusión y localiza todos los eventos en unas causas priorizadas y necesarias.

Muchos calvinistas exponen un "compatibilismo" que trata de combinar el determinismo con la libertad humana por medio de una definición nueva de "libertad" que significa la libertad para hacer lo que uno desee, más bien que la libertad de hacer algo distinto de lo que uno realmente hace. En otras palabras, enfrentada ante una decisión, una persona elige conforme con el total de las influencias, las circunstancias y los efectos de sus decisiones previas operativas en aquel momento. Por tanto, en realidad sólo hay un curso de acción posible, pero dicha persona elige "libremente" tal curso de acción. Los arminianos niegan unánimemente que este "determinismo suave" haga justicia a la libertad humana.

> 2) El punto de vista arminiano clásico afirma que Dios conoce el futuro de antemano perfectamente y sin embargo es, en principio y en práctica, "abierto" y "no determinado". Es decir, las decisiones futuras libres son ciertas pero no son necesarias. En otras palabras, la persona que toma una decisión moral es libre para tomar tal decisión o tomar otra.

Se considera que exponer este tipo de "indeterminismo" es necesario para afirmar la realidad por igual de la omnisciencia (conocimiento infalible) de Dios y de la libertad humana. Estos arminianos no siempre tratan de explicar *cómo* estos dos hechos pueden ser verdad al mismo tiempo, ni creen necesariamente que se requiera tal explicación. Este es el punto de vista que he intentado bosquejar en este capítulo.

> 3) Como consecuencia de esto, algunos arminianos actuales, que han permitido que los supuestos problemas lógicos de este punto de vista les afecten, han dado una definición nueva a la presciencia. Se dice que Dios sabe todo que es posible saber. Igual que él no puede hacer lo que no es posible hacer, él no puede saber lo que no es posible saber; y no se puede conocer los actos futuros libres de los agentes morales. Por falta de un término mejor, se puede llamar a esto el "punto de vista de la presciencia limitada". Como se notó anteriormente, quizás Clark Pinnock es el adherente mejor conocido que expone este punto de vista.[84] Richard Rice también sostiene esta teoría.[85]

Nuevamente, no hay espacio aquí para una investigación extensiva de este punto de vista, aunque atrae mucha atención en el escenario evangélico.[86] Sin embargo, deberíamos notar brevemente que no es nada nuevo. De hecho, Richard Watson tenía que enfrentarse con la misma idea en el año 1850: "Dado la dificultad que se supone que existe en reconciliar esto [la presciencia de las cosas futuras] con la libertad de las acciones humanas, y con la responsabilidad del hombre, algunos han rehusado permitir que la presciencia, por lo menos de las acciones contingentes, sea una posesión de la naturaleza divina".[87]

Por ahora, bastará presentar unas objeciones de ambos lados. Por una parte, la Biblia demuestra que tal teoría es falsa. Solamente hace falta mencionar unas pocas, entre muchas instancias, en la Biblia, donde Dios demuestra su conocimiento perfecto de las decisiones libres y futuras, igualmente buenas y malas. Para mí, basta observar que la expiación por el pecado de Cristo fue preordenada antes de la fundación del mundo (1 P. 1.18-20). Este hecho en sí destruye el punto de vista de que el pecado no es conocido de antemano por Dios.

Por el otro lado, e igualmente importante, este punto de vista no es lógicamente necesario. Las razones expuestas no lo requieren. Por ejemplo, el Sr. Rice revela su razón para rechazar el enfoque arminiano clásico:

A pesar de las aseveraciones que la presciencia absoluta no elimina la libertad, la intuición nos dice al contrario. Si la presciencia de Dios es infalible, entonces lo que él ve no puede fallar en suceder. Esto quiere decir que el curso futuro de los eventos es fijo, no importa cómo expliquemos lo que realmente lo causa. Y si el futuro es inevitable, entonces la experiencia aparente de la decisión libre es una ilusión.[88]

Pero estas afirmaciones son demasiadas descuidadas y de poca profundidad, y ciertamente no es el punto de vista de Arminio o de los Remonstrantes. Por ejemplo, mi intuición no me "dice al contrario". Decir que "el curso futuro de los eventos es fijo" es (como yo he insistido excesivamente en este capítulo sobre este punto) decir nada más que el curso de los eventos futuros es el curso de los eventos futuros. En otras palabras, es hablar de la realidad del futuro, de su certeza como un hecho, sin hablar de su necesidad. La alternativa a un cierto curso de eventos futuros no es un futuro incierto sino que no es ningún futuro en absoluto. El cambio no anunciado hecho por Rice de "fijo" (como un sinónimo por "cierto") a "inevitable" (en el sentido de "necesario") es totalmente injustificable.

Las palabras "puede" y "no puede" son ambiguas. Usada de esta manera, la frase: "Si la presciencia de Dios es infalible, entonces lo que él ve no puede sino suceder" es verdad. En este sentido, se usa la expresión "no puede" para representar la *realidad del hecho*. Pero si se interpreta como "no puede" en el sentido de *necesidad*, entonces la frase no es verdad. Por esta razón, es mejor evitar el uso de "puede" y "no puede", y hablar de la certeza y la necesidad, de "querer" y "deber". Richard Watson estaba dispuesto a quedarse con este uso de "puede": "Se ha dicho, 'Si el resultado de una contingencia absoluta es ciertamente conocida de antemano, sólo *puede* tener un resultado. *no puede* ocurrir al contrario'. Esta no es la inferencia verdadera. *No ocurrirá* al contrario; pero pregunto: '¿Por qué *no puede* ocurrir al contrario?' *Poder* es una expresión de potencialidad."[89]

Para repetir lo que ya se ha dicho: un evento futuro puede ser cierto y contingente al mismo tiempo, sin ser necesario. Que *yo tomaré* una decisión cierta en el futuro no quiere decir que yo no sea libre para tomar otra distinta. Todo lo que se requiere para comprender esto es pensarlo cuidadosamente y un uso no ambiguo de palabras. El futuro, aunque cierto, no está cerrado hasta que ocurra.

> 4) Actualmente hay otro enfoque que se ofrece. Su portavoz más importante es William L. Craig. El expone, al usar el título de unos de sus ensayos, que la "ciencia media" ofrece la posibilidad para un acercamiento entre los calvinistas y arminianos.[90] Lo que el Dr. Craig quiere decir por "ciencia media" es que Dios conoce todo lo que va a ocurrir y todo lo demás que podría ocurrir o que ocurría bajo todas las circunstancias concebibles.

¿Qué ventaja tiene esto? Según el Dr. Craig, en un libro que ha escrito para presentar su teoría:

> Puesto que [Dios] sabe lo que cualquier criatura libre haría en cualquier situación, él puede, creando las situaciones apropiadas, llevarlo a cabo de modo que la criatura

logrará su fin y sus propósitos y lo hará *libremente*.... En su inteligencia infinita, Dios puede planear un mundo en que se logran sus diseños por las criaturas que actúan libremente.[91]

Sin duda hay algo de verdad aquí, aunque su significado para el problema presente es cuestionable. Si tiene alguna utilidad, se encuentra en su contribución a nuestro entendimiento en cuanto a cómo, a veces, Dios puede llevar a cabo el cumplimiento de su voluntad libremente por sus criaturas sin que en cualquier sentido él actúe causalmente en sus voluntades. Como ya he dicho previamente en este capítulo, si Dios me previene de trabajar en mi huerto hoy debido a la lluvia que él envía, él no ha interferido en mi libertad. Pero de hecho esto no sirve para la *totalidad* de la explicación del problema. Ni, me parece, es esta "ciencia media" un avance, como se ha explicado, sobre la presciencia u omnisciencia tradicionalmente concebida. Ya está claro que Dios conoce no sólo los hechos futuros sino que también conoce todas las otras posibilidades, por lo que saber esto no ayuda en nada al problema. En el análisis final, la diferencia entre el calvinista y el arminiano no tiene tanto que ver con la presciencia y el libre albedrío como sí lo tiene con el control soberano de Dios y el libre albedrío. Y los defensores de esta "ciencia media" todavía no pueden evitar el hecho de que, según ellos, es Dios quien decide cuáles circunstancias —y por tanto cuáles respuestas humanas— se realizarán, bien como David Basinger ha señalado.[92]

Entonces, debo enfatizar lo que me parecen ser los hechos finales que hay que mantener en tensión. O el futuro es cierto o no lo es. El arminiano, por último, debe aceptar el hecho que el futuro es cierto y ciertamente conocido de antemano por Dios. Y esto, finalmente, no es un problema una vez que se ve que la certeza no es lo mismo que la necesidad, que no excluye la libertad de actuar en más de una manera.

Lectura adicional sobre la doctrina arminiana de la predestinación:

en español

H. Orton Wiley y Paul T. Culbertson, Introducción A La Teología Cristiana, 2ª. revisión, traducción: H. T. Reza, (Editorial Casa Nazarena de Publicaciones, 1992).

F. Leroy Forlines, Teología Cristiana Sistemática, traductor, Ronald Callaway, (Editorial Casa de Randall, 1992).

W. T. Purkiser, Richard S. Taylor y Willard H. Taylor, Dios, Hombre, Y Salvación: Una Teología Bíblica, traducción: H. T. Reza, (Editorial Casa Nazarena de Publicaciones, 1991)

en inglés

Jacabus Arminius, *The Writings of Arminius* (*Los escritos de Arminio*) tomo 1, pp. 211-153, 289-299, tomo 2, pp. 99-103, traductores James Nichols y W. R. Bagnall (Editorial Baker, 1956).

Jack Cottrell, "Conditional Election" (*"Elección condicional"*) en *Grace Unlimited* (*La gracia ilimitada*), redactor, Clark H. Pinnock (Editorial Bethany Fellowship, 1975), cap. 3.

John Miley, *Systematic Theology* (Editorial: Methodist Book Concern, 1892, 94), tomo 1, pp. 180-187, tomo 2, pp. 254-266) (Es un arminianismo de más tarde representado en el metodismo organizado.)

Clark Pinnock, "God Limits His Knowledge" (*"Dios limita su conocimiento"*), en *Predestination & Free Will* (*La predestinación & el libro albedrío*), redactores David y Randall Basinger (Editorial: InterVarsity, 1986). (Una posición neo-arminiana sobre el problema de la presciencia en un libro con el subtítulo de *Four Views of Divine Sovereignty & Human Freedom* (*Cuatro Puntos de Vista de la soberanía divina y la libertad humana*).

Robert Shank, *Elect in the Son* (*Elegidos en el Hijo*) (Editorial Westcott, 1970). (Una obra más representativa del arminianismo que vino más tarde más bien que de las creencias de Arminio.)

Richard Watson, *Theological Institutes* (*Institutos Teológicos*) (Editorial Nelson & Phillips, 1850), tomo 1, pp. 375-383, tomo 2, pp. 306-312, 337-361). (Una obra importante de una teólogo wesleyano del siglo 19°.)

Notas del Capítulo 3

[1] Si alguien diría finalmente que no puede comprender cómo un evento puede ser al mismo tiempo cierto y contingente, el arminiano siempre puede responder de la misma manera en cuanto a la respuesta calvinista de las contradicciones "aparentes": que la Biblia enseña igualmente las dos cosas sin ser consciente de cualquier contradicción; por lo cual, no debe haber ninguna contradicción.

[2] Jacobus Arminius, *The Writings of James Arminius* [*Los escritos de Jacobo Arminio*], trad. James Nichols y W. R. Bagnall (Editorial Baker, 1956), I:291. La discusión en sí establece un caso fuerte de que un evento puede ser, al mismo tiempo, una necesidad y una contingencia.

[3] Arminius, I:289-292.

[4] Arminius, III:197.

[5] Richard Watson, *Theological Institutes* [*Instituciones teológicas*] (Editorial NY: Nelson & Phillips, 1850), I:378-381.

[6] En las Escrituras, es posible que el "conocimiento de antemano" a veces involucre más que la presciencia. Se verá esta posibilidad más adelante.

[7] Arminius, II:480.

[8] Ver, por ejemplo, T. W. Brents, *The Gospel Plan of Salvation* [*El plan de la salvación del evangelio*] (Editorial Gospel Advocate, 1966), 92ss.

[9] Clark H. Pinnock, redactor, *The Grace of God, the Will of Man* [*La gracia de Dios, la voluntad del hombre*] (Editorial Zondervan, 1989), xii.

[10] *Ibídem*, 25.

[11] Jack W. Cottrell, "Conditional Election" [*"Elección condicional"*] en *Grace Unlimited* [*Gracia ilimitada*], Clark H. Pinnock, redactor (Editorial Bethany Fellowship, 1975), 69.

[12] Norman Geisler, *Predestination & Free Will* [*Predestinación y el libre albedrío*], D. y R. Basinger, redactores (Editorial InterVarsity, 1986), 170.

[13] Clark H. Pinnock, "Responsible Freedom and the Flow of Biblical History" [*"Libertad responsable y el fluir de la historia bíblica*] en *Grace Unlimited* [*Gracia ilimitada*}, Clark H. Pinnock, redactor (Editorial Bethany Fellowship, 1975), 97.

[14] Arminius, III: 196.

[15] Arminius, III:287.

[16] Paul K. Jewett, *Election and Predestination* [*Elección y predestinación*] (Editorial Eerdmans, 1985), 76.

[17] *Ibídem,*.

[18] Pinnock, "Responsible Freedom", 107.

[19] Arminius, I:292.

[20] Arminius, I:251.

[21] A. Skevington Wood, "The Declaration of Sentiments: The Theological Trestament of Arminius" [*"La declaración de sentimientos: el tratado teológico de Arminio*] (*Evangelical Quarterly* 65:2 [1993], 11-129), 121.

[22] Arminius, I:566.

[23] Arminius, III:285.

[24] Arminius, III:298.

[25] Louis Berkhof, Teología sistemática (Editorial T.E.L.L., 1976), 123.

[26] Arminius, III:284.

[27] Arminius, III:389, 390.

[28] Arminius, III:407.

[29] Arminius, III:408, nota.

[30] Arminius, III:276.

[31] Una de las preocupaciones principales de Arminio fue negar la lógica no bíblica de aquellos que trataron de colocar los decretos respecto a la salvación delante de los decretos respecto a la creación del hombre, o peor aún, delante de la caída. Arminio luchaba fuertemente en contra de esa idea durante toda la extensión de su "Examen del Tratado de William Perkins", III:281-474.

[32] Arminius, III:337, 338.

[33] Arminio, I:211.

[34] Ver por ejemplo Arminius, I:565, donde la definición expuesta es casi exacta a la dada en otro lugar para la elección.

[35] Arminius, III:311.

[36] Compárense, Arminius, II:99, 100: III:266, 269.

[37] Arminius, I:568.

[38] F. Stuart Clarke, "Arminius' Understanding of Calvin" [*"El entendimiento que Arminio tenía de Calvino"*] (*Evangelical Quarterly* 54:1 [1982], 25-35), 35.

[39] Arminius, I:230.

[40] Arminio, II:100.

[41] Arminius, I:230.

[42] Arminius, I:216, 217.

[43] Arminius, III:266.

[44] Arminius, III:268.

[45] Arminius, III:295.

[46] Arminius, III:311.

[47] Compárense, Arminius, I:217, 566; III:323.

[48] Arminius, I:247, 248; ver también II:494, 495.

[49] Clarke, 35.

[50] Cottrell, 52.

[51] Cottrell, 61.

[52] Robert Shank, *Elect in the Son* [*Elegido en el Hijo*], (Editorial Westcott, 1970), 45.

[53] Jewett, 56. Es provechosa su crítica del punto de vista de Barth en las páginas 48-54.

[54] H. Orton Wiley (y otros), "The Debate Over Divine Election" [*"El debate en cuanto a la elección divina"*] en *Christianity Today* (12 de oct. de 1959), 3.

[55] Mildred Bangs Wynkoop, BASES TEOLÓGICAS DE ARMINIO Y WESLEY, trad. Lucia G. de Costa (Editorial Beacon Hill Press, 1983), 55.

[56] Jewett, 47.

[57] Watson, 337.

[58] Wood, 115.

[59] Cottrell, 57, 58.

[60] Arminius, I:566.

[61] Watson II:337, 338.

[62] Cottrell, 58.

[63] Cottrell, 61.

[64] Arminius, III:311.

[65] Charles M. Cameron, "Arminius—Hero or Heretic? [*Arminio, ¿héroe o hereje?*] (*Evangelical Quarterly*, 64:3 [1992], 213-270, 224.

[66] Arminius, I:380.

[67] Arminius, I:288.

[68] John Wesley, *The Works of John Wesley* [*Las obras de Juan Wesley*] (Editorial Zondervan, s.f., 14 tomos), X:210.

[69] Jewett, 56.

[70] Arminius, III:267.

[71] Arminius, I:385.

[72] Jewett, 14, 15.

[73] Arminius, I:221.

[74] Arminius, III:313, 314.

[75] Donald M. Lake, "He Died For All: The Universal Dimensions of the Atonement" [*"El murió por todos: las dimensiones universales de la expiación"*] en *Grace Unlimited* [*Gracia ilimitada*], Clark H. Pinnock, redactor, (Editorial Bethany Fellowship, 1975), 42, 43.

[76] Arminius, III:274.

[77] Arminius, I:568.

[78] Arminius, II:100.

[79] Arminius, II:102.

[80] Arminius, I:567.

[81] Arminius, II:101.

[82] Lake, 47.

[83] Ver Neal Punt, *Unconditional Good News* [*Las buenas nuevas incondicionales*] (Editorial Eerdmans, 1980).

[84] Clark H. Pinnock, "God Limits His Foreknowledge" [*"Dios limita su presciencia"*} en *Presdestination and Free Will* [*Predestinación y libre albedrío*], D. y R. Basinger, redactores, (Editorial InterVarsity, 1986), 156-158.

[85] Richard Rice, "Divine Foreknowledge and Free-Will Theism" [*"Presciencia divina y el teísmo del libre albedrío"*] en *The Grace of God, the Will of Man* [*La gracia de Dios, el libre albedrío del hombre*], Clark H. Pinnock, redactor, (Editorial Zondervan, 1989), 121-139.

[86] Para un resumen reciente, junto con sus respuestas críticas, ver "Has God Been Held Hostage by Philosphy" { *"¿Se ha tomado a Dios rehén por la filosofía?"*] en *Christianity Today*, 9 de enero de 1995, pp. 30-34.

[87] Watson, I:375.

[88] Rice, 127.

[89] Watson, I:380

[90] William L. Craig, "Middle Knowledge A Calvinist-Arminian Rapprochement?" [*"La ciencia media: ¿Un acercamiento calvinista arminiana?"*] en *The Grace of God, the Will of Man* [*La gracia de Dios, el libre albedrío del hombre*], Clark H. Pinnock, redactor, (Editorial Zondervan, 1989), 141-164.

[91] William L. Craig, *The Only Wise God* [*El único sabio Dios*], (Editorial Baker, 1987), 135.

[92] David Basinger, "Divine Control and Human Freedom: Is Middle Knowledge the Answer" [*"Control divino y la libertad humana: ¿es la ciencia media la respuesta?"*] (*Journal of the Evangelical Theological Society*, 36:1 [1993]), 55-64.

Capítulo Cuatro

La predestinación en el Nuevo Testamento

En los primeros dos capítulos no se ha dedicado mucho espacio a una discusión bíblica del tema. No fue así debido a que las Escrituras no jugasen un papel importante: de hecho, son demasiado importantes para tratarlas con un método parcial de investigación. Como ha dicho el Dr. Gordon Clark: "Aunque la cita de pasajes bíblicos es un requisito para la formulación de la doctrina bíblica, se exige mucho más".[1] Con este tema, igual que con cualquier otro, debemos tratar de utilizar o manejar las Escrituras tan cuidadosamente como podamos. Nunca se determina la doctrina por el "sistema" de una persona, sino por la teología exegética, es decir, por un esfuerzo honesto de determinar lo que Dios ha dicho sobre los temas en juego.

No hay espacio en esta obra para tratar en detalle lo que la Biblia dice sobre los temas de este libro. Así pues, para cada uno de los temas principales, escogeré aquellos pasajes bíblicos que son más decisivos y los trataré conforme a la manera que parece ofrecer la mejor esperanza para determinar lo que ellos dicen sobre el tema en cuestión.

En cuanto al tema de la predestinación, es decir, las decisiones que Dios tomó en la eternidad pasada sobre la salvación, trataré casi exclusivamente con tres pasajes claves. Son Efesios 1.3-14; Romanos 8.28-30; y Romanos 9—11. Después, indicaré algunas conclusiones que parecen justificables a la luz de este análisis, tocando brevemente otras declaraciones bíblicas.

En primer lugar, querría hacer notar que hay siete palabras griegas halladas en el Nuevo Testamento (con sus cognados) que tienen que ver de una manera significativa con la discusión. Algunas de estas palabras aparecen en cada pasaje. Dado que no hay espacio para un estudio detallado de cada palabra, tendré que tratar de incluir en la obra, en los puntos apropiados, los resultados de tal estudio de los términos.

Se refiere aquí a estas siete palabras:

1. *proorizo*: predestinar, determinar
2. *ekloge* (con *eklektos* y *eklegomai*): elección, escogido
3. *boule* (con *boulema* y *boulomai*): consejo, voluntad
4. *prothesis* (con *prothitemi*): plan, propósito
5. *thelo* (con *thelema*): voluntad, desear
6. *eudokia* (con *eudokeo*): beneplácito, voluntad
7. *prognosis* (con *proginosko*): presciencia, conocimiento

Efesios 1.3-14

Este pasaje importante contiene cinco de las siete palabras ya señaladas. Un análisis detallado es imprescindible.

La discusión doctrinal en esta carta se parece más a una doxología que a un estudio de teología sistemática. Este pasaje de estudio se compone de una frase singular y larga, muy compleja y difícil de bosquejar. Expuesta por Pablo, es "casi una declaración extática de la teología de salvación"[2] escrita como una ocasión de alabanza. Un estudio cuidadoso lleva al análisis siguiente:

Preámbulo: el Dios de toda bendición (v. 3)

1) el Dios y Padre de nuestro Señor Jesucristo
2) él que nos bendijo (tiempo aoristo griego)
    1.2.1. con una bendición completa y múltiple
    1.2.2. en el reino de la realidad espiritual
    1.2.3. en (en unión con) Cristo

El plan eterno de Dios de bendecirnos (vv. 4-6)

"*Según*" (*kathos*) conecta lo que sigue, como una explicación, al versículo 3. Tres veces en estos versículos aparece el pronombre "*nos*" como el complemento del verbo que declara la acción de Dios. Así pues, estos tres pronombres proveen la base para un bosquejo sintáctico que es razonablemente preciso.

"*[Dios] nos eligió*" (v. 4). El tiempo del verbo *escoger*, igual que *bendecir* en el versículo 3, es el aoristo, una acción simple del pasado. "*Escogió*" (*exelexato*) —una de las palabras claves ya mencionadas, como aclara la descripción en su contexto, mira al acto de la elección en la eternidad. Las palabras modificadoras aclaran varias de las características de la elección.

Dios eligió a individuos, como se ve con el uso de "*nos*".

Dios nos eligió "*en Cristo*". Este es el aspecto que Arminio quería destacar, el "cristocentrismo" de la elección. Cristo mismo, primera y fundamentalmente, fue el amado de Dios, su Elegido. Se eligen a los individuos para la unión salvífica con Cristo.

El Dr. Hodge tenía razón cuando se oponía a una interpretación de este pasaje en el sentido en que Dios nos eligió *para estar* en Cristo, o *porque* estamos en Cristo.[3] Esas dos ideas añaden algo al texto que no se halla en el pasaje.

Dios hizo la elección "*antes de la fundación del mundo*", aclarando así el hecho de que el tema del pasaje es la elección *eterna*. La misma frase, *pro kataboles kosmou*, también aparece en Juan 17.24 y 1ª Pedro 1.20. En estos dos pasajes, *Cristo* es el "amado" (esencialmente lo mismo que "elegido") y conocido de antemano (aparentemente, para proveer su sangre para nuestra redención) "*antes de la fundación del mundo*". Así pues se relaciona nuestra elección estrechamente con lo que Dios predeterminó en cuanto a su Hijo—de nuevo se llama la atención hacia la naturaleza cristocéntrica de la elección.

Dios nos eligió para ser santos y sin mancha en su presencia (*"delante de él"*), en amor: los objetos de la elección. Comparando este pasaje con Colosenses 1.22, se llega a la conclusión de que lo que hay en Colosenses es una mirada futurística a la meta final, no sólo a la de la elección, sino también a la de la obra redentora de Cristo: *"para presentaros santos y sin mancha e irreprensibles delante de él"*.

En este pasaje de Efesios no se expone ninguna base o condición para la elección. Si los otros pasajes del Nuevo Testamento no indican que la elección es condicional, tampoco se puede probar con este pasaje —a no ser que se pueda demostrar (y de todas maneras, tal cosa será muy exagerada) que la elección *"en Cristo" implica* una condición en sí, y que una persona llega a estar "en Cristo" por la fe (ver la discusión del versículo 13 que sigue). Pero lo que se ha de tener en cuenta aquí es que tampoco se puede utilizar este pasaje para demostrar que la elección sea *in*condicional. El hecho sencillo es que no se habla aquí de condiciones. Pablo ni afirma ni niega una condición relacionada para la elección.

Dios nos predestinó (vv. 5, 6a). Esta forma verbal(*"predestinado"*, *proorisas*) es otra de las palabras claves detalladas anteriormente. Aquí es un participio aoristo (de nuevo, una acción simple del pasado) y no hay razón gramatical ni del contexto para colocarlo *antes* de la elección (ni lógica ni temporalmente). De hecho, el acto de "predestinar" es (por lo menos gramáticalmente) subordinado al verbo principal: (literalmente) "El nos eligió, predestinándonos". En su elección, Dios nos predestinó. Como expuso Milton, así "recalca la verdad ya afirmada en la palabra 'eligió', e indica el propósito de tal elección".[4]

Dios nos predestinó a una posición como hijos suyos. "Adopción" (*huiothesia*) no se relaciona tanto con la idea de hacer que alguien que no pertenece a la familia llegue a serlo como tiene que ver con elevar a un hijo al *estado* o la *categoría* de ser un hijo y heredero "de edad" —como bien aclara Gálatas 4.1-7. Se recalcan los derechos y las responsabilidades de una posición de adulto completo en la familia, y en este sentido *"hijo"* no sólo hace contraste con *"siervo"* sino también con "niño".

Dios nos predestinó por medio de Jesucristo. Una vez más se ve el énfasis cristocéntrico.

Dios nos predestinó *"según el puro afecto de su voluntad"*. En resumen, esta frase recalca el hecho de que el plan de salvación divina no tuvo ninguna base ni razón en el hombre mismo. La base única es la propia voluntad de Dios y es allí donde debe terminar nuestra búsqueda para tal "razón".

El "beneplácito" (*eudokia*) (v. 5 — *"puro afecto"*) y la "voluntad" (*thelema*) son dos más de las palabras claves detalladas. En este pasaje (igual que en otros pasajes del Nuevo Testamento) casi son sinónimos. (Aumentar sinónimos forma parte del estilo literario encontrado en la carta a los Efesios.) Si consideramos la expresión *tou thelematos* (v. 5) como un genitivo de aposición, aún podríamos entender la frase completa así: "el beneplácito (puro afecto) de Dios que es idéntico con su voluntad". Y así puede definirse como: "el beneplácito libre que, basado únicamente en Dios y no influenciado por nadie, es su determinación, en gracia, de salvar".[5]

Deberíamos notar que, cuando Dios actúa de tal manera que es según su beneplácito o voluntad, él puede actuar incondicionalmente o puede actuar sobre la base de cualquier condición que él soberanamente haya establecido. Las palabras mismas de este pasaje no nos informan cuál de las dos circunstancias se aplica en cualquier instancia. De hecho, *todos* de los actos de Dios son *"según el puro afecto de su voluntad"*.

Dios nos predestinó para la alabanza de la gloria de su gracia. Ya se han visto dos frases que indican los propósitos de Dios en la elección y la predestinación: *"para que fuésemos santos y sin mancha..."*, y *"para ser adoptados"*. Aquí hay un tercer y final propósito: para la glorificación de Dios como Dios de la gracia.

Dios nos predestinó como un acto de gracia. Especialmente lo menciono (como ya indirectamente indicado) porque todo lo encontrado en los versículos 5-6a lo implica. El plan de salvación divina es totalmente de gracia, no debiendo nada a la obra ni al mérito del hombre. El "favor" que nosotros llamamos salvación es totalmente inmerecido y no ganado.

Como se verá en el análisis de Romanos 8.28-30, la predestinación vista allí parece referirse claramente a *lo* que ocurre en la salvación en lugar de a *quién* se salva. La "elección" se refiere a los salvados como las personas que Dios ha elegido; la "predestinación" se refiere a aquellos para lo que él los ha elegido.

Dios nos dio la gracia (v. 6b), una tercera acción, aunque gramáticamente *"la cual"* es subordinada al sustantivo "gracia" en la frase previa, es decir, *"la cual"* tiene *"gracia"* como su antecedente. *"Nos hizo aceptos"* es la forma verbal cognada con el sustantivo "gracia"; así pues lo que se ve es la repetición dada para recalcar: Su gracia con que él nos ha agraciado;[6] la gracia que él nos otorga con gracia.

"En el Amado", significa Cristo, el amado de Dios (*cf.* Col. 1.13, *"su amado Hijo"*). Así pues, de nuevo hay un énfasis doble sobre el "cristocentrismo" y el papel de la unión con Cristo. Sólo en Cristo somos los objetos de la gracia de Dios. La elección y la predestinación fluyen a nosotros, por la gracia, en unión con Cristo —la única manera que Dios nos podía elegir y mantener su santidad, dado que aparte de la unión con Cristo somos pecaminosos y no podemos ser los objetos de la elección. Así pues, el decreto eterno divino para salvar no fue un decreto estéril que precedió lógicamente el plan de redención en Cristo. Más bien, se basa este decreto en el plan de redención por Cristo y se desarrolla desde este plan.

La realización de estas bendiciones en el tiempo (vv. 7-14)

En este punto la orientación del pasaje cambia o hace un ajuste sutil. En los versículos previos todo se orientó hacia el pasado. Ahora Pablo mira a lo que "tenemos" (v. 7). Es verdad que algunas de las frases en el pasaje (vv. 7-14) se referirán al plan eterno de Dios (vv. 9b, 11) como trasfondo, pero el pasaje en sí se refiere a nuestra experiencia en el tiempo que refleja (y revela) las decisiones eternas de Dios.

La redención en Cristo (vv. 7, 8)

(1) La realidad de la redención

(2) El medio de la redención: *"por su sangre"*

(3) La naturaleza de la redención: *"el perdón de pecados"*

(4) La base de la redención: "*según las riquezas de su gracia, que hizo sobreabundar para con nosotros en toda sabiduría e inteligencia*"
La revelación del misterio de su voluntad (vv. 9, 10)

1) Una revelación en el tiempo. "*Dándonos a conocer*" (*gnorisas*, otro participio) es una frase subordinada a la frase previa y señala hacia el resultado de la actividad de Dios para efectuar el plan de la salvación en el tiempo. Los calvinistas suelen enfatizar el hecho de que no se revelan los decretos eternos de Dios —como tales— y tienen razón en esto. Se dice que debemos aprender su contenido por medio de lo que Dios hace en el tiempo. Este es un énfasis que el arminiano puede sostener completamente: aprendemos la naturaleza de los decretos eternos de Dios en cuanto a la salvación por medio de la manera en que él los aplica.

2) Una revelación del "misterio" de su voluntad. En el uso paulino, un "misterio" es algo totalmente incognoscible por medio de los poderes naturales del hombre, así se requiere que Dios lo revele para poder conocerlo. Aquí en este pasaje, el misterio *es* su voluntad, específicamente su voluntad en relación a la salvación.

3) La base: "*según su beneplácito, el cual se había propuesto en sí mismo*" (o, "en él", es decir, "en Cristo"). Esencialmente esta frase repite el versículo 5b, y así señala una vez más hacia la eternidad pasada. La única diferencia es que se sustituye "*según su beneplácito*" por "*según...su voluntad*". Esto demuestra que el propósito (*prothesis*, otra de las palabras claves previamente detallada) iguala a su voluntad.

4) El objetivo final. He aquí otra frase para indicar el objetivo de Dios: que Cristo sea la Cabeza indiscutible del universo.

Herencia (vv. 11-14)

El versículo 11 se estructura paralelamente al versículo 7, como indica el "*asimismo*". Basado en las decisiones eternas de Dios en cuanto a la salvación, en el tiempo hemos experimentado la redención y el conocimiento del beneplácito divino para nuestra salvación. También hemos llegado a ser, como su pueblo colectivo, su herencia.

1) Se nos hizo la herencia del Señor (según varios intérpretes, es así como la frase debería traducirse mejor, especialmente si se refleja aquí Deuteronomio 32. 8, 9).[7]

2) Esto también, forma parte de lo que fue *predestinado* para los elegidos. Igual que en el versículo 9b, la frase aquí (v. 11b) también enfoca hacia la eternidad pasada para el trasfondo de lo que se va a experimentar en el tiempo.

3) De nuevo, la base es "*conforme al propósito del que hace todas las cosas según el designio de su voluntad*" Es la tercera vez que se usa, esencialmente, la misma frase (ver los versículos 5 y 9). Ahora, en lugar de "*según el puro afecto (eudokia) de su voluntad*", tenemos "*según el designio (boule) de su voluntad*", usando aun otra de las palabras claves de la lista. Así pues, es evidente que *beneplácito* (o, *puro afecto*) y *designio* son esencialmente sinónimos, y también (como ya se ha notado) *voluntad* y *propósito* son iguales y esencialmente sinónimos con estos dos términos.

4) De nuevo, la *gloria de Dios* (*cf.* vv. 6, 14) es el objetivo final.

5) La condición es la fe (que viene por el oír; *cf.* Ro. 10.17) para experimentar la salvación. Pablo indica que la salvación fluye de la fe (vv. 12, 13). Puesto que ya

se ha demostrado que la experiencia en el tiempo es la manera de comprender los decretos eternos (v. 9), hay confianza en sacar la conclusión de que el decreto hecho en la eternidad fue para administrar la salvación condicionalmente (por la fe).

Así Arminio podía insistir en cuanto a su punto de vista de la elección, que ella "no se opone…al pasaje de Efesios 1. Porque los creyentes han sido 'predestinados conforme al propósito del que hace todas las cosas según el designio de su voluntad'. El propósito, conforme al que se ha declarado estar hecha la predestinación, es el de adoptar a los creyentes en Cristo para ser hijos y para la vida eterna, igual como lo es evidente en muchos otros pasajes de las Escrituras".[8] También dice: "El pasaje de Efesios 1, considera que la fe está presupuesta para la predestinación. Porque no se presupone a nadie, excepto a un creyente, para la predestinación de adopción por medio de Cristo —"*Mas a todos los que le recibieron, a los que creen en su nombre, les dio potestad de ser hechos hijos de Dios*".[9]

6) La morada del prometido Espíritu Santo es el "sello" de la salvación, el imprimátur oficial de Dios sellado en las vidas de los elegidos.

7) También el Espíritu Santo es las arras de la herencia prometida a los elegidos.

Romanos 9—11

Probablemente no hay otro pasaje más importante para la investigación que éste. Dado que estos tres capítulos son largos, en esta obra no hay espacio para el mismo tipo de análisis detallado que se hizo para Efesios 1.3-14). Pero tampoco es necesario este tipo de investigación. La primera cosa es captar el contenido general de esta sección.

La clave para este pasaje largo es 9.14: "¿Qué, pues, diremos? ¿Que hay injusticia en Dios? En ninguna manera". Pablo pregunta: "¿Hay injusticia en Dios en cuanto a su trato con Israel, que incluye el rechazo actual de la nación?" El propósito paulino de estos tres capítulos es contestar esta pregunta con un "¡No!" rotundo. El punto importante en cuanto a cualquier sección de estos tres capítulos, es entender que ninguna porción se interpreta sin el contexto del pasaje entero. Pablo responde a la pregunta central con una serie de "puntos" para establecer que la respuesta es negativa. Cada parte de la respuesta se ha de entender a la luz de las otras partes. El "bosquejo" general siguiente servirá para presentar una reseña del pasaje:

Punto principal: Dios no es injusto en cuanto al rechazo actual de Israel.

Puntos secundarios utilizados en el desarrollo de este punto principal:

1. Dios elige y rechaza a las personas según como a él le parezca (caps. 9—10)
    1.1. Dios nunca prometió, de manera incondicional, al salvar a todos los descendientes, según la carne, de Abraham, Isaac o Israel (9.6-13).
    1.2. Dios es soberano y tiene el derecho a salvar (o a condenar) a cualquier persona que él quiere (9.15-24).
    1.3. Dios siempre ha manifestado claramente (por medio de la profecía) que no todos los de "Israel" estarían salvados (9.25-29).

1.4. Dios ha rechazado a Israel porque Israel ha rechazado la salvación por la fe en favor de una salvación por las obras (9.30—10.21).
2. Después de todo, Dios no ha rechazado a Israel (cap. 11)
   2.1. De hecho, Dios no ha rechazado a los israelitas: cualquiera que creerá puede ser salvo por la gracia por medio de la fe (11.1-10).
   2.2. El rechazo actual de Israel abre el camino de la salvación para todas las naciones (11.11-22).
   2.3. Es más, el rechazo actual de Israel no es "final": Israel se convertirá (11.23-32).

Este análisis básico requiere desarrollarse un poco, y podemos comenzar con una clarificación de la cuestión vista. Debemos percatarnos que Pablo, en este pasaje, está polemizando (al menos, teóricamente) con cualquier judío que haya rechazado su entendimiento de la salvación por la fe en Cristo porque Pablo expone que en esta salvación el judío incrédulo no se incluye en el pacto abrahámico (como en Gálatas 3.6-29 y Romanos 4), y por lo tanto, no es salvo. Esos judíos contenderían que Dios había prometido incondicionalmente salvar a todo Israel y por lo tanto, sería injusto si fallara en mantener tal promesa. El Dr. Charles Hodge se refiere a ese concepto, es decir, la salvación colectiva de todos los judíos, y lo conecta con este pasaje, diciendo: "Compárense Romanos 2.17; 9.6; y otros pasajes, donde Pablo argumenta el punto que el hecho de ser un descendiente natural de Abraham no basta en sí para asegurar el favor de Dios. Hay muchos escritos judíos que demuestran que exponían tal doctrina."[10]

Así pues, el propósito de 9.6-13, es empezar con algo que los judíos ya podían reconocer y, entonces, demostrar que Dios nunca prometió salvar toda la simiente de Abraham sólo sobre la base de que descendió de él. El rechazo de Ismael y Esaú (con la elección concomitante de Isaac y Jacob/Israel) expone claramente esta verdad. (Más adelante volveremos al "propósito de Dios según la elección".)

El propósito de 9.14-24 es exponer que el Dios soberano es el que determina a quién se salvará. Puesto que esto sigue inmediatamente después del propósito de 9.6-13 (visto anteriormente), el énfasis es que la idea judaica de una salvación universal y colectiva para todos los judíos no puede justificarse. Dios sigue salvando a cualquier persona que él desea y condena a cualquier persona que quiere, sea judío o gentil. Es más, el uso de Exodo 33.19 sostiene específicamente el punto de que no todos los israelitas fueron destinados para ser salvos; y encima de todo fue Moisés que lo dijo. En otro lugar he escrito: "Aún estando en el desierto, cuando podríamos pensar que toda la nación merecía automáticamente el favor divino, él dijo: '... *tendré misericordia del que tendré misericordia, y seré clemente para con el que seré clemente'....* Ni Moisés ni Israel tuvieron una demanda especial sobre Dios que podría negar su derecho soberano de actuar según se le pareciera. Ni demostrará Dios misericordia a todos simplemente porque fueron israelitas según la carne."[11]

Así pues, en otras palabras, el judío no puede mirar al cielo y decir: "Yo soy judío. Tú has prometido a salvar a todos los judíos. Por lo tanto, debes salvarme. La doctrina de salvación en la fe en Jesucristo como fue expuesta por Pablo (y que me eliminaría), por tanto, es incorrecta." A tal aseveración, Pablo responde: "Dios rechazó a Ismael y escogió a Isaac; él rechazó a Esaú y eligió a Jacob. El salva a quienquiera que él desee y rechaza a quienquiera que él quiera. Tú no puedes hablar le así a Dios. Tú no tienes ningún derecho sobre él, basándote en tu linaje israelita."

Finalmente, pues, el propósito de 9.30 (y lo siguiente) es demostrar que el Dios soberano, el que salva a quienquiera que desee y condena a quienquiera que le plazca, se ha placido en salvar a los creyentes. Se ha rechazado a Israel porque el ha rechazado la salvación por la fe. No hay nada más claro que esto: *"mas Israel, que iba tras una ley de justicia, no la alcanzó. ¿Por qué? Porque iban tras ella no por fe..."* (9.31, 32). Ellos *"no se han sujetado a la justicia de Dios"* (10.3). Y se confirma lo mismo en 11.20: *"por su incredulidad fueron desgajadas..."*.

Pues, en tal contexto, el desarrollo de argumento de 9.15-24 (la parte más crucial) es bastante obvio. Leroy Forlines lo expone así:

> Cuando leemos en Romanos 9.15 que Dios tendrá misericordia y compasión del que quiera, nos es menester preguntar: ¿Sobre quién manifestará Dios su misericordia y compasión?... Cuando Dios, para demostrar su misericordia en la salvación, escoge a la persona que cree en Jesucristo como Señor y Salvador, él está escogiendo a la persona que él quiere... Al ofrecer la salvación sobre la condición de la fe en Cristo, no se debilitan en nada las palabras: '*tendré misericordia del que tendré misericordia...*' En este punto de vista, la soberanía de Dios controla totalmente todo.[12]

Para resumir: Pablo, de hecho, está arguyendo *en contra* del concepto judío de una elección "incondicional" (de todos los judíos por nacimiento) y está estableciendo, en su lugar, la elección *condicional*, es decir, una elección de los creyentes. Él no echa la culpa del rechazo de los judíos incrédulos al hecho de que Dios rechaza de una manera arbitraria a quienquiera que él desee, sino echa la culpa a la propia incredulidad de los judíos, algo que llega a ser un rechazo de su propia decisión soberana de decretar la salvación por la fe en Jesús.

Una de las cuestiones involucrada en el análisis de la sección tiene que ver con el 9.11. ¿Qué quiere decir: *"para que el propósito de Dios conforme a la elección permaneciese, no por las obras sino por el que llama"* en relación a la elección de Jacob y rechazo de Esaú antes de que *"no habían aún nacido"*? Los arminianos tienden a interpretarlo como una elección a una posición más bien que a la salvación. Los calvinistas tienden a tomar uno de dos enfoques. Algunos (como los Drs. Shedd y Hodge) están de acuerdo de que esta es una elección a la posición de patriarca pero también consideran a Jacob y Esaú, por analogía, como tipos ilustrativos de la elección y reprobación espiritual. Otros calvinistas (como los Drs. Murray y Piper) lo consideran directamente (y no por analogía) como una elección a la salvación.

De hecho, la decisión por una de estas tres posibilidades *no tiene importancia* para nuestros propósitos aquí. Lo que Pablo dice es que la elección Jacob-Esaú, aún antes de su nacimiento, refuta una elección *por las obras*. Si la decisión se basara en las obras del individuo, entonces no sería por medio del propósito (de gracia) de él que llama. Pero dado que Pablo mismo es el que ha establecido que *por fe* es el opuesto mismo a *por las obras* (como en Romanos 4), entonces *por fe* de ninguna manera contradice lo que él expone en 9.11. En una sección subsecuente de este libro, se recalcará más este punto, por ahora, es crucialmente importante que se reconozca que la salvación por la fe es, de hecho, el método mismo por medio de cual Dios ha elegido para establecer la salvación por la gracia y no por las obras (Ro. 4.16) y así, basar la salvación sobre la obra y la decisión de Dios más bien que sobre cualquier mérito humano.

Tal es el punto de vista que Pablo arguye en esta sección entera de Romanos (que obviamente no debería separarse de los ocho capítulos anteriores donde se ha presentado muy convincentemente este argumento): la salvación no viene por medio de la membresía en la raza israelita sino por la fe, y esto es precisamente para que la salvación no sea por las obras del hombre sino por la obra de Dios de acuerdo con el derecho soberano de Dios a otorgar la salvación como un acto de gracia a quienquiera que él desee. Para poder establecer la salvación por su propia "gracia soberana", Dios hizo que la fe, más bien que las obras, fuera la condición. Por consiguiente, todo lo que el hombre puede hacer es extender las manos *vacías* de la fe y dar la espalda a sí mismo para poder recibir el don de Dios, un don gratis y totalmente libre de obras humanas.

Una cuestión relacionada tiene que ver con si la objeción "anticipada" del 9.14 viene en respuesta a la selección de Jacob y el rechazo de Esaú (en el v. 13). Sin duda la respuesta debe ser "No", a pesar del hecho que Haldane, Shedd y otros lo ven al contrario. Como observa Forlines: "Que se entienda que los judíos no tenían dificultad alguna con el rechazo de Ismael y de Esaú…. La preocupación que el judío no creyente habría tenido en cuanto a la justicia de Dios fue que si Dios no cumpliera con la elección incondicional de *todos* los judíos, significaría que Dios no había guardado su promesa".[13] El argumento del pasaje *entero* lo aclara: los contrincantes (imaginarios o no) de Pablo no tenían objeción alguna en cuanto al rechazo de Ismael o de Esaú, sino a la idea de que algunos israelitas no iban a salvarse.

Así, pues, a esta luz la sección entera (caps. 9—11) tiene consistencia y no presenta problema alguno para la persona que expone la elección condicional. Las referencias en 11.5ss a la "elección por gracia" concverdan exactamente con la idea de la elección de los creyentes. Pablo hace un contraste entre la elección por gracia y la elección de "los que obran". El contraste no tiene que ver con la elección de creyentes. En el contexto, el punto que algunos israelitas no han obtenido las promesas; es que son aquellos que insisten en la salvación por la nacionalidad israelita o por medio de las obras de la ley dada a Israel. Pero otros israelitas, conforme con la elección por gracia, han obtenido las promesas; y son aquellos que se han sometido a la justicia de Dios que se otorga en la condición de la fe en Jesucristo. Al repetir: 11.6 contrasta la gracia con las obras, y no con la fe; es Pablo mismo, en esta misma carta, que recalca que la salvación es por la fe para que sea por la gracia (4.16).

¿Qué, entonces, en cuanto a "el endurecer"? En primer lugar, se debe notar que "endurecer" se expone con lo opuesto a "tener misericordia" (9.18). Y esto encaja perfectamente bien con lo que se dice en 11.7ss; donde, aquellos que tienen fe en Cristo, conforme con la elección por gracia, han obtenido las promesas; los demás han sido "endurecidos". Así pues, se puede decir que el no extender de la misericordia salvífica es todo lo que es necesario para lograr tal endurecimiento. No hay nada más. Aún Piper, un calvinista consistente, observa que "el endurecimiento en 9.18 tiene referencia, igual como el de 11.7, a la acción de Dios en que se deja a una persona en una condición fuera de la salvación y así preparada para la destrucción".[14] John Brown concuerda, sugiriendo que la palabra "es equivalente a 'tratar severamente' en no demostrar el favor e infligir el castigo merecido".[15] El arminiano no tiene ningún problema con tal entendimiento. Al igual que Dios demuestra su misericordia (salva) a quienquiera que él quiere, y desea salvar a los creyentes; así él no extiende la misericordia salvífica (condena) a quienquiera que él quiere, y es su voluntad condenar a los incrédulos. Una vez que se ha establecido lo positivo como condicional, lo negativo sigue lógica y bíblicamente.

Romanos 8.28-30

Este pasaje importante se refiere a tres de las ideas claves de la lista previamente dada en este capítulo: presciencia (*proginosko*), predestinación (*proorizo*) y propósito (*prothesis*). Las tres se refieren a obras de Dios.

La relación de las ideas en este pasaje parece ser la siguiente (que es probablemente mejor que un bosquejo tradicional para comunicar el significado):

1. El tema general es el hecho de que las circunstancias de la vida del creyente le ayudan a bien (quizás, directamente, Dios las ayuda a bien).
2. Este "bien" equivale al "propósito" de Dios; que, en turno, es que los creyentes sean "*hechos conformes a la imagen de su Hijo, para que él sea el primogénito entre muchos hermanos*".
3. Este propósito se está logrando para "*los que conforme a su propósito son llamados*"; siendo idénticos esos con "*los que aman a Dios*".
4. El orden de esta obra en sus vidas, para este fin, es:
   en la eternidad:
   "*los que antes conoció*"
   "*los predestinó*"
   en tiempo:
   "*a éstos...llamó*"
   "*a los que justificó*"
   "*a éstos...glorificó*"

Así, pues, la presciencia precede lógicamente la predestinación. Parece que los versículos 29-30 establecen un orden deliberado: conoció de antemano, los predestinó,los llamó, los justificó y los glorificó. (Ella también precede lógicamente la elección en 1ª Pedro 1.2, sobre el cual se hará un comentario más adelante.)

Hay varios significados que parecen posibles por la presciencia.

1) Se encajará un significado estrechamente vinculado con la elección: en amor reconociéndolos como los suyos. Sin duda, en este versículo, la presciencia es directamente personal: "*a los que antes conoció*".

2) Un significado similar a la predestinación (o, la pre-planificación) parece menos probable. Tal significado sería más apropiado para cosas más bien que personas (aunque esta objeción no es exhaustiva). Además, si tal fuera el significado, la frase siguiente "*los predestinó*" sería tautológica, esencialmente repitiéndose a sí misma. Algunos replican a esta objeción diciendo que la repetición sirve para añadir el propósito a la pre-planificación: es decir, a los que él antes conoció (en el sentido de la pre-planificación), él les predestinó (mismo significado) para que.... Sin embargo, tal interpretación va en contra de la estructura gramatical, incluyendo el paralelismo de la frase con la repetición distinta de "y/también" (*kai*).

3) El significado de una mera prescencia es posible. Aunque la presciencia no parece tan apropiada para las personas como lo es para las cosas relacionadas a las personas, sería posible traducirlo por "sobre los que él antes conocía" (es probable que se debería añadir o entender este "sobre" a la idea de conocer de antemano en Hechos 26.5).

Aún así, este último significado no me parece muy probable en este pasaje, dado el énfasis distintamente personal (excepto si alguien querría considerar a "*los predestinó*" como una versión condensada que representa "a los cuya fe [?] él conoció de antemano"). Por lo tanto, considero el primero de los tres significados como el más probable en este pasaje. (Y en tal caso, la terminología normalmente usada en la teología sistemática de colocar la "elección" como uno de los dos puntos secundarios de la "predestinación", no encaja precisamente con el uso de los términos en este pasaje.)

Entonces, ¿cuál es el significado de "predestinación"? (1) Toma por sentado la presciencia personal. Así, su *identidad* como los conocidos de antemano por Dios ya está determinada antes de la "predestinación". (2) Entonces la predestinación habla del propósito de Dios *para los ya conocidos como los suyos*: es decir, que —por medio de su llamado, justificación y glorificación— ellos sean conformados plenamente a la imagen de su Hijo. Por lo tanto no es una predestinación para uno de los elegidos (ser un cristiano) sino es un propósito predeterminado de Dios para los elegidos, un propósito por el cual él controla las circunstancias de sus vidas. Esta interpretación concuerda precisamente con el entendimiento de "predestinado" expuesto anteriormente en la exposición de Efesios 1.

Esto nos deja con una pregunta clave: ¿Sobre qué base lleva a cabo Dios esta identificación (= elección) amorosa y conocida de antemano de éstos ("*los*")? No se nos dice; sobre este punto el pasaje no dice absolutamente nada. Nos afirma que desde la eternidad Dios ha conocido de antemano a los suyos. No nos informa si hay una base por esta presciencia o no, o, si hay, cuál es la base. Debemos aprender esto de otras fuentes. Pero especialmente importante es el hecho, por tanto, de que el pasaje ni afirma ni niega que la selección eterna es condicional o incondicional.

Sin embargo, aún aquí Arminio ofreció una sugerencia preñada de significado de que "*a los que antes conoció*" quería decir *igualmente* "a los que él amaba previamente y consideraba afectuosamente suyos" *y* "la presciencia de la fe en Cristo", puesto que, "el primero no puede ser la verdad sin el segundo": "Dios no puede 'amar previamente y considerar afectuosamente suyo' a ningún pecador hasta que le haya conocido de antemano en Cristo, y que le haya mirado como un creyente en Cristo".[16] Puede que Arminio tuviera razón, pero en lo que Pablo dice aquí, el segundo sólo es implícito, no explícito.

Hay una observación más. Encuentro interesante la manera en que Jewett —un calvinista, aunque no siempre un calvinista típico— saca sus conclusiones sobre el pasaje: "[Dios] nos salva no según nuestras obras sino conforme con su propósito y gracia, que nos fueron dados en Cristo Jesús 'hace ya siglos y siglos' ".[17]

Uno sólo puede estar de acuerdo, al mismo tiempo que observa que Jewett ha captado el énfasis correcto de Pablo en contrastar la salvación por el diseño e iniciativo eterno de Dios a *las obras* —un punto que no tiene nada que decir en cuanto a que si el hombre debe satisfacer la condición de la *fe*, que siempre en la Biblia también se queda contrastada claramente a las obras.

Comentarios Breves Sobre Otros Textos

1. *1ª Pedro 1.1, 2*: "*Pedro...a los expatriados de la dispersión...elegidos según la presciencia de Dios Padre en santificación del Espíritu, para obedecer y ser rociados con la sangre de Jesucristo*".

A pesar de las dificultades de la interpretación, en este pasaje uno se puede sentir bastante seguro en llegar a la conclusión de que la elección es por subordinada a la presciencia. El orden es, "*elegidos según la presciencia*".

No tenemos respuesta a la pregunta: ¿Presciencia de qué? A cualquier respuesta que lleguemos aquí va a reflejar nuestro entendimiento del significado de "presciencia". Se usa esta palabra (*prognosis* o *proginosko*) siete veces en el Nuevo Testamento (todas las veces por Pedro o Pablo, en sus cartas o discursos). Sólo dos veces se refiere la palabra directamente al plan de la salvación (aquí y en Romanos 8.29; ver anterior). Puede ser una presciencia de *personas* (Ro. 8.29; 11.2; 1 P. 1.20; Hch. 26.5 —aunque se incorporan cosas en esta última referencia) o de *cosas* (Hch. 2.23; 2 P. 3.17). Es obvio que la palabra tiene varios significados.

1) Una vez (Hch. 26.5), quizás dos veces (Ro. 11.2), significa *un conocimiento del pasado* ("*saben que yo desde el principio*").

2) A veces quiere decir la (mera) *presciencia*, o sea, la precognición, (Hch. 2.23; 2 P. 3.17), aunque es posible que esta idea incorpore la noción adicional de la previsión en el sentido de la previsión sabia.

3) *Pre-planificación* (así estrechamente relacionada con la predestinación) es un significado posible en 1ª Pedro 1.20. La versión Reina-Valera (1960) nos prepara para esto con su "*destinado desde antes de la fundación del mundo*".

4) Y, en Romanos 8.29, examinado previamente, *amado de antemano* podría reflejar el significado —en tal caso el significado estaría estrechamente relacionado

con la idea de la elección, un reconocimiento divino, en amor, de aquellos que son los suyos.

De los cuatro matices de significado indicados, sólo dos parecen posibles en este pasaje de 1ª Pedro 1.1, 2, el segundo y el tercero. (Se elimina el cuarto en que tal significado lo haría igual con la elección, una tautología; entonces Pedro estaría diciendo: "Elegidos según la elección de Dios".) La idea de una pre-planificación encajaría bastante bien: la elección según la pre-planificación de Dios. También encajaría el significado de la presciencia, con o sin la noción adicional de la previsión. Sin cualquier dogmatismo, tiendo a creer que el significado más probable es la presciencia, con la noción de la previsión sabia.

2. *Hechos 2.23; 4.28*. Estos dos versículos no tienen que ver directamente con la elección de los individuos a la salvación, pero son importantes para entender la manera en que el Nuevo Testamento presenta la idea de la predeterminación y consejo eterno de Dios. En los dos versículos, se presenta la crucifixión de Cristo con los lados: (1) por medio del plan de Dios, y (2) en las manos de hombres malvados.

Se indica el lado de Dios, en 2.23, como "*entregado por el determinado consejo y anticipado conocimiento de Dios*"; y en 4.28, como "*para hacer cuanto tu mano y tu consejo habían antes determinado que sucediera*". Sin ocupar más espacio para los detalles, creo que está claro que se relacionan estrechamente el consejo (plan) eterno, la presciencia y la predestinación de Dios. La muerte de Cristo estuvo (y está) perfectamente de acuerdo con ese plan eterno.

Se manifiesta el lado humano, en 2.23, como "*prendisteis y matasteis por manos de inicuos, crucificándole*"; y, en 4.27, por "*se unieron... contra tu santo Hijo Jesús... Herodes y Poncio Pilato, con los gentiles y el pueblo de Israel*".

Aquí hay una interacción fina entre la responsabilidad divina y humana. Por un lado, la crucifixión de Jesús fue según el plan eterno de Dios. Por el otro, la culpabilidad y la responsabilidad —dignas de condenación— se colocan rotundamente sobre las personas involucradas. Pedro no sentía ninguna contradicción entre afirmar culpables a los hombres por su acción moral en la crucifixión y, al mismo tiempo, considerarla como un acto cuidadosamente provisto en el plan eterno de Dios. Como los calvinistas suelen observar, dado que los dos hechos se afirman sin un sentido de contradicción, no debe haber ninguna contradicción.

Sólo que se conste, que si realmente no hay contradicción, entonces la "predestinación" de los eventos *debe* haber sido de tal manera que esos eventos *no fueron necesarios* sino *contingentes* (ver la discusión en el capítulo 3). Si, de hecho, aquellos que crucificaron a Jesús *tenían que* hacerlo, es decir, si la predeterminación divina, por medio de su propia eficacia, hizo que sus acciones fueran inevitables, entonces esa gente no tenía libertad para tomar otra acción contraria —*no podrían* hacer lo contrario— y por lo tanto, ellos no fueron responsables.

Sin embargo, el hecho es que los actos fueron contingentes y los actores fueron libres para crucificarle o no. En cuanto a lo que tiene que ver con su responsabilidad moral, ellos realmente podrían haber decidido no hacerlo. Y ninguna de estas observaciones contradice en lo más mínimo el hecho de que todas sus acciones fueron conocidas como *ciertas* a Dios desde la eternidad, ni el hecho de que él mismo predestinó los eventos, escogiendo en su sabiduría y conocimiento perfecto a poner en moción el curso de los eventos y las circunstancias que él sabía ciertamente (pero no de necesidad) conduciría a lo que sucedió, incorporando así todos los eventos en su plan perfecto.

Los calvinistas mismos (aunque es posible que rechacen la manera en que he expresado lo anterior) enseguida admiten algo muy similar, insistiendo en que la predeterminación divina de los hechos malvados se hizo de tal manera que Dios no los "causó" y por tanto, no es el autor del pecado. Bien: si, de hecho, él puede predestinar lo malo sin causarlo (y, sin duda, estoy de acuerdo con ésto), entonces tal reconocimiento nos sirve bien mientras continuamos en esta obra para hacer comentario sobre la relación entre lo divino y lo humano en *cualquier* acción donde se involucra una acción moral. Y si su predeterminación de los actos de la crucifixión no los causó, de igual manera no hizo que esos actos fueran *necesarios*, aunque sí fueron *ciertos*.

3. *1ª Corintios 1.21*. "*Pues ya que en la sabiduría de Dios, el mundo no conoció a Dios mediante la sabiduría, agradó [eudokesen] a Dios salvar a los creyentes por la locura de la predicación [del evangelio]*".

El verbo "agradó" es cognado con el sustantivo *eudokia*, refiriéndose al puro afecto de Dios, que a efectos prácticos es idéntico a su voluntad o decreto (ver la discusión anterior sobre Efesios 1.3-14, donde "*el puro afecto de su voluntad*" (v. 5) es esencialmente igual al "*designio de su voluntad*" (v. 11). (Ver también Mateo 12.18, donde "*en quien se agrada mi alma*" es un pensamiento paralelo deliberado con "*a quien he escogido*".)

En este 1.21, Pablo adscribe la salvación directamente al "puro afecto" de Dios, un punto donde tanto los calvinistas como los arminianos lo afirman. No tengo duda de que aquí el propósito deliberado en "agradó" es expresar la decisión soberana de Dios tomada en la eternidad, es decir, su *decreto* eterno.

Así, pues, deberíamos notar que el decreto a salvar, en este pasaje, se matiza en dos maneras.

1) El decreto siguió lógicamente la presciencia que Dios tenía de la caída del hombre: "*Pues ya que...el mundo no conoció a Dios...agradó a Dios salvar...*". Este punto de vista es distintamente el infralapsarianismo o el sublapsarianismo (ver los capítulos 2 y 3).

2) Aún más importante, el decreto para salvar es *a los creyentes*. Es una salvación condicional, una elección de creyentes —precisamente el punto de vista arminiano.

4. *Lucas 7.30*. "*Mas los fariseos y los intérpretes de la ley desecharon los designios de Dios respecto de sí mismos, no siendo bautizados por Juan*".

Se ve claramente el designio de Dios. También está claro que este designio (o voluntad) puede ser rechazado por los hombres.

5. *2ª Pedro 3.9*. "*El Señor no retarda [no está retardando el cumplimiento de] su promesa, según algunos la tienen por tardanza, sino que es paciente para con*

nosotros, no queriendo que ninguno perezca, sino que todos procedan [tengan lugar para/hagan un lugar para] al arrepentimiento".

Los arminianos tienden, con buena razón, a subrayar la importancia de este versículo. Si se distingue el uso de Pedro del verbo *boulomai* ("querer") del verbo *thelo* ("querer") en 1ª Timoteo 2.4 (ver el pasaje de estudio siguiente), se suele exponer que la distinción es que *boulomai* tiende a ser el verbo más fuerte, refiriéndose más probablemente al plan y a la voluntad eterna de Dios. Pero aquí Pedro usa este verbo (como Pablo usa *thelo* en 1ª Timoteo 2.4) para expresar la *voluntad* de Dios que ninguno perezca (que todos se salven).

Por supuesto, las Escrituras están claras en que no todo el mundo se salvará, pero que muchos perecerán. ¿Cómo puede ser, si la voluntad o el designio de Dios es lo contrario? Es obvio que puede ser. Así pues, al igual que Lucas 7.30 (visto anteriormente), se puede resistir la voluntad de Dios.

Si esto requiere que se haga algún tipo de distinción dentro de la "voluntad" de Dios, entonces ni el calvinista ni el arminiano se opondrán necesariamente. Por ejemplo, se puede referir a la distinción (mencionada anteriormente) por el Dr. Shedd entre la voluntad "legislativa" de Dios ("voluntad de su beneplácito") y la voluntad decretiva de Dios ("voluntad de su puro afecto"). Sin embargo, una vez que se admita tal distinción, permitiendo así algún tipo de ambigüedad en cuanto al significado de la voluntad (*boule* [o, en realidad, de la *thelema*]) de Dios, el calvinista ya no tendrá una posición firme en cualquier pasaje dado donde quiera insistir en que tenga la fuerza decretiva. (Muchos calvinistas evitan este dilema por interpretar la "universalidad" de este pasaje —y de cualquier otro pasaje similar— de una manera distinta. Ver la parte tres de este libro para una discusión de este tema, y de este versículo.)

Se puede expresar y cumplir la voluntad desde perspectivas distintas. Claramente él no toma placer en la muerte del pecador; él desea/quiere que todos se salven. Pero, aún más básico que ésto, él decreta/quiere que los hombres sean libres para decidir sus propios destinos. Y obviamente él no cancela el segundo aspecto a favor del primero.

6. *1ª Timoteo 2.4*. "*el cual [Dios nuestro Salvador] quiere que todos los hombres sean salvos y vengan al conocimiento de la verdad*"

El significado de *todos* es clave para la interpretación de este versículo, y no puede separarse del contexto entero (vv. 1-7), donde se refiere tres veces a "*todos [los hombres]*". Se tratará este pasaje en la sección siguiente, sobre la provisión de la salvación: ¿fue universal la expiación, y en qué sentido?

Así pues, por ahora nos es suficiente observar que este pasaje básicamente expone la misma enseñanza que 2ª Pedro 3.9, que ya se ha examinado en cuanto al tratamiento del designio (*boule*) de Dios. Lo que se expuso allí, se aplicará aquí, aunque Pedro usó un término distinto para la voluntad de Dios que Pablo usa aquí (*thelo*). Aún así, la voluntad general de Dios, desde la perspectiva de la eternidad, y en cuanto a la salvación, es lo que, sin duda, se expone.

7. *Juan 5.21*. "*Porque como el padre levanta a los muertos, y les da vida, así también el Hijo a los que quiere;desea da vida*".

Juan 6.39, 40:"Y esta es la voluntad (thelema) del Padre, el que me envió: Que de todo lo que me dé, no pierda yo nada, sino que lo resucite en el día postrero. Y esta es la voluntad (thelema) del que me ha enviado: Que todo aquel que ve (está viendo) al Hijo, y cree (está creyendo) en él, tenga vida eterna; y (que) yo le resucitaré en el día postrero".

La primera oración expresa la "voluntad" (*thelo*) de la Segunda Persona de la Trinidad más bien que la de Dios el Padre. Pero esto no hace ninguna diferencia, dada la identidad entre ellos. Y el segundo pasaje lo confirma.

Tomada sola, el reclamo de Jesús en 5.21 podría entenderse como que su decisión en cuanto a quiénes él quiere restaurar a la vida se toma sin prestar atención a lo que les distingue de otros. Pero, de hecho, sus palabras no están solas. El versículo 24 explica precisamente a quiénes él escoge para dar vida: *"El que oye mi palabra, y cree al que me envió, tiene vida eterna"*. El Hijo escoge dar vida a los creyentes. La voluntad de Dios, en cuanto a la vida eterna, es dársela a los creyentes.

El segundo pasaje encaja bien con el primero, indicando la misma verdad básica. La voluntad de Dios es que aquellos que ejercen la fe en Jesucristo tendrán vida eterna. Su voluntad con respecto a la salvación es una voluntad para los creyentes. La voluntad de Dios en la eternidad, expresada por el Hijo en el tiempo (y, como ya hemos visto, esta es la única manera que tenemos para aprender/conocer el contenido de los decretos de Dios), es salvar a los creyentes. (Y, sobre la relación entre el decreto o propósito de Dios en la eternidad y la revelación de tal propósito, en Cristo, en el tiempo, ver 2ª Timoteo 1.9 y los comentarios que siguen.)

Se debería notar que en el Evangelio Según San Juan hay muchos pasajes que establecen el hecho de que la salvación es por la fe. Se tratará este hecho con más detalle en la parte cuarta de esta obra bajo el título: "La Aplicación de la Salvación".

Algunas Conclusiones Sobre la Elección y la Predestinación

Aquí mi propósito es sacar del análisis bíblico de este capítulo algunas observaciones relacionadas al tema del eterno plan de salvación de Dios. Confío que ellas se apoyen firmemente en el análisis bíblico que las precede.

1. Dios, en la eternidad, eligió a algunos para ser salvos. Efesios 1.4 usa el verbo: *escogió*. Romanos 8.29 usa *antes conoció* en un sentido estrechamente relacionado a *escogió*: "en amor les reconoció como los suyos".

2. Esta elección es "en Cristo" (Ef. 1.4). En Efesios 3.11 se habla del *"propósito (prothesis) eterno que hizo en **Cristo Jesús nuestro Señor**"* (compárese 2ª Timoteo 1.9, donde se ve que el propósito de Dios de ejercer la gracia [salvífica] *"nos fue dada en Cristo Jesús antes de los tiempos de los siglos [es decir, en la eternidad], pero que ahora ha sido manifestada por la aparición de nuestro Salvador Jesucristo"*.

3. Esta elección es la elección *de creyentes* (1 Co. 1.21). Juan 6.39, 40 (junto con 5.21, 24) indica que la voluntad de Dios en la eternidad, revelada en el tiempo por su Hijo, es que *los creyentes* sean salvos. Romanos 9—11 indica que Dios manifiesta la misericordia salvífica a quienquiera que él quiera y que a él le agrada manifestar

esta misericordia salvífica a aquellos que ponen su fe en Jesucristo. Así, la elección es condicional y la fe es la condición.

4. Esta elección es *"según la presciencia"*. En 1ª Pedro 1.2, la presciencia puede indicar o la presciencia en sí, la previsión o la pre-planificación —o una mezcla de los tres significados.

5. Para los elegidos Dios les ha predestinado ciertas bendiciones de salvación (Ro. 8.29, 30; Ef. 1.3-14).

6. Tanto la elección camo en la predestinación, todo basa todo en, y de acuerdo con, la voluntad soberana (es decir, puro afecto, propósito, designio) de Dios (Ef. 1.3-14).

Lectura adicional sobre la doctrina de la predestinación en el Nuevo Testamento:

en español

William M. Arnett, "Predestinación" en *Diccionario Teológico Beacon*, redactor general Richard S. Taylor (Editorial Casa Nazarena De Publicaciones, 1995), pp. 537-538

Louis Berkhof, *Teología Sistemática*, traductor Pbro. Felipe Delgado Cortés, edición revisada (T.E.L.L., 1976).

J. Oliver Buswell, Jr., *Teología Sistemática*, tomo 3, (Editorial Logoi, 1983).

F. Leroy Forlines, *Teología Cristiana Sistemática*, traductor, Ronald Callaway, (Editorial Casa Randall de Publicaciones, 1992).

Charles Hodge, *Teología Sistemática*, tomo 1, traductor, Santiago Escuain (Editorial CLIE, 1991).

W. T. Purkiser, Richard S. Taylor y Willard H. Taylor, *Dios, Hombre y Salvación: Una Teología Bíblica*, traducción: H. T. Reza, (Editorial Casa Nazarena de Publicaciones, 1991).

Charles C. Ryrie, *Teología Básica*, traductor, Alberto Samuel Valdés, (Editorial Unilit, 1993).

H. Orton Wiley y Paul T. Culbertson, *Introducción a la Teología Cristiana*, 2ª. revisión, traducción: H. T. Reza, (Editorial Casa Nazarena de Publicaciones, 1992).

Mildred Bangs Wynkoop,*Bases Teológicas de Arminio y Wesley,* (Editorial Casa Nazarena de Publicaciones, 1983), traducción Lucia G. de Costa.

en inglés

F. Leroy Forlines, *The Randall House Bible Commentary: Romans,* (*El comentario bíblico de la Casa de Randall: Romanos*) (Editorial Randall House, 1987), pp. 232-241; 248-319. (Un colega arminiano de este escritor.)

Paul K. Jewett, "The Biblical Data Summarized" (*"Resumen de los datos bíblicos"*), en *Election and Predestinación, (Elección y predestinación)*, (Editorial Eerdmans, 1985), pp. 24-29. (Un resumen breve de los pasajes bíblicos involucrados en el tema, desde una perspectiva calvinista no siempre tradicional.)

I. H. Marshall, "Predestination in the New Testament" (*"Predestinación en el Nuevo Testamento"*) en *Grace Unlimited, (Gracia ilimitada)*, (Editorial Bethany Fellowship, 1975), pp. 127-143. (Un tratamiento tipo "teología bíblica" del lenguaje de la predestinación en el Nuevo Testamento.)

William G. MacDonald, "The Biblical Doctrine of Election" (*"La doctrina bíblica de la elección"*) en *The Grace of God, the Will of Man, (La gracia de Dios, la voluntad del hombre)*, redactor Clark H. Pinnock (Editorial Zondervan, 1989), cap. 11. (Ofrece alguna exégesis provechosa sobre los pasajes claves.)

Robert E. Picirilli, "Ephesians" (*"Efesios"*) *The Randall House Bible Commentary: Ephesians Through Colossians*, (*El comentario bíblico de la Casa de Randall: Gálatas a Colosenses*) (Editorial Randall House, 1988), pp. 132-144.

Notas del Capítulo 4

[1] Gordon H. Clark, *Faith and Saving Faith* [*La fe y la fe salvífica*] (Editorial The Trinity Foundation, 1983), 31.

[2] C. Leslie Mitton, *New Century Bible: Ephesians* [*Efesios en la Biblia del nuevo siglo*], (Editorial Oliphant, 1960), 44, 45.

[3] Charles Hodge, *A Commentary on the Epistles to the Ephesians* [*Comentario sobre la epístola a los efesios*], (Editorial Eerdmans, 1954), 30, 31.

[4] Mitton, 51.

[5] *Theological Dictionary of the New Testament* (*Diccionario teológico del NT*), Gerhard Kittel, redactor, (Editorial Eerdmans, 1964), II:747.

[6] F. F. Bruce, THE EPISTLE TO THE EPHESIANS [*La epístola a los efesios*], (Editorial Revell, 1961), 30.

[7] "Esencialmente la idea es que lo del AT que ocurre frecuentemente donde se menciona a Israel como la porción de Dios (ver Dt. 4.20, 9.29; Zac. 2.12)." Francis Foulkes, *The Epistle of Paul to the Ephesians* [*La epístola de Pablo a los efesios*], (Editoriales Inter-Varsity y Eerdmans, 1983), 54.

[8] Jacobus Arminius, *The Writings of James Arminius* [*Los escritos de Jacobo Arminio*], trad. James Nichols y W. R. Bagnall (Editorial Baker, 1956), III:488.

[9] Arminius, III:490.

[10] Charles Hodge, *Commentary on the Epistle to the Romans* [*Comentario sobre la epístola a los romanos*] (Editorial Eerdmans, 1972), 70.

[11] Robert E. Picirilli, *The Book of Romans* [*la carta a los romanos*], (Editorial Randall House, 1974-75), 183.

[12] F. Leroy Forlines, *The Randall House Bible Commentary: Romans* [*El comentario bíblico Randall: Romanos*] (Editorial Randall House, 1987), 268.

[13] Forlines, 265.

[14] John Piper, *The Justification of God, an Exegetical and Theological Study of Romans 9.1-23* [*La justificación de Dios, un estudio exegético y teológico de Romanos 9.1-23*], (Editorial Baker, 1985, 159.

[15] John Brown, *Analytical Exposition of the Epistles of Paul the Apostle to the Romans* [*Una exposición analítica de la epístola de Pablo el apóstol a los Romanos*] (Editorial Baker, 1981), 338.

[16] Arminius, III:313, 314.

[17] Paul Jewett, *Election and Predestination* [*Elección y predestinación*] (Editorial Eerdmans, 1985), 26.

Sección Tres

La provisión de la salvación

De todas las presuposiciones básicas del calvinismo y del arminianismo, probablemente no hay tema más crucial que el de la extensión de la expiación. Todo el mundo está de acuerdo en que se provee la salvación en virtud de la obra expiatoria de Cristo. Así, pues, la pregunta es: ¿En el lugar de quién murió Cristo —sólo por los elegidos, o por todos?

La pregunta no es tan sencilla, pero he aquí la polémica. Al igual que en la sección previa, examinaremos, en primer lugar, el argumento sistemático de los calvinistas a favor de una expiación "limitada", posteriormente los argumentos correspondientes de los arminianos en favor de una expiación "general" o ilimitada —usando, de nuevo, un tipo de bosquejo, más o menos breve. En cada uno de estos dos capítulos, indicaré la respuesta de los contrincantes a los argumentos del otro lado. Entonces se hará un análisis cuidadoso de algunos de los pasajes bíblicos claves, tratando de sacar varias conclusiones basadas en una teología más bíblica.

Capítulo Cinco

Los argumentos calvinistas a favor de una expiación limitada

Se suele estructurar la discusión sistemática de la expiación alrededor de dos temas: la *naturaleza* de la expiación y su *extensión*. Los calvinistas y los arminianos no discrepan necesariamente en cuanto al primer tema. Cuando existe algún desacuerdo en cuanto a la naturaleza de la expiación, se suele colocar a los calvinistas en el lado del punto de vista de la "satisfacción" y a los arminianos en el lado del punto de vista "gubernamental".

El hecho es, que ni Arminio, ni los arminianos originales abandonaron el punto de vista de la satisfacción. Tampoco lo deberían renunciar hoy día los arminianos. Así pues, tomaré por sentado el punto de vista "satisfacción" de la expiación y guardaré cualquier otra discusión de este tema para algunos comentarios breves que vendrán posteriormente.

Por tanto, lo más importante es examinar los argumentos expuestos en la discusión de la extensión de la expiación. En este capítulo mi propósito es presentar los argumentos lógicos y bíblicos usados por los calvinistas para apoyar el punto de vista de que Cristo murió para proveer la salvación únicamente para los elegidos. Ese punto de vista se conoce normalmente por la "expiación limitada", aunque algunos prefieren "expiación definida" o "expiación particular".

Antes de proceder a los argumentos, hay dos asuntos que requieren de atención. En primer lugar, yo debería mencionar el hecho de que existe un debate en cuanto a que si Calvino mismo enseñara una expiación limitada o no. Aún entre sus seguidores hay opiniones distintas en cuanto al asunto. En sus INSTITUCIONES, Calvino no prestó ninguna atención especial a la extensión de la expiación. Consecuentemente, se ha de determinar su punto de vista más o menos en algunos comentarios que él hizo en las INSTITUCIONES y en sus comentarios. Por lo tanto, en cuanto a él, no se puede ser tan dogmático.

R. T. Kendall ha argumentado muy insistentemente que Calvino creía en una expiación universal.[1] Entre aquellos que han respondido al argumento de Kendall, algunos afirman que Calvino no se comprometió en cuanto a la cuestión.[2] Otros, igualmente seguros, han expuesto que Calvino enseñó que Jesús murió únicamente por los elegidos.[3] Charles Bell termina su evaluación de los argumentos diciendo:

> El énfasis de la enseñanza de Calvino se ve, sin duda, en la unidad de la muerte y la intercesión de Cristo, y en la idea de que la intercesión de Cristo fluye de su muerte de sacrificio, que, según Calvino, fue ofrecida por todos. Es difícil afirmar con certeza más que ésto. Porque, dado que Calvino no desarrolló completa o

consistentemente su enseñanza sobre este tema, deberíamos reconocer que nuestras evaluaciones de ella son tentativas, especialmente cuando ellas se diferencian con el énfasis propio de él [Calvino].[4]

Bastante que se ha dicho sobre Calvino. Para mis propósitos aquí, no hay razón para continuar con el asunto. Después de todo, en esta obra no estoy comparando a Calvino con Arminio sino el calvinismo desarrollado con el arminianismo reformado de Arminio mismo. Nadie refutará el hecho de que el calvinismo desarrollado enseña una expiación limitada. (Para las excepciones, ver más adelante.)

En segundo lugar, deberíamos prestar algo de atención a lo que *no* forma parte del debate. Los calvinistas no niegan la *suficiencia* de la expiación para todos. En otras palabras, están de acuerdo sin problema de que la obra redentora de Cristo habría sido igual aún si Dios la hubiera querido proveer para todos los seres humanos que jamás vivieran. Como lo expresa Roger Nicole: "Se concede por todos los involucrados en la controversia, y especialmente por los reformados, que la muerte de nuestro Señor, por virtud de su naturaleza divina, es de un valor infinito y por lo tanto ampliamente suficiente para redimir a toda la humanidad…si así hubiera sido su intención".[5] Continúa y expresa sucintamente el punto de vista calvinista: es decir, que el propósito de la expiación, de parte de Dios, fue que ella fuese "propuesta para lograr la salvación de todos aquellos, y únicamente aquellos, que serán, de hecho, redimidos".[6]

Así, pues, y sin más, se tomará por sentado lo anterior como el punto de vista de los calvinistas consistentes. Iré a los argumentos principales usados para sostener tal enseñanza.

Primer Argumento Calvinista: Se implica la expiación limitada en la doctrina de la elección incondicional, como ya se ha tratado en la sección anterior sobre "El Plan de Salvación". Si la salvación por la gracia quiere decir que es la obra soberana e incondicional de Dios, aplicada a los individuos elegidos de tal manera que no toman ninguna decisión antes de ser regenerados (y no es extendida a los no elegidos de tal manera que realmente nunca pueden salvarse), entonces tiene sentido decir que la expiación fue hecha únicamente por los elegidos.

En otras palabras, la doctrina de la expiación limitada se implica en, y de una necesidad lógica a, la enseñanza reformada sobre la salvación incondicional. Como ya se ha expuesto en la sección previa, todos los hombres están perdidos y tan depravados que no pueden responder positivamente a la oferta de la salvación hasta que se les haya regenerado. Dios, sabiendo desde la eternidad que así es el caso y condenando justamente, por lo cual, a toda la humanidad, determinó a salvar a algunos de esa situación difícil; no podemos explicar por qué él escogió a aquellos que eligió ni por qué dejó que se perdieran a otros. Habiendo determinado a quiénes salvaría, él, de una manera incondicional, envió a Cristo para morir por ésos y así lograr su salvación. El Dr. Shedd lo expresó así:

> Es de todo racional suponer que en el pacto entre el Padre y el Hijo [hecho en la eternidad], el lograr de una expiación fue conectado inseparablemente con el

propósito de aplicarla; es decir, el propósito de acompañar la obra expiatoria del Hijo con la obra regeneradora del Espíritu Santo. El Padre divino, al dar el Hijo divino como un sacrificio por el pecado, determinó simultáneamente que este sacrificio sería apropiado, por medio de la fe, por un número definido de la familia humana.[7]

Es difícil negar la fuerza de esta lógica. Una vez otorgada una salvación incondicional, lo lógico es que la expiación sería limitada.

Aún así, hay una minoría de teólogos calvinistas que ha violado esta "lógica" y ha argüido por una expiación universal.[8] Como ya se ha notado, algunos creen que Calvino mismo no habría estado de acuerdo con este criterio. Donald Lake, quien no es calvinista, afirma, con seguridad, que la idea de una expiación limitada "no aparece en Calvino". Mientras sea difícil estar tan seguro, como ya he indicado, Lake tiene razón cuando observa que para Calvino la cuestión en cuanto a que si Dios quiere salvar a todo el mundo "es una asunto de la elección, no de la expiación".[9] De todos modos, la extensión de esta obra no permite una evaluación de la consistencia del calvinismo dado que hay algunos calvinistas que afirman una expiación ilimitada.

La respuesta arminiana. Uno tiene que estar de acuerdo que una expiación limitada sigue lógicamente la doctrina de una elección incondicional, que equivale a una salvación incondicional. Por tanto, hace falta una respuesta doble.

1) Dado que este argumento apoya todo el sistema, el sistema mismo debe ser retado. De hecho, el arminiano niega que la salvación sea incondicional. La Biblia enseña que la salvación es por la fe más bien que una salvación por medio de la elección incondicional. Además, la Biblia sentencia a los condenados no únicamente por sus pecados sino también por haber rechazado la obra redentora de Cristo —un punto que vamos a tocar en el capítulo siguiente.

Sin desarrollar esta respuesta más ahora detalladamente, observo meramente que es la meta de este libro entero, igual que con todas las objeciones arminianas al calvinismo, negar el sistema que expone que una expiación limitada es lógica.

2) Se debería determinar la enseñanza en cuanto a la extensión de la expiación por medio de la exégesis bíblica más bien por la lógica de un sistema. Si de hecho la Biblia enseña que Cristo murió para proveer la salvación para todo el mundo, entonces los calvinistas probablemente deberían examinar de nuevo las presuposiciones básicas de su sistema entero. Puede que los calvinistas ya mencionados que han afirmado la expiación universal, lo hayan hecho debido a tales razones. De todos modos, será el propósito del capítulo 7 demostrar que la Biblia realmente enseña una expiación universal (pero no una salvación universal).

Segundo Argumento Calvinista: Se enseña la expiación limitada en la Biblia: específicamente en aquellos pasajes que declaran que Cristo murió, particularmente, por los elegidos más bien que por todo el mundo. El Dr. Berkhof resume este argumento: "La Escritura repetidamente califica a aquellos por quienes Cristo puso su vida de un modo tal que indica una perfecta limitación. Aquellos por quienes sufrió y murió se llaman de varios modos: 'sus ovejas'…'su iglesia'…'su pueblo'…y 'los elegidos'."[10]

Varios escritores calvinistas detallan un número de pasajes bíblicos en esta vena. Entre estos pasajes, los más significativos son:

Mateo 1.21: *"...él salvará **a su pueblo** de sus pecados"*.
Juan 15.13: *"...que uno ponga su vida **por sus amigos"***.
Juan 10.15: *"...pongo mi vida **por las ovejas"***.
Efesios 5.25: *"Cristo amó **a la iglesia**, y se entregó a sí mismo **por ella"***.
Hechos 20.28: *"...**la iglesia**...la cual él ganó por su propia sangre"*.
Mateo 20.28 (Mr. 10.45): *"...para dar su vida en rescate **por muchos"***.
Mateo 26.28: *"...es mi sangre...que **por muchos** es derramada para remisión de los pecados"*.
Tito 2.14: *"quien se dio a sí mismo **por nosotros** para redimirnos de toda iniquidad..."*.
Romanos 8.32: *"...lo entregó [a su propio Hijo] **por todos nosotros..."***.
(y aquí **por todos nosotros** parece hacer un paralelo con **los escogidos de Dios** en el versículo 33)

La respuesta arminiana.

1) A tales pasajes *como un grupo*: Las declaraciones de que Cristo murió por un grupo o una persona en particular está lejos de decir que él murió únicamente por ellos. En la lógica, una declaración limitada no invalida una afirmación universal. Cualquier verdad universal puede incluir una declaración limitada que tiene que ver con una porción de lo universal. En otras palabras, si toda **S** es **P**, entonces una parte de **S** también es **P**.

Para ilustrarlo: Que yo digo, a veces: "Amo a mi familia", de ninguna manera tiene que ver con la cuestión si yo amo a otros (o no).

En Gálatas 2.20, Pablo dice que Cristo *"me amó y se entregó a sí mismo por mí"*. Lo dicho ciertamente no quiere decir que Jesús muriera únicamente por Pablo y no por otros (pero quizás sí según la lógica calvinista). De igual manera tampoco quieren decir los otros pasajes ya mencionados que Cristo muriera únicamente por los salvos y no por otros. Como observa William Sailer: "Si Cristo murió por todos, es perfectamente correcto afirmar, conforme con algunas circunstancias especiales, que él murió por algunos".[11]

2) Además de esta respuesta, que en sí es suficiente, estos pasajes pueden ser contestados *individualmente* y así demostrados que no se refieren a la enseñanza de una expiación limitada.

Mateo 1.21: "Salvar" es más que "expiar por". Es verdad que Cristo salvará (nótese el tiempo futuro) únicamente a aquellos que él salvará.

Juan 15.13: De hecho, en la frase el "uno" no se refiere específicamente a Jesús, sino a cualquier persona. La verdad afirmada es una verdad general.

Juan 10.15: Las palabras se determinan por la ilustración en que se basa la afirmación: es decir (v. 11), que un buen pastor estará dispuesto a morir por sus ovejas. El versículo no dice nada en cuanto a una expiación limitada o universal.

Efesios 5.23-26: Una vez más, las palabras se determinan por la ilustración de un buen esposo (v. 25). Es cierto, que hay un amor especial, por parte de Cristo, hacia la iglesia que es su esposa: de tal manera que él se entregó por ella en anticipación de presentarla a sí mismo.

Hechos 20.28: Se destaca a la iglesia como preciosa, comprada por la sangre de Cristo, porque los ancianos la han de alimentar y proteger.

Mateo 20.28; 26.28: En tales pasajes donde se usa "muchos" (cf. Ro. 5.15ss) hay buena razón para creer que "muchos" es una manera hebraica de usar un plural no limitado con la intención de contrastarlo con uno o con algunos más bien que con todos. Si es así, estos pasajes resultan ser un argumento más importante en favor de una expiación universal que por una limitada.[12]

Tito 2.14; Romanos 8.32: Estas dos afirmaciones son exactamente del mismo tipo que la declaración de Gálatas 2.20 (ya notada) excepto por el uso del plural "nosotros" más bien que el singular "mí". Bien como observó Arminio, que Cristo murió por los escogidos sólo significa "que la muerte de Cristo logra por los elegidos solos, la bendición que se otorga por medio de la aplicación de Cristo y sus beneficios".[13]

Tercer Argumento Calvinista: Se expone la expiación limitada por el hecho de que las Escrituras hablan de la muerte de Cristo como *realmente* logrando la salvación más bien que haciéndola meramente posible.

El proponer, como hacen los arminianos, que la expiación proveyó la oportunidad para la salvación más bien que proveyó la salvación es hacer que sea incompleta. También significaría que los hombres deben completar la obra de la redención por medio de sus acciones.

Algunas de las palabras claves usadas para expresar lo que realmente ocurrió en el Calvario hablan de un logro más que de una mera provisión. Hay, por ejemplo, *la redención* o *el rescate* como en Mateo 20.28. Jesús dio su vida en rescate por muchos. Hay *la propiciación*, como en 1ª Juan 4.10. Dios envió a su Hijo en propiciación por nuestros pecados. Y hay *la reconciliación*, como en 2ª Corintios 5.19. Dios estaba en Cristo reconciliando consigo al mundo.

El punto de todo esto es que Jesús literalmente redimió, pagó el rescate, hizo propiciación por, reconcilió a personas; no meramente *proveyó* la posibilidad para el acontecimiento de tales cosas. El no sólo hizo posible la salvación, él salvó. El Dr. Nicole se expresa con fuerza:

> ¿Qué tipo de redención sería donde los redimidos todavía se encontraran bajo el poder del enemigo? ¿Qué tipo de propiciación, donde Dios todavía trataría al hombre con ira? ¿Qué tipo de reconciliación en que el distanciamiento continuaría existiendo y sería aún sellado para toda la eternidad? Estos tres términos, separados y juntos, atestiguan al hecho de que las Escrituras prueban que la obra de Cristo logra la salvación.[14]

La lógica exige otro paso más. Dado que está claro que *no* todos los hombres son salvos, un hecho indicado igualmente en la Biblia y por la experiencia, entonces está claro que la muerte de Cristo no les salvó. No les redimió, no les reconcilió, no se hizo propiciación por ellos, porque si no fuese así, ellos serían salvos. El Dr. Berkhof recalca bien este punto:

> La doctrina de que Cristo murió con el propósito de salvar a todos los hombres, conduce lógicamente a un universalismo absoluto, es decir, a la doctrina de que todos los hombres en verdad se salvarán. Es imposible que aquellos por quienes Cristo pagó el precio, cuya culpa quitó, se pierdan a causa de aquella culpa. Los arminianos no pueden detenerse a la mitad de su meta, sino que deben continuar hasta el fin.[15]

La respuesta arminiana.

1) Es un uso lingüístico normal hablar de una acción *literalmente* logrando el propósito intencionado, aún si tal acción sólo hizo posible tal logro. En esta manera, se habla de la *potencia* de una acción como contenida en la acción misma, aún si hace falta otra condición o aplicación. Debidamente puedo decir que la diagnosis de un médico, en cierto día, salvó mi vida; pero aún así yo tenía que tomar la medicina que él me prescribió para que su efecto actuara en mí. (La intención de esta ilustración no es que sea análoga con la salvación; meramente demuestra la naturaleza del uso del lenguaje.) Lingüísticamente hablando, se puede decir que cualquier acción contiene su resultado.

Quizás, en este punto, sea mejor dejar que los calvinistas contesten a los calvinistas. El Dr. Shedd observa: "La expiación sola, separada de la fe, no salva a ningún alma...este sacrificio en sí, y aparte de su apropiación vital, es inútil... Es sólo cuando verdaderamente se ha confiado en la muerte de Cristo como una expiación, que ella está "expuesta" completamente como la propiciación de Dios por el pecado"[16] De nuevo dice: "La expiación vicaria sin la fe no tiene poder para salvar. No es el *logro* de esta expiación, sino el *confiar* en ella, que salva al pecador. 'Por la *fe* sois salvos'."[17]

El punto es que si se expone que la propiciación o reconciliación fuera literalmente *terminada* [en la vida real de todos los escogidos] en la cruz, entonces todos aquellos, cuyos pecados fueron verdaderamente propiciados, estarían, en el día que Cristo murió, guardados de la ira de Dios y reconciliadas a él. De hecho y por tanto, aquellos elegidos todavía no nacidos, durante todas sus vidas reales, nunca se encontrarían bajo la ira de Dios ni distanciados de él. Pero el hecho es que la Biblia habla de los cristianos que han vivido bajo la ira de Dios y en un estado de distanciamiento de él antes de su conversión a Cristo. (Ver, por ejemplo, Efesios 2.3, 13.)

Debo observar que la presentación calvinista sobre este punto es realmente una presentación poderosa de la expiación como una *satisfacción completa* de la ira de Dios por los pecados. Pero hay que notar que el calvinista, con su insistencia doble en que la satisfacción ya está completa antes de su aplicación, y ésto únicamente para los escogidos, niega efectivamente su insistencia de antes (ver lo anterior) que la expiación es suficiente por todos. Si el logro en sí de la expiación satisface las demandas justas de un Dios santo, y si sólo lo hace por los elegidos, entonces Dios *no puede* perdonar al reprobado y siendo así el caso, la expiación *no es suficiente* para nadie excepto para los escogidos. Al igual que parece reconocer el Dr. Shedd, el calvinista hará bien en olvidarse de su argumento a favor de una expiación que en sí misma realmente logra la redención y por lo tanto sólo puede ser para los elegidos.[18]

En cuanto a los términos bíblicos, entendidos por el Dr. Shedd, la redención no está terminada individualmente hasta que *sea aplicada*. La provisión fue totalmente terminada, sin requerir ninguna obra más excepto por la obra del Espíritu Santo en aplicar la provisión perfecta. Si esta obra de aplicación es condicional, como creen los arminianos (ver la parte #3 de esta obra: "La Aplicación de la Salvación"), entonces la redención misma es condicional. En su epístola extendida escrita a William Perkins, Arminio dijo, sobre este punto: "Usted está confundiendo el resultado con la acción y la pasión, desde donde existe…el logro de la redención con su aplicación… reconciliación hecha con Dios por medio de la muerte y el sacrificio de Cristo, con la aplicación de ella misma, que claramente son cosas distintas".[19]

2) Es especialmente apropiado para la persona que ha experimentado el resultado deseado de una acción el hablar del hecho de haber logrado el resultado propuesto. Así (para continuar con la ilustración introducida anteriormente), puedo decir, con justificación perfecta y precisa: "¡El diagnóstico de aquel médico me salvó la vida!"

A esta luz, es significativo que la mayoría de los pasajes citados por los calvinistas en cuanto a este argumento en particular, afirma la experiencia de las personas que realmente han sido salvas. Así, el Dr. Nicole cita Efesios 1.7: "*tenemos redención por su sangre*". Sin duda, pero sin cualquier implicación que esta redención se nos aplicó en contra de nuestras voluntades. Se puede afirmar el mismo hecho con otros versículos que él cita: 1ª Pedro 1.18, 19; 1ª Juan 2.2; Colosenses 1.21; Romanos 5.10; 2ª Corintios 5.18; y otros.

3) También es significativo que algunos de estos mismos versículos aclaran que la fe es la condición exigida para la aplicación de la obra expiatoria de Cristo. Por ejemplo, Nicole usa Romanos 3.24, 25. Este mismo pasaje es la razón por las observaciones de Shedd (mencionadas anteriormente) de que sólo cuando "se ha confiado en" la muerte de Cristo se hace eficaz como propiciación: "*A quien Dios puso como propiciación por medio de la fe en su sangre*".

4) Además, algunos de los pasajes que hablan de la expiación como el logro de la salvación, los citados por Nicole, no sólo hablan de los creyentes sino también del *mundo*. Por ejemplo, 1ª Juan 2.2 dice que no sólo es Cristo la propiciación por nuestros pecados sino también por los del mundo. El pasaje de 2ª Corintios 5.18, 19 dice igualmente que él nos reconcilió y que fue reconciliando consigo al mundo. Únicamente una exégesis torturada de estos pasajes podría dar el término "mundo" un significado tan estrecho como los "elegidos". Esto lo dejo como afirmación ahora y vuelvo a ella en el capítulo siete. Pero, si esta afirmación es correcta, algo de que tengo plena confianza, significa que debemos interpretar los versículos conforme con la manera que he indicado anteriormente: es decir, que la Biblia habla de las acciones mismas habiendo logrado los resultados que exigen una aplicación subsecuente.

5) Finalmente, este argumento entero del calvinista puede ser reducido a la aseveración de que Cristo, en la cruz, sólo salvó eficazmente a los que él salvó eficazmente. En esa forma, no hay arminiano que lo negaría. En ese sentido, él sólo redimió eficazmente a los elegidos —que de ninguna manera niega que él murió por todos.

Cuarto Argumento Calvinista: La expiación limitada es necesaria porque una expiación ilimitada, si no salva realmente a todo el mundo, deja que los humanos determinen quiénes se salvan y quiénes no, así, "se sobreañade un ingrediente humano a la obra de Cristo", uno "que determina la diferencia entre los salvos y los perdidos", en tal caso, "la obra de Cristo en sí realmente no salva a nadie".[20]

La respuesta arminiana.

1) Este argumento expresado en términos bíblicos es el mismo que el previo. La última frase de este argumento manifiesta que así es realmente el caso, y que Nicole todavía está preocupado con la idea de que la expiación realmente logra la redención. Las respuestas ya dadas también se aplican aquí.

2) Por otra parte, si el argumento es meramente una cuestión de lógica, se puede responder, en primer lugar, que es verdad, que la expiación *en sí* no salva; como ya se ha demostrado, la expiación no salva aparte de la aplicación de sus efectos en el tiempo, por la obra del Espíritu Santo. Y si tal aplicación es condicional, entonces la salvación misma también es condicional y sólo aquellas personas que satisfacen la condición se salvan.

3) Sin embargo, también se puede contestar que esta afirmación "lógica" es falsa —excepto si la condición exigida es una obra adicional necesaria para proveer la salvación. Pero el arminianismo reformado insiste en que la condición que las personas deben satisfacer es la fe, no las obras. En ningún sentido todo "funciona" o ayuda a proveer la salvación. La salvación no tiene que ver con el sinergismo, como ya se ha notado en la sección previa. La fe es la negación absoluta de las obras personales y un abandono total de cualquier cosa que una persona pudiera hacer para obtener su propia salvación. La fe es la extensión de manos *vacías* a Dios.

No hace falta extenderse más sobre este asunto aquí. Será de interés principal en el capítulo siete, "La Aplicación de la Salvación".

Quinto Argumento Calvinista: Se requiere una expiación limitada debido al hecho de que la fe salvífica es un don de Dios dado solamente a los elegidos. A la luz de esto, una expiación universal no sería lógica, sin mencionar que no sería eficaz para nadie excepto para los elegidos. Berkhof clarifica adicionalmente este punto: "La Biblia enseña claramente que Cristo por medio de su muerte adquirió la fe, el arrepentimiento y todos los otros efectos de la obra del Espíritu Santo en favor de su pueblo. Consecuentemente, no hay condiciones cuyo cumplimiento dependa simplemente de la voluntad del hombre. La expiación también asegura el cumplimiento de las condiciones que deben satisfacerse para obtener la salvación, Ro. 2.4; Ga. 3.13, 14; Ef. 1.3, 4; Fil. 1.29; 2 Tim. 3.5, 6".[21]

La respuesta arminiana. Este argumento *da por sentada* una doctrina adicional que no se evidencia en la expiación: que la fe salvífica es, de hecho, un don *que forma parte de* la aplicación de la salvación más bien que una condición *para* la aplicación de la salvación. El exponerlo de esta manera —que es precisamente como los calvinistas lo exponen— es manifestarlo como no bíblico. Se tratará extensamente este asunto en el capítulo siete.

Yo añadiría que una vez más el calvinista debilita su propia insistencia previa de que la expiación es suficiente para todo el mundo. Si la expiación realmente garantiza la fe salvífica para los que son cubiertos, y no garantiza la fe salvífica para los no elegidos, no es suficiente para los no elegidos.

Sexto Argumento Calvinista: Se requiere la expiación limitada cuando se cree que la expiación fue un sacrificio satisfactorio completo, penal y sustitutorio por los pecados de aquellas personas incluidas dentro de su extensión. Por lo tanto, si tal expiación fuese universal, entonces todo el mundo debería salvarse. De otro modo, cualquier persona finalmente condenada al infierno estaría pagando otra vez lo que ya fuera pagado una vez por Cristo. Sólo aquellas personas realmente salvadas tuvieron efectivamente un sustituto [en la cruz]. El Dr. Nicole lo expresa bien:

> La redención particular es una implicación inevitable de un reconocimiento de la naturaleza sustitutoria penal de la expiación…. Si creemos que Cristo muriese como el sustituto para toda la humanidad, llevando la penalidad por los pecados de todos los hombres, parecería que en el día del juicio final no quedaría nada para castigar, y consecuentemente todos los hombres se salvarían.[22]

La respuesta arminiana.

1) Este argumento, de hecho, deviene en lo mismo que el argumento tres, tratado anteriormente. Igual que allí, este argumento depende de la idea de que la obra redentora de Cristo logra literalmente los resultados propuestos, los cuales fue diseñada para lograr, sin la fe por parte de la persona. Una vez que se reconoce en cuanto al uso del lenguaje de la expiación en el Nuevo Testamento, que se incorporan de prolepsis, o sea, como adelanto, todos los resultados potenciales de la acción en la acción misma, entonces hablar de la expiación como una satisfacción penal y completa de las demandas justas de un Dios santo, hecha por nuestros pecados, no presenta ningún problema para el punto de vista de una expiación universal. Al citar de nuevo al Dr. Shedd, " No es el *logro* de esta expiación, sino el *confiar* en ella, que salva al pecador"; por esta fe, se aplica la satisfacción divina al caso del individuo pecador.

2) No deberíamos pasar por alto el hecho de que este argumento introduce otra doctrina en cuanto a la *naturaleza* de la expiación y la vincula con la de su *extensión*. De hecho, *algunos* arminianos se retiran de la doctrina de la satisfacción penal —y quizás lo hacen porque han sido influenciado por este argumento. Sin embargo, no hay manera en que yo adopte la postura de estos arminianos; como ya se ha observado, ni Arminio ni sus seguidores abandonaron la doctrina reformada de una satisfacción plena y penal. Y como ya he indicado, no hay ninguna razón buena para hacerlo.

3) Concedemos, pues, que los calvinistas entienden correctamente la naturaleza de la expiación como una satisfacción penal y vicaria; no hay problema alguno con esto. Pero al *usar este argumento en contra de una expiación universal* (o dejar que esta naturaleza haga que se retire del punto de vista de la satisfacción penal) implica (quizás no intencionalmente) un punto de vista cuantitativo, matemático del valor de la expiación. En otras palabras, tal argumento toma por sentado que Dios, sabiendo exactamente cuántos elegidos han cometido exactamente tanto pecados, demandó esta cantidad exacta en la penalidad de su Hijo. Y sólo "se pagó" por esos pecados, y no por los de los no elegidos.

Tal concepto racionalista de la redención es manifiestamente equivocado. El sufrimiento de Cristo fue sufrir por el pecado, un sufrimiento de valor infinito. Para él, ser sustituto por diez o por diez millones requeriría la misma penalidad. El número de pecadores por quienes él sufrió no afecta la naturaleza de su obra expiatoria.

En sus momentos mejores, los calvinistas reconocen esto, y saben que el punto de vista de satisfacción de la expiación no resuelve la cuestión de su extensión. Por ejemplo, Charles Hodge reconoció que "Afirmando que la obra de Cristo fue una satisfacción verdadera por el pecado, su designio [es decir, por quiénes fue propuesta] puede seguir siendo una cuestión abierta".[23]

4) Aún más indicativo e importante, ya como hemos notado, es que la mayoría de los calvinistas están muy acostumbrados a insistir que la expiación de Cristo fue *suficiente* para todos. En sí misma esta insistencia invalida el uso de la naturaleza de la expiación como un argumento en contra de la universalidad. Si de hecho, su expiación fue suficiente por todos, entonces lo que se pagó fue adecuado para hacer expiación por los pecados de todos, para ser una satisfacción penal por todo el mundo. A la inversa, si en su muerte el Señor no fuera un sustituto por algunos, entonces su muerte no fue suficiente por ésos. Uno se pregunta si Shedd estuviera al punto de darse cuenta de esto cuando observó: "Aunque en cuanto a la discusión del valor y suficiencia de la expiación de Cristo, se puede separar la expiación misma de la intención de aplicarla, sin embargo en la mente y el decreto divino las dos cosas son inseparables".[24] Yo estaría de acuerdo con que la suficiencia de la expiación de Cristo puede ser afirmada sólo por aquellos a quiénes pueda ser aplicada potencialmente.

Séptimo Argumento Calvinista: Se implica la expiación limitada por el hecho de que Cristo intercedió, en su oración sacerdotal en Juan 17, sólo por los elegidos y no por el mundo. No sería lógico pensar que su expiación se extenderían más allá de su intercesión. "La obra sacrificatoria de Cristo y su obra intercesora, son, en principio dos aspectos diferentes de su obra expiatoria, y por lo tanto, la medida de la una no puede ser más amplia que la de la otra. Ahora bien, Cristo muy definidamente limita su obra intercesora, cuando dice: 'no ruego por el mundo sino por los que me diste'".[25]

La respuesta arminiana. Esto es pura suposición y lógica humana. De hecho, no hay ninguna razón *a priori* para suponer que Cristo no podría desear la salvación de todo el mundo, y planear morir por todos y, al mismo tiempo, ofrecer la oración intercesora por aquellos que son realmente de él. El contexto de Juan 17 es tal que la oración de intercesión ofrecida allí sería adecuada sólo por los salvados.

Octavo Argumento Calvinista: Se implica la expiación limitada por el hecho de que cuando Cristo murió, muchos ya estaban en el infierno. Además, él ya sabía quienes estaría perdidos e irían al infierno después de su muerte. Sin duda, entonces, él no hubiera "malgastado" su muerte en ésos. "Al tiempo de la muerte de nuestro Señor en la cruz, el destino eterno de muchos reprobados ya se había sellado.... ¿Podemos suponer que nuestro Señor murió con la intención de llevar los pecados de aquellos que ya estaban en el infierno?"[26]

La respuesta arminiana. Este argumento también es mera lógica humana, y en sí una lógica pobre. Uno podría responder en seguida que ya había muchos en el cielo cuando él murió: ¿murió él por ellos?

Quizás, con nuestro pensar finito, no podamos reconciliar la relación entre la historia humana y la eternidad de Dios, pero está claro que un evento en la historia tendría una referencia clara a las cosas anteriores y posteriores debido al conocimiento eterno y los decretos de Dios. Basta recordar a cualquiera que tenga problema con esto que Cristo fue el Cordero inmolado desde antes de la fundación del mundo.

Al igual que con el argumento sexto, éste tiende a reflejar un punto de vista cuantitativo y numérico del valor y del designio de la obra redentora de Cristo: en el argumento sexto tiene que ver con lo cantidad, aquí con un asunto de tiempo.

Noveno Argumento Calvinista: La expiación limitada se deduce debido al hecho de que los propósitos de Dios no pueden ser frustrados. Los arminianos creen que el propósito de la muerte de Cristo fue salvar a todo el mundo. En tal caso, todos deben salvarse puesto que los humanos no pueden frustrar el propósito de Dios. Berkhof dice: "que los designios de Dios son siempre eficaces con toda seguridad y no pueden frustrarse por las acciones del hombre.... Si hubiera sido su intención salvar a todos los hombres este propósito no habría podido ser frustrado por la incredulidad del hombre".[27] Nicole observa: "El intento de combinar una redención universal con la salvación particular es introducir una disyunción intolerable en el propósito divino".[28]

La respuesta arminiana. He guardado este argumento como último porque me introduce el capítulo siguiente, donde se presentarán los argumentos arminianos. Y la primera cosa que ha de hacerse es clarificar lo que el arminiano realmente afirma.

Reitero que este argumento calvinista expone mal la posición arminiana —y por tanto no tiene razón. Se supone que el arminiano enseña que el propósito de Dios con la obra redentora de Cristo fue salvar a todo el mundo. De hecho, el arminiano evangélico no lo cree. El punto de vista arminiano es que Cristo murió para proveer la salvación para todo el mundo, una provisión que sólo se hace eficaz cuando se la aplica a aquellos que creen, lo que también fue parte de la intención divina.

Es cierto que no se puede frustrar ningún propósito de Dios. Su propósito fue proveer la salvación para todos en Cristo, una salvación que sólo se aplica a los creyentes. Esto es exactamente lo que sucedió. Su propósito no fue frustrado. De hecho, fue sólo de esta manera que el propósito de Dios, en relación al hombre, podría lograrse: es decir, que cada persona tiene la libertad de su voluntad de aceptar o rechazar a Cristo. Como insistiré en el capítulo siguiente, una persona no puede rechazar a un Cristo que no murió por ella.

Una vez más, quiero añadir que este argumento también es reafirmación sutil del tercer argumento e igualmente confunde el resultado potencial con el logro real (la salvación eficaz).

Para lectura adicional sobre la doctrina de la extensión de la expiación (calvinismo):

en español

Louis Berkhof, *Teología Sistemática*, traductor Pbro. Felipe Delgado Cortés, edición revisada (T.E.L.L., 1976), pp. 466-474.

Charles Hodge, *Teología Sistemática*, tomo 2, traductor, Santiago Escuain (Editorial CLIE, 1991), pp. 197-210.

R. C. Sproul, *Las Grandes Doctrinas de la Biblia*, traductor, Marcela Robaína (Editorial Unilit, 1996), pp. 199-204.

R. C. Sproul, *Escogido Por Dios*, traductor, Demetrio Cánovas Moreno, (Editorial Unilit), pp. 137-140.

Charles C. Ryrie, *Teología Básica*, traductor, Alberto Samuel Valdés, (Editorial Unilit, 1993).

J. I. Packer, *Teología Concisa*, traductor, Andrés Carrodeguas, (Editorial Unilit), pp. 147-148.

José M. Martínez y Ernesto Trenchard, *Escogidos en Cristo* (Editorial Portavoz), pp. 130-148.

en inglés

Loraine Boettner, *The Reformed Doctrina of Predestination (La doctrina reformada de la predestinación)* (Editorial Eerdmans, 1954), pp. 150-161.

Loraine Boettner, *Studies in Theology (Estudios en teología)* (Editorial Eerdmans, 1947), pp. 315-327.

Arthur Custance, *The Sovereignty of Grace (La soberanía de la graci*a) (Editorial Baker, 1979), pp. 149-174.

A. A. Hodge, *The Atonement (La expiación)* (Editorial Eerdmans, 1950), pp. 347-429.

R. B. Kuiper, *For Whom Did Christ Die?* (¿Por quiénes murió Cristo?) (Editorial Eerdmans, 1959).

Roger Nicole, "The Case For a Definite Atonement" (*"El caso por una expiación definida"*), (*Bulletin of the Evangelical Theological Society* 10:4 [1967], 199-207).

James I. Packer, *What Did The Cross Achieve?* (¿Qué logró la cruz?) (Theological Students Fellowship, s.f., librito reimprimido del *Tyndale Bulletin* 25 [1974]).

William G. T. Shedd, *Dogmatic Theology* (*Teología dogmática*) (Editorial Zondervan. s.f.) tomo 2, pp. 464-489. (Algunos calvinistas consideran que Shedd es demasiado especulativo sobre algunos temas.)

Notas del Capítulo 5

[1] R. T. Kendall, *Calvin and English Calvinism to 1649* [*El calvinismo y el calvinismo inglesa hasta 1649*] (Editorial Oxford, 1979).

[2] Por ejemplo, R. W. A. Letham, "Saving Faith and Assurance in Reformed Theology: Zwingli to the Synod of Dort" [*"La fe salvífica y la certeza de la salvación en la teología reformada hasta el Sínodo de Dort"*], tesis doctoral (Aberdeen, 1979).

[3] Por ejemplo, Paul Helm, *Calvin and the Calvinists* [*Calvino y los calvinistas*] (Edimburgo, 1982).

[4] Charles Bell, "Calvin and the Extent of the Atonement" [*"Calvino y la extensión de la expiación"*] (*Evangelical Quarterly* 55:2 [1983], 115-123), 123.

[5] Roger Nicole, "The Case for Definite Atonement" [*"El caso por la expiación definitiva"*] (*Bulletin of the Evangelical Theological Society* 10:4 [1967], 199-207), 199.

[6] Nicole, 200.

[7] W. G. T. Shedd, *Dogmatic Theology* [*Teología dogmática*] (Editorial Zondervan, s.f.), II:475-476.

[8] Ver, por ejemplo, Robert P. Lightner, *The Death That Christ Died* [*La muerte que murió Cristo*], (Editorial Regular Baptist Press, 1967).

[9] Donald M. Lake, "He Died For All: The Universal Dimensions of the Atonement" [*"El murió por todos: las dimensiones universales de la expiación"*] en *Grace Unlimited* [*Gracia ilimitada*], Clark H. Pinnock, redactor, (Editorial Bethany Fellowship, 1975), 33.

[10] Louis Berkhof, *Teología Sistemática*, trad. Pbro. Felipe Delgado Cortés, tercera edición española revisada, (Editorial T.E.L.L., 1976), 469.

[11] William S. Sailer, "The Nature and Extent of the Atonement—A Wesleyan View" [*"La naturaleza y la extensión de la expiación—un punto de vista wesleyana"*] (*Bulletin of the Evangelical Theological Society* 10:4 [1967], 189-198), 190.

[12] Puede que sea la verdad, por lo menos, para Romanos 5.18, 19 donde "todos" y "muchos" son paralelos; este es uno de los pasajes donde los comentarios hechos por Calvino parecen exponer una expiación universal. Ver Bell, 117; Lake, 33.

[13] Jacobus Arminius, *The Writings of James Arminius* [*Los escritos de Jacobo Arminio*], trad. James Nichols y W. R. Bagnall (Editorial Baker, 1956), III:454.

[14] Nicole, 201.

[15] Berkhof. 469.

[16] Shedd, II:477.

[17] Shedd, II:440.

[18] Ver el trato de Arminio, III:352-353, sobre este mismo tema. Se demuestra claramente que él entendía la expiación con una satisfacción completa de las demandas justas de Dios.

[19] Arminius, III:456.

[20] Nicole, 201, 202.

[21] Berkhof, 469.

[22] Nicole, 202.

[23] Charles Hodge, *Teología Sistemática*, tomo II, traducción y condensación, Santiago Escuain (Editorial CLIE, 1991).

[24] Shedd, II:475.

[25] Berkhof, 469.

[26] Nicle, 203.

[27] Berkhof, 468.

[28] Nicole, 204.

Capítulo Seis

Los argumentos arminianos a favor de una expiación universal

Introducción: el punto de vista

Quizás el aclarar el tema sea el factor singular más importante en el debate entre los arminianos y los calvinistas en cuanto a la extensión de la expiación. Por ejemplo, el Dr. Berkhof emprende tal aclaración, indicando igualmente cuál es el tema y cuál no lo es. Pone mucho esmero en exponer que el desacuerdo no es:

1) La *suficiencia* de la expiación de Jesús hecha para todos, puesto que los calvinistas la creen igual que los arminianos.

2) La *aplicación* de los beneficios salvíficos de la expiación para todo el mundo, puesto que los arminianos, igual que los calvinistas, no lo creen.

3) Que si se hace *un ofrecimiento universal* de la salvación o no, puesto que los calvinistas creen que el don de la salvación por medio de la obra redentora de Cristo se ofrece genuinamente a todos.

4) Que si hay *algunos* beneficios de la expiación que son universales, puesto que los calvinistas afirman que hay algunas maneras, aunque no llegan a la experiencia de la gracia salvífica, en que todas las personas pueden beneficiarse de la expiación.

Y entonces, él aclara en seguida, y de una manera positiva, que el tema tiene que ver con el *designio*. El dice que la pregunta es: ¿tuvo Dios el designio o el propósito, en la expiación, de salvar de entre todos los hombres únicamente a los elegidos?[1]

He aquí una buena lección: por un lado, no se permite que el oponente exponga el tema sin evaluar cuidadosamente lo que esté detallando; y por el otro, no se deja que la afirmación de vuestro tema descanse hasta que el oponente esté de acuerdo en que usted lo haya expresado bien. El hecho es que lo que el Dr. Berkhof ha expresado no es correcto. Los arminianos *no* creen que la intención de Dios con la expiación fuera salvar a todas las personas. Si Dios hubiera propuesto la expiación con tal intención, todo el mundo se salvaría. Lo que Dios quiere hacer, lo hace. Sus propósitos finales nunca son frustrados. Si Dios hubiera enviado a su Hijo con el propósito de que por su muerte todas las personas se salvaran, sin realmente salvar a todo el mundo, él hubiera sido frustrado y errado en cuanto a los hechos. Por lo menos los calvinistas y los arminianos están de acuerdo sobre este punto.

Por lo tanto, necesitamos añadir a los otros cuatro puntos de Berkhof también un quinto, es decir, su expresión del tema: ni tampoco tiene que ver con si Dios diseñó la expiación con la intención o el propósito de salvar a todas las personas de sus pecados. Más bien, el tema tiene que ver con la *provisión*, y tal tema explica el título que he dado a esta sección. El Dr. Roger Nicole, en una clarificación similar, es más preciso: "El punto de la polémica es simplemente, si el Padre, al enviar el Hijo,…lo hizo para proveer la salvación para todos los hombres y para cada hombre".[2] Aquí, "provisión" es la palabra significativa.

Al presentarlo simplemente —y pienso que los calvinistas pueden estar de acuerdo— el tema es si por medio de la obra redentora de Cristo, Dios proveyó la salvación para todo el mundo o no. La posición arminiana es que él lo hizo, que Cristo murió para proveer igualmente por los elegidos como por los que ciertamente serán condenados eternamente. Que por medio de su obra redentora, la salvación fue hecha accesible para todos. Que "el precio de la muerte de Cristo fue dado por todos y por cada hombre".[3]

Quizás lo indicado sería explicar un poco más sobre la palabra "suficiencia". Lo típico del calvinista es decir lo que ha dicho el Dr. Berkhof, que el tema no es la suficiencia, que no fue la intención de la expiación de Cristo "el aplicarse a los no elegidos aunque es suficiente para ellos".[4] Aún concediéndoles sinceridad, ya de criterio se ha expuesto en el capítulo anterior que ellos mismos usan algunos argumentos en contra de la expiación universal que en sí debilitan la suficiencia. Como dijo Arminio: "Ellos exponen que el precio fue suficiente para los pecados de todo el mundo, pero si la necesidad de la justicia divina demanda que se condenen a algunos pecadores, entonces el precio no fue suficiente para todos."[5] En otro lugar dijo: "Si [la expiación] no es un rescate ofrecido y pagado por todo el mundo, no es, de hecho, un rescate suficiente para todos."[6]

No deseo continuar con este punto, pero estipularé que el calvinista afirma sinceramente, pero de una manera irregular, la suficiencia de la expiación de Cristo para todo el mundo. Sin embargo, creo que es importante añadir una cosa más a la lista del Dr. Berkhof, aunque él se opondría. Ni es el tema necesariamente la naturaleza de la expiación como la satisfacción plena y penal de la justicia divina.

Por cierto, esta es la cuestión para algunos arminianos, para aquellos que exponen el punto de vista gubernamental de la expiación. Es probable que este punto de vista se deba a uno de los seguidores tardíos de Arminio, un tal Hugo Grocio que era, por cierto, un erudito legal. Sólo puedo conjeturar que algunos de los argumentos de Calvino en cuanto a la eficacia de la expiación llevaron a esta variación de la teología reformada. Pero para el mismo Arminio, y para los primeros remonstrantes, ésa no fue la cuestión. Ni tampoco debería serlo. Como he tratado de demostrar en el capítulo previo, una vez que se entienda que se puede describir la expiación misma en términos de sus efectos eventuales, viéndola como la satisfacción plena no contradice el hecho de que muchos, de aquellos para quienes fue hecha, serán condenados eternamente.

Que Arminio expuso el punto de vista de la satisfacción penal está claro en declaraciones como: "El preparó el castigo merecido aún para los pecados de los elegidos…por echarlos sobre Cristo, para que él los expiara".[7] "La satisfacción más completa fue hecha a la justicia de Dios por el sacrificio de Cristo".[8] Otra vez, por la expiación "ya es posible que Dios pueda, como Justicia misma, a quien se hizo la satisfacción,…perdonar los pecados y otorgar el espíritu de gracia sobre los hombres pecaminosos".[9] (Está claro que un teólogo temprano de los Bautistas Generales, Thomas Grantham, también afirmó el punto de vista de la satisfacción,[10] igual que Wesley.)

Para leer una presentación arminiana completa del punto de vista de la satisfacción comparada con el punto de vista gubernamental de la expiación, y de las implicaciones consecuentes para la doctrina de la justificación, recomiendo el capítulo "Expiación y Justificación" por Leroy Forlines.[11]

Por lo tanto, continúo con los argumentos arminianos a favor de la expiación universal, tanto las lógicas como las bíblicas. (Puede notarse que algunos prefieren hablar de una expiación "general". Se usan los dos términos con el mismo sentido.)

Primer Argumento Arminiano. La expiación universal se implica en la doctrina de la salvación/elección condicional, un tema ya tratado en la sección previa sobre "El Plan de la Salvación". Este argumento corresponde precisamente al primero a favor de una expiación limitada en el capítulo previo. Al igual que la expiación limitada tiene sentido en cuanto a una salvación incondicional, así funciona la expiación universal para el sistema arminiano. De hecho, si hay una condición que el hombre debe satisfacer, y puede satisfacerla o no según su decisión, entonces se deduce que debe haber una obra de redención general que provee a cada persona con esta opción "viva".

La respuesta calvinista.

Es verdad que, en el sistema arminiano, la expiación universal es lógica. Pero he aquí precisamente el problema: el sistema mismo es equivocado y no bíblico. La manera de rebatir las aseveraciones de la expiación universal es refutar el sistema entero. Los calvinistas y los arminianos están de acuerdo en que las partes básicas de un sistema son autodependientes.

Además, el calvinista tiene que estar de acuerdo con la respuesta arminiana de antes: la cuestión en cuanto a la extensión de la expiación debe determinarse por la enseñanza bíblica sobre el tema más bien que por su simple dependencia de la lógica de un sistema. Si la Biblia realmente enseña, como los calvinistas exponen (ver el capítulo previo), que la intención divina fue que los beneficios salvíficos de la expiación fueran únicamente para los elegidos y sólo por éstos, entonces todo el sistema arminiano se derrumbará.

(Se debería notar que este es el enfoque calvinista clásico. Aquellos que han abandonado la lógica del sistema para exponer una expiación universal no estarían de acuerdo de manera alguna que tal posición destruiría el sistema básico del calvinismo. No es el propósito de esta obra juzgar la fuerza de esta aseveración, aunque yo estoy convencido de que no es consistente.)

La réplica arminiana.

No hace falta ninguna réplica. Los proponentes de ambos lados estarán de acuerdo en que sus puntos de vistas son coherentes dentro de su sistema. Por tanto, la pregunta para cada persona debería ser: ¿Qué enseñan las Escrituras? Por lo que, la cuestión final tiene que ver con ¿cuál sistema interpreta más precisamente las Escrituras?

Segundo Argumento Arminiano. La expiación universal encaja con la aseveración bíblica de que la voluntad de Dios es la salvación de todo el mundo. Una expiación que no proveyera para todo el mundo no sería consistente con esta aseveración y por lo tanto, contraproducente. En este punto hay dos afirmaciones bíblicas especialmente importantes:

2ª Pedro 3.9:*"El Señor...es paciente...no queriendo que ninguno perezca, sino que todos procedan al arrepentimiento".*

1ª Timoteo 2.4: *"[Dios]...quiere que todos los hombres sean salvos y vengan al conocimiento de la verdad".*

David Scaer observa: "Con la exclusión *a priori* de aún unas pocas personas de la expiación, el resultado es contrario a 2ª Pedro 3.9".[12] Según las palabras de Pedro, "*queriendo*" es el griego *boulomai*, la forma verbal de *boule*, una palabra empleada frecuentemente en el Nuevo Testamento de la voluntad de Dios, traducida de varias maneras como "consejo", "voluntad", "acuerdo", "intento", etcétera. El consejo de Dios, según Pedro, es que nadie perezca y que todo el mundo tenga la oportunidad (o, "haga lugar") para el arrepentimiento.[13]

En las palabras de Pablo, el verbo "querer" en el griego *thelo*, un verbo que se traduce por "desear", "querer", "queriendo", "voluntariamente". (En un ensayo sobre el término griego *epignosis*, usado en este pasaje por *conocimiento*, he demostrado que igual que en las cartas de Pedro y de Pablo, hay una tendencia a usar este término compuesto como el equivalente de un conocimiento salvífico de Cristo, o sea, la conversión a Cristo. Las dos partes del deseo divino aquí, por lo tanto, son esencialmente iguales en su significado.)[14]

Hay un desacuerdo considerable, aún entre los intérpretes calvinistas, en cuanto a la relación entre *boulomai* y *thelo*, y entre estas dos palabras y la doctrina del consejo eterno de Dios. Algunos consideran que un término es más fuerte que el otro, y algunos los consideran al revés. El punto interesante es que se usan los dos para declarar este deseo universal y la voluntad de Dios en relación a la salvación.

La respuesta calvinista.

1) *Como un grupo*, estos pasajes manifiestan la benevolencia general de Dios, quien se deleita en la salvación de las personas y ciertamente no se goza cuando cualquiera se pierde. Pero estos pasajes no implican que él "decreta" la salvación de cada individuo. En el capítulo dos hemos notado la distinción hecha por el Dr. Shedd entre la voluntad *legislativa* de Dios (o, su "voluntad de complacencia") y su voluntad *decretativa* (o la "voluntad de su beneplácito").[15] Es a la primera de las dos a que se refiere en estos dos pasajes claves: el deseo natural, espontáneo, "constitucional", sincero, permanente y compasivo de Dios que se manifiesta igualmente a todos. Ni Pedro ni Pablo se referían aquí a la voluntad decretativa de Dios.

2) Más allá de esta respuesta suficiente, estos dos pasajes pueden ser tratados individualmente de una manera satisfactoria para demostrar que ellos no necesariamente enseñan que Dios activamente ordena la salvación de todos.

En 2ª Pedro 3.9, la frase *"es paciente para con nosotros"* puede sugerir que *"ninguno"* y *"todos"* realmente quieren decir "cualquier de *nosotros"* y "todos de *nosotros"*, más bien que cualquier y todas las personas sin discriminación: "la referencia es específica a aquellos quienes, como Pedro, se incluyen entre los redimidos".[16]

En 1ª Timoteo 2.4, *todos* puede significar "todos los tipos" de hombres (como se suele significar): personas de todas las categorías que incluirían aún los líderes improbables mencionados en el versículo 2.[17] Por lo tanto, el significado del pasaje no tendría que ver necesariamente con cada individuo específico. Para una comparación, ver 1ª Timoteo 6.10 donde sin duda *"todos los males"* quiere decir "todos los tipos de mal" más bien que cada instancia específica del mal.

3) Se indicará una tercera respuesta como la tercera respuesta al argumento siguiente.

La réplica arminiana.

1) Se puede reconoce que la "voluntad" de Dios no siempre significa la misma cosa. Pero el uso de *boulomai* y *thelo* en estos dos versículos tiende a debilitar la aseveración calvinista de que se usa la "voluntad" de Dios en estos pasajes sólo en el sentido menos decretativo de un deseo que Dios tiene por su naturaleza pero que él no lo lleva a cabo por medio de sus decretos. De hecho, aunque reconocemos algunas distinciones, encuentro difícil sostener la distinción expuesta por el Dr. Shedd como la manera para hacer estas distinciones. Lo que Dios es por su naturaleza, él lo manifiesta en sus decretos.[18]

Además, y a pesar del tipo de énfasis restringido que demos a los términos usados por la voluntad de Dios (en griego o en castellano), las palabras en sí no nos indican de qué manera se están usando. Si hemos de distinguir entre las maneras distintas en que se puede usar el verbo "querer", la probabilidad es que nuestra teología va a gobernar cómo las distingamos en los versículos específicos más bien que viceversa. Y esto no es bueno: el hecho es que finalmente, la teología de estos versículos depende de su exégesis en su contexto más bien que en alguna distinción artificial (o genuina) que podamos encontrar en la manera que se usan las palabras en algunas ocasiones. Al exponerlo de otra manera, nuestro punto de vista de la extensión de la expiación y de la naturaleza condicional o incondicional de la salvación va a afectar la manera en que vemos el verbo "querer" en estos versículos.

Me parece que una manera mucho mejor para distinguir entre los aspectos de la voluntad de Dios, es entender que algunas de las cosas que Dios quiere son subordinadas conforme a otras cosas que él ha querido (o decretado). Quizás una mejor manera para expresarlo, debido al hecho de que la voluntad de Dios es *singular*, o sea, es *una sola* (ver la sección dos de esta obra), es afirmar que algunas de las expresiones de la voluntad de Dios en la Biblia deben entenderse a la luz de otras expresiones (más básicas o más amplias) de su voluntad. Así, pues, su verdad forma parte de la verdad entera indicada en otros lugares.

Ya he reconocido que cualquiera que sea lo que Dios decida lograr, él ciertamente lo llevará a cabo sin fallar. Nadie frustra tal intención incondicional por parte de la Deidad. Si es así, y no veo como se puede argüir bíblicamente en contra de tal afirmación, entonces ¿cómo es que yo he podido ver en las palabras de Pedro y de Pablo una intención por parte de Dios que todos se salvarán—cuando, de hecho, es evidente que no todos van a salvarse?

La respuesta de que la expresión del deseo divino para la salvación de todos los hombres debe entenderse a la luz de su voluntad básica de que todo el mundo, creado a su imagen, tenga la libertad de hacer la decisión en favor de o en contra de él. Este entendimiento explica, con sentido, tales pasajes como 2ª Pedro 3.9 y 1ª Timoteo 2.4 (e igualmente otros pasajes que enseñan más directamente la expiación universal) y explica aquellos que nos requieren creer que no todo el mundo se salvará. Como he escrito en otro lugar, la voluntad de Dios de que todo el mundo tiene la libertad para decidirse, "porque se relaciona a su voluntad fundamental en cuanto a la *naturaleza del hombre como hombre*, debe 'condicionarse' lógicamente su propósito que todo el mundo se salve".[19]

2) La exégesis del calvinista ilustrada previamente de los dos pasajes parece ser una exégesis torturada. En ninguno de los dos casos una investigación cuidadosa del texto sostendrá el punto de vista que "todo" meramente quiere decir "todos de nosotros que somos salvados" (2 P.) o "elegidos entre toda clase de personas" (1 Tim.). En cada caso, el significado más obvio es el correcto.

Se debería notar la falta de consistencia en la cita de estos mismos pasajes por el Dr. Berkhof. En un lugar él dice que los dos se refieren a la voluntad revelada de Dios de que igualmente los judíos y los gentiles se salven[20] —así toda clase de hombres, no todos los individuos, ¡a pesar del hecho que no hay ningún contraste o comparación judío-gentil en el contexto de ninguno de los dos pasajes! Pero más tarde él cita 2ª Pedro 3.9 como refiriéndose a la oportunidad dada a *todos* los pecadores para que se arrepientan;[21] y a 1ª Timoteo 2.4 como evidencia de la "disposición favorable" y de las "indecibles bendiciones" sobre *todos* los hombres, incluyendo a los no elegidos.[22]

Tercer Argumento Arminiano. Se afirma claramente en el Nuevo Testamento que Jesús murió de una manera redentora por todos, y esto se incluye en los pasajes donde se distingue a "todos" de los salvados. Algunos de estos pasajes importantes son:

1ª Juan 2.2.: Jesús es la propiciación por nuestros pecados, y no solamente por los nuestros, sino también *por los de todo el mundo.*

1ª Timoteo 2.6: Cristo se dio a sí mismo en rescate *por todos.* (Esta verdad debería ser vinculada especialmente a lo que ya hemos visto en el 2.4 mencionado previamente.)

Hebreos 2.9: Jesús gustó (probó o experimentó) la muerte *por todos.*

Juan 3.16-18: Dios amó *el mundo* de tal manera que dio a su Hijo…para que *el mundo* se salve por medio de él.

2ª Corintios 5.14, 19: Uno murió *por todos.* Dios estaba en Cristo reconciliando *al mundo* consigo mismo. (Compárese especialmente con 5.18.)

Romanos 5.18: El don gratis vino *a todos los hombres* para la justificación de vida.

Tito 2.11: Se ha manifestado la gracia de Dios que trae la salvación *a todos los hombres*. (Este orden de palabras es el que aparece en el griego del Nuevo Testamento.)

La respuesta calvinista.

1) En general, debemos reconocer que palabras como "todo" y "mundo" tienen varios significados en el Nuevo Testamento, dependiendo del contexto. El vocablo griego *pas* no siempre quiere decir, exhaustivamente, *todo*, ni siempre quiere decir *kosmos* todas las personas del mundo. En estos pasajes, las palabras no son universales sino han de ser definidas según el contexto.

2) Así, pues, específicamente, cada uno de estos versículos debe ser examinado más de cerca, y tal investigación demostrará que éstos no enseñan realmente una expiación universal.

1ª Juan 2.2. Hay maneras de entender el contraste visto en este versículo que no apoyan la posición arminiana. Una posibilidad es que, en esta carta, "nuestros" se refiera a un grupo pequeño (de personas elegidas) que incluye Juan y sus compañeros/ lectores cristianos judíos, más bien que referirse a todo el cuerpo de cristianos. Entonces *todo el mundo* es una manera breve de mencionar, por contraste, a los otros elegidos en todo el mundo, incluyendo los gentiles.

Otra posibilidad es que *"sino por los de todo el mundo"* quiera decir que la propiciación hecha por Jesús es la única disponible a cualquier individuo en el mundo.[23]

O, puede que la palabra *mundo* se use a veces para indicar el particularismo del Antiguo Testamento que pertenece al pasado, y abre camino para el universalismo del Nuevo Testamento.[24] *Mundo* quiere decir "toda la humanidad [en general], en distinción de los judíos",[25] y no todas las personas individualmente.

1ª Timoteo 2.6. La explicación es la misma como la de 1ª Timoteo 2.4, indicada previamente: *todos* quiere decir toda clase o todo nivel de personas, incluyendo (en el contexto) "aún los líderes que parecen ser objetos poco probables de recibir la gracia divina",[26] igual que la gente común.

Hebreos 2.9. En el contexto, *"por todos"* quiere decir, específicamente, cada hijo que él lleva a la gloria (v. 10), es decir, sus "hermanos santificados" (v. 11).

Juan 3.16-18. Este pasaje meramente indica el amor universal de Dios, especialmente en contraste con los conceptos legalistas judaicos que restringirían su amor.

2ª Corintios 5.14, 19. La última parte del versículo 14 demuestra que *todos* significa todos que murieron en él: "el cuerpo de creyentes, porque se describe como los que *viven*" (v. 15).[27] En el versículo 19, el *mundo* sólo significa a aquellos cuyas transgresiones no les son imputadas.

Romanos 5.18. En el pasaje completo (5.12-21) *todos* simplemente representa a *los muchos* de quienes Cristo es la cabeza federal (es decir, sus elegidos), en contraste con *todos* de quienes Adán era la cabeza federal (es decir, toda la raza humana).

Tito 2.11. A pesar de lo que modifique la frase "*todos los hombres*", los versículos siguientes (12-14) demuestran que "*todos los hombres*" realmente quiere decir "toda clase de hombres".[28]

3) Estas referencias, y aquellas citadas bajo el segundo argumento arminiano, probarían *demasiado* si *todos* y *mundo* se interpretaran para significar universalmente en el sentido de cada individuo. La razón por esto es: si Dios verdaderamente quisiera salvar a todos (el previo argumento 2), entonces todo el mundo se salvaría verdaderamente; si los versículos como 1ª Juan 2.2 y 1ª Timoteo 2.6 (el previo argumento 3) realmente significaran todas las personas en todo el mundo, entonces éstos también demostrarían que la cruz verdaderamente logró la propiciación y la redención para todo el mundo.

La réplica arminiana.

1) Aunque se puede reconocer perfectamente que *todos* no siempre quiere decir, de una manera exhaustiva, cada ser humano, en ninguno de estos pasajes específicos parece correcta la explicación calvinista de *todos* ni de *mundo*. Cada caso en sí, parece ser un intento deliberado de exponer el sentido de *todos* o *mundo* de una manera *no* justificada por el contexto. Vernon Grounds ha expresado lo siguiente en cuanto a la tarea de la interpretación de estos versículos: "Hace falta una ingeniosidad exegética que es algo distinto del virtuosismo erudito para evacuar estos versículos de su significado obvio".[29]

En lugar de un intento de demostrarlo, versículo por versículo, he escogido, más bien, tratar los versículos más importantes de éstos con un argumento más bíblico en el capítulo siguiente. Simplemente no hay espacio en este tomo para tratar todos estos pasajes de una manera exegética, teológica y bíblica. Y tratarlos brevemente correría el riesgo de depender de unos versículos "fuera de sus contextos".

2) Con referencia a la tercera respuesta calvinista (c) anterior, podemos observar que no es nada más que una reafirmación del tercer argumento calvinista, que se ha delineado y contestado en el capítulo previo.

Como se aplica a 1ª Timoteo 2.4 y a 2ª Pedro 3.9, ya lo he tratado anteriormente. De nuevo, reconocemos abiertamente que la "voluntad" divina de que se salve todo el mundo no quiere decir que todo el mundo se salvará. No se nos informa porqué no: aparentemente debido a que es su voluntad que todas las personas tomen sus propias decisiones tiene precedencia sobre su deseo de que todo el mundo se salve. Podríamos llamarlo una distinción entre su voluntad *absoluta* y su voluntad *condicional*. Los calvinistas hacen distinciones semejantes, como he señalado previamente en cuanto al Dr. Shedd.[30]

Si es provechoso para la discusión o no, las Escrituras *sí* indican que se puede frustrar la voluntad de Dios en cuanto a la salvación de una persona —en *algún* sentido sin ser absoluto— por el rechazo del hombre. Mateo 23.37 contiene una ilustración excelente de este hecho: Jesús lamenta sobre Jerusalén que él *quiso* (*thelos*) juntar a sus hijos, pero ella no lo *quiso* (*thelos*). Se ve la misma idea en Lucas 7.30, en que los fariseos y los escribas desecharon los *designios* (*boule*) de Dios respecto a sí mismos.

En cuanto a esta aplicación en pasajes como 1ª Juan 2.2 y 1ª Timoteo 2.6, que hablan de la propiciación y la redención en la expiación por *todos*, ya he contestado el argumento calvinista que la expiación lograría la salvación verdadera para *todos* si se quiere decir exhaustivamente todas las personas. (Referirse al tercer argumento calvinista en el capítulo anterior.)

Cuarto Argumento Arminiano. Se implica la expiación universal en las referencias bíblicas de la muerte de algunos por quienes murió Cristo. Si, en la expiación, la redención fue provista por *algunos* de los no elegidos, entonces no hay razón alguna para limitarla.

Dos de estos pasajes son 1ª Corintios 8.11 y su paralelo en Romanos 14.15. En ambos escritos, el tema es la limitación de la libertad cristiana por causa de los creyentes *débiles*. En el primer pasaje, Pablo advierte en contra del uso de la libertad para que no se pierda el débil *"por quien Cristo murió"*. El pasaje paralelo expone una advertencia semejante para no *hacer que se pierda* el *"por quien murió Cristo"*. En estos dos versículos estamos tratando con una persona a quien Pablo considera como una persona salva, a quien se han aplicado los beneficios redentores. Y en ambos casos el apóstol habla de una posibilidad inconfundible de que esta persona pueda perderse si su bienestar espiritual está ignorado deliberadamente por aquellos orgullosos de su libertad en Cristo. (Aquí se podría citar también Hebreos 10.29, pero lo usaré en el argumento cinco, más adelante.)

La respuesta calvinista.

1) Los primeros dos se refieren a situaciones hipotéticas: "una suposición, por caso que fuera posible en el argumento, algo que no ocurre ni puede ocurrir".[31] El punto de este pasaje es que los llamados cristianos "fuertes" fueron tan indiferentes al bienestar espiritual de los otros que sus acciones, "ofenderían a los hermanos débiles, así causándoles que caigan, así venciendo su conciencia, y así, que entren en el camino hacia abajo, el resultado natural sería, si continuado, la destrucción".[32] Pero Romanos 14.4 manifiesta que el Señor no permitiría que tal curso se continuara a su destrucción real.

Una explicación alternativa, expuesta por algunos calvinistas, es que *perderse* en estos versículos no quiere decir una destrucción eterna.

Si, de hecho, estos dos versículos indicaran que alguna persona verdaderamente regenerada podría realmente perderse eternamente, entonces su significado sería que una persona salvada podría perderse. Y esta es una doctrina manifiestamente falsa basada en una salvación por las obras. Puesto que la Biblia enseña que una persona verdaderamente regenerada no puede apostatar y perecer en el infierno, podemos estar seguros que Pablo no quería sugerir esta posibilidad.

2) 2ª Pedro 2.1 se explica así: Pedro, por el momento, ve a los falsos maestros *como si* fueran realmente cristianos como dicen que son. En otras palabras, Pedro habla irónicamente aquí: ¡ellos estando negando al Señor mismo quien —según su aseveración (aunque no es verdadera)—les compró![33]

La réplica arminiana.

1) Considerar estas advertencias como *hipotéticas* es quitárseles su fuerza. Es una explicación calvinista bastante típica, igualmente expuesta para todas las advertencias similares dadas a los cristianos. De hecho, la explicación dada en nuestro argumento es claramente sencilla. En los pasajes mismos no se indica ninguna de las presuposiciones necesarias para hacer que las advertencias sean hipotéticas. Como observa Francis Pieper: "La objeción de que estos pasajes se refieren a casos que realmente no pueden suceder destruiría todo el argumento del apóstol".[34]

Un estudio cuidadoso de las ocurrencias de *perderse* en el Nuevo Testamento demostrará que la explicación alternativa es débil. En su uso en estos versículos por Pablo, la frase sólo puede indicar una destrucción eterna.

Desde luego, el calvinista tiene razón al observar que el uso arminiano de este argumento, en cuanto a su aplicación en los dos versículos citados, implica la posibilidad real de la apostasía. La réplica a esta observación es simplemente demostrar la posibilidad de la apostasía. Se reconoce, que la fuerza para este argumento en particular en cuanto a la expiación universal, depende del argumento más grande entre los calvinistas y los arminianos relacionado a la perseverancia. Este argumento será la tarea de la sección cinco de esta obra, y se esperará hasta allí para más argumento sobre la perseverancia. ¡Sin duda un calvinista estará dispuesto a reconocer la realidad de la expiación universal si se le convence para que crea en la posibilidad de la apostasía!

2) La explicación calvinista de 2ª Pedro 2.1 es otro ejemplo de introducir algo en la frase que obviamente no está implicado en el pensamiento. Estas palabras también están muy claras: el Señor Jesús, por su muerte, les rescató (les compró). Ellos le niegan. No se puede justificar ningún otro significado del texto. William Sailer observa: "Como regla general, la Biblia nombra a los hombres por lo que realmente son —no por lo que pretender ser"; y continúa por señalizar que en el mismo versículo se llaman a los involucrados *falsos maestros*, aunque de ninguna manera ellos están diciendo que lo son".[35] Parece extraño que en el mismo versículo una afirmación les representaría según su profesión y otra según el entendimiento verdadero de Dios. (Se encuentra una explicación más amplia en mi comentario sobre las cartas de Pedro.)[36]

Quinto Argumento Arminiano. Ampliando el argumento anterior, se implica claramente la expiación universal del hecho de que los verdaderamente salvos pueden apostatar y perecer eternamente. Desde luego, la cuestión aquí es la posibilidad de la apostasía de alguien a quien se han aplicado salvíficamente los beneficios redentores de la expiación. Las Escrituras que lo enseñan incluirán: 1) los dos versículos mencionados en primer lugar en el argumento cuatro; 2) cualquier pasaje que enseña la posibilidad real de apostasía de la fe salvífica, como Hebreos 6.4-6 y 2ª Pedro 2.18-22; 3) especialmente Hebreos 10.29, que no sólo enseña la posibilidad de la apostasía sino que específicamente indica que la aplicación previa de los beneficios salvíficos de la expiación al apóstata.

La respuesta calvinista.

1) Que los verdaderamente regenerados pueden, en el fin, apostatar y perecer eternamente no es una enseñanza bíblica. Demostrarlo invalidaría este argumento.

2) Se puede explicar Hebreos 10.29 de manera semejante a la usada por 2ª Pedro 2.1 (ver lo anterior). Donde aparecen las palabras: "*en la cual fue santificado*", podemos entender que el autor añade (aunque no lo escribe) el pensamiento: "como así se asevera". O, como lo expone Hoekema: "Aunque por un tiempo esas personas parecían que formaron parte de la iglesia verdadera, no lo eran."[37] La persona descrita en el versículo nunca fue realmente regenerada, así su apostasía era de una confesión [de fe], no la posesión [de la salvación].

La réplica arminiana.

Si demostrar la imposibilidad de la apostasía invalidará este argumento a favor de una expiación universal (y es aparente que lo haría), entonces, a la inversa, demostrar su posibilidad la sostendrá. Como ya indicado, la quinta sección de esta obra será dedicada a esta cuestión.

Sexto Argumento Arminiano. La expiación universal es el punto de vista que mejor se encaja con el ofrecimiento verdadero del evangelio de una salvación disponible a todo el mundo, y correlativamente con la comisión de predicar este evangelio a todo el mundo.

Es verdad que los calvinistas afirman que se ofrece sinceramente, en el evangelio, la salvación a todos, pero su afirmación tiene que hacer caso omiso de las otras implicaciones, aparentemente contrarias, de su doctrina de la expiación. El punto de vista arminiano de que se provee la salvación para todos en la expiación le da la debida importancia al ofrecimiento del evangelio y la de el ímpetu a su proclamación.

También es verdad que no se puede tachar el sistema calvinista mismo por los extremistas que lo usan como base para negar el esfuerzo evangelístico, y de ninguna manera se invalida el calvinismo por esa perversión. Aún así, los extremistas han encontrado algo en su propia doctrina que ellos —a pesar de la equivocación extrema— han visto que implica tal negación. El punto de vista arminiano nunca llegaría a tal error (aunque puede que conduzca a otros).

La respuesta calvinista.

1) Este es un argumento lógico más que bíblico. El hecho es que los calvinistas afirman igualmente la genuinidad del ofrecimiento universal de la salvación y la responsabilidad correlativa de la iglesia de proclamar el evangelio a todo el mundo: "Creemos que Dios…sinceramente…llama a aquellos que viven bajo el evangelio para que lo crean, y les ofrece la salvación…".[38] Si esto *parece* ser contradictorio a nuestros oponentes, los calvinistas pueden negar que lo sea simplemente sobre la base de que la Biblia enseña igualmente una expiación limitada y un ofrecimiento universal. Si se puede explicar la consistencia entre estas dos enseñanzas de una manera satisfactoria o no, deben ser consistentes.

2) Además, las dos enseñanzas realmente no son contradictorias. 1) Una manera de "reconciliarlas" se ve en el hecho de que el predicador, a quien Dios no ha

revelado, de antemano, la identidad de los elegidos, *debe* predicar a todo el mundo sin discriminación para que el mensaje del evangelio pueda llegar a aquellos conocidos (secretamente) por Dios como sus elegidos y así ser el medio de su conversión. Se ha predeterminado el medio igual que el propósito.

Otro punto es que el ofrecimiento del evangelio a los no elegidos, que ciertamente resultará en su rechazo, sirve para demostrar igualmente su condición vil y que su condenación es justa. De hecho, por medio del evangelio

> …se agrava el juicio del impío… Por virtud de lo que queda de la luz natural que está en él, ciertamente entiende esta llamada del evangelio…. No viene a la luz, porque ama más las tinieblas que la luz. Y…la predicación del evangelio se le hace un sabor de muerte a muerte. Se le revela plenamente como pecador que está en rebelión contra este Dios de amor.[39]

Aún más: el evangelio ofrece sinceramente la salvación a cualquiera que satisfaga las condiciones de arrepentimiento y fe. El hecho que solo los elegidos, a quienes se les *da* el arrepentimiento y la fe, pueden satisfacer (o, satisfarán) las condiciones, no quita el mérito de la veracidad y la sinceridad del ofrecimiento. Que los que no son elegidos no pueden, ni quieren responder sirve para magnificar la gracia de Dios quien capacita a los elegidos para responder y para demostrar que nadie se salvaría sin que él no salvara a algunos en contra de sus propias voluntades.

Finalmente, la oferta *no* consiste en declarar a todo el mundo que Cristo murió por todos, sino en declarar a todos que cualquiera que se arrepienta y crea verdaderamente obtendrá las bendiciones de la salvación procuradas por la muerte de Cristo específicamente por él (el elegido).

La réplica arminiana.

1) Esta explicación compleja sirve para apartar la atención de la cuestión principal, introduciendo otros temas. De hecho, a pesar del reclamo del calvinista, se enfrenta con la dificultad de exponer que su concepto de un ofrecimiento universal del evangelio sea real. De hecho, a menudo parece que los calvinistas están hablando en broma cuando afirman un ofrecimiento universal del evangelio. Por ejemplo, el Dr. Hoekema finalmente observa que el predicador del evangelio no tiene libertad de "cambiar la Palabra de Dios a un ofrecimiento bien intencionado de la salvación a todos los hombres por parte de Dios".[40] Es decir, él se da cuenta que, según el sistema calvinista no se ofrece, en el evangelio, la salvación a los no elegidos; sólo se les ofrece la condenación justa .

El calvinista siempre está diciendo, o sea, implicando que más allá de que los pecadores *no aceptarán* este ofrecimiento; realmente está diciendo que *no pueden*. Y un ofrecimiento que no puede ser aceptado no es, en realidad, ninguna oferta.

2) Además, en el sistema calvinista, el evangelio no se ofrece realmente a *cualquiera*, puesto que los elegidos ni los no elegidos pueden aceptar la oferta ni satisfacer sus condiciones. De hecho, las "condiciones" realmente no son condiciones

en el sistema calvinista. Forman parte del "paquete" de los beneficios salvíficos dados a los elegidos por virtud de la muerte de Cristo por ellos.

Sin darse cuenta, el calvinista finalmente está afirmando que el arrepentimiento y la fe (como el don de Dios en el "paquete" de la salvación) se ofrecen a todos los que se arrepentirán y creerán, cuando el hecho es que nadie puede hacer esto. Todo se reduce a una mera tautología y no es ningún ofrecimiento.

En la próxima sección de esta obra "La Aplicación de la Salvación", volveré a este tema. La cuestión realmente es: ¿Es la fe una condición de la salvación o es un beneficio salvífico?

3) Si no todos los que escuchan *pueden* responder al evangelio, como insiste el calvinista, entonces sólo aquellos, a quienes han sido *otorgados* el arrepentimiento y la fe pueden responder. Consecuentemente, todos los que escuchan y no reciben el don pueden sacar la conclusión de que el ofrecimiento no fue para ellos, y por lo tanto no es rechazado por ellos. Lo que una persona realmente *no puede* recibir, tampoco puede rechazar. Ni justamente, puede ser hecha culpable por el rechazo (aunque muy bien puede ser culpada por estar en la condición que le ha traído su incapacidad). Esto nos conduce al próximo argumento a favor de la expiación universal.

Séptimo Argumento Arminiano. La expiación universal es el punto de vista que mejor explica la culpabilidad ligada a los hombres por su rechazo de Cristo. El punto es que las Escrituras condenan a las personas no sólo por sus pecados sino también por no haber puesto su fe en Cristo. Por lo cual, no son rescatadas de sus pecados. Cualquier pecador —habiendo oído el evangelio o no— puede ser justamente condenado por sus pecados; pero si la muerte de Cristo no hizo ninguna provisión por la salvación de los no elegidos, el pecador no puede ser culpado justamente con una carga de haber rechazado a Cristo en su incredulidad.

En otras palabras, la Biblia *no está* diciendo: "Tú has pecado y permanecerás en tus pecados sin esperanza *ni expiación* y recibirás tu reprobación justa en el infierno" —que ciertamente sería justo. Pero la Biblia dice, en efecto, una vez y otra: "Tú has pecado y debido a ello, mereces el infierno. Peor aún, has rechazado la expiación hecha por tus pecados por medio de la muerte de Cristo, la expiación que, de hecho, podría haber sido tu liberación. Tu reprobación en el infierno es, de esta manera, tanto más trágica y merecida".

Al continuar con este argumento, Sailer comenta específicamente sobre 1ª Juan 5.10, 11, que explica la condenación del incrédulo debido a que nunca ha creído el testimonio que Dios ha dado en cuanto a su Hijo: es decir, el testimonio de que Dios otorga la vida eterna en su Hijo. Entonces Sailer pregunta: "Si Cristo sólo murió por los elegidos y por nadie más, ¿por qué deberían *creer* esas almas no elegidas este testimonio en cuanto a Cristo? Si, por otro lado, Cristo ha muerto efectivamente por ellos y, sin embargo, rehúsan creer en él —entonces su negación es una cosa atroz".[41]

Juan 3.18 es otro ejemplo entre muchos pasajes, especialmente en el evangelio según Juan, que afirma una condenación específica por no haber puesto la fe en la obra redentora de Cristo.[42] Es difícil entender esto si Cristo no murió por ellos. Y esta dificultad aumenta por la insistencia propia de los calvinistas de que la expiación en sí fue eficaz en redimir al pecador. En ese caso, la expiación no redimió a los no elegidos, y si podrían creer que ella lo hizo, ¡estarían creyendo una falsedad!

La respuesta calvinista.

1) Al igual que el argumento previo, este argumento es lógico más bien que bíblico. Se puede contestar en la misma manera que la primera respuesta a ese argumento: si parece ser "lógico" o no, la Biblia enseña igualmente una expiación limitada y la condenación de los no elegidos por su rechazo de Cristo. Consecuentemente, no ha de haber ninguna contradicción real entre las dos enseñanzas.

2) El ofrecer sincero del evangelio de la salvación hecho a los no elegidos está rechazado por ellos no porque Cristo no murió por ellos (aunque no lo hizo), sino que se debe a su propia rebelión contra Dios. Por lo tanto están condenados justamente por tal rechazo.

La réplica arminiana.

Tal respuesta elude el problema. La cuestión real es simplemente: ¿Hizo Dios una provisión expiatoria en Cristo que realmente *puede* valer para los no elegidos o no? Si lo hizo, se lo puede culpar por rechazar lo que es un ofrecimiento de una posibilidad real. Si no lo hizo, no han rechazado nada que les fuera posible aceptar. Es difícil que un arminiano pueda pasar por alto la observación de que el concepto calvinista de la oferta a los no elegidos es *prima facie* (es decir, sólo *parece* ser), pero no es genuino en el sentido de que sea una posibilidad real.

Para reflejar un punto hecho en la sección anterior de esta obra, reconoceremos que es cierto que los no elegidos *no aceptarán* el ofrecimiento. Pero en esta certeza no hay necesidad. La posición más coherente es que la oferta del evangelio es universal porque la provisión es universal y que todos que oyen, de hecho, pueden recibir la salvación ofrecida.

Octavo Argumento Arminiano. La expiación universal encuentra un apoyo fuerte en la indicación bíblica de que la provisión es tan amplia como el pecado. Este argumento no ha recibido la atención, aún entre los arminianos, que merece. Romanos 3.22-25, con su lógica muy unida, es el mejor ejemplo de esta indicación. Se ve esta lógica en:

1) no hay diferencia,
2) por cuanto todos pecaron,
3) siendo justificado gratuitamente por su gracia
   — mediante la redención que es en Cristo
   — a quien Dios puso como propiciación
   — por medio de la fe en su sangre.

Está claro que la propiciación y la redención compradas por la muerte (sangre) expiatoria de Cristo, suplen la base para la justificación. Esto, en turno, describe los "todos" que han pecado, de quienes Pablo dice específicamente: "No hay diferencia". La razón específica de que no hay diferencia es que todo han pecado; esta declaración en sí habla fuertemente a favor de una expiación para todos. Y, en el versículo 22, se cita esto por la razón de que se provee gratuitamente la justificación por medio de la fe en la expiación de Cristo. Se puede comparar Romanos 10.11, 12 donde de nuevo el hecho que la salvación es por la fe se conecta al hecho de que "No hay diferencia"; también se debería notar Hechos 15.9.

En otras palabras, Dios basa el hecho de que no hay diferencia en la necesidad, en el estado desesperado del hombre caído. Y, esto, en turno, es la base para la provisión de la justificación.

La respuesta calvinista.

Puesto que nunca he oído este argumento presentado a un calvinista, no puedo decir cómo respondería. Tomo dos cosas por sentado. En primer lugar, el calvinista probablemente se acercará al pasaje con una exégesis distinta: específicamente, puede que interprete "todos" como le hemos visto hacer en versículos previos.

Segundo, creo que el calvinista volverá a la tercera respuesta dada al argumento tres —y esta es la misma como el tercer argumento positivo que el calvinista presenta para su posición que se ha visto en el capítulo previo. Es decir, probablemente se señalará que este argumento demuestra demasiado: es decir, si este "todos" es realmente universal, refiriéndose a todos los seres humanos de una manera exhaustiva, entonces todos, debido a este pasaje, *deben* ser justificados.

La réplica arminiana.

La exégesis delineada previamente debería aprobar cualquier análisis completo: el hecho de que "todos" quiere decir todo en el sentido más amplio se indica porque "todos", en este sentido, han pecado.

Ya se ha contestado el segundo punto calvinista en el capítulo previo; será la respuesta arminiana al tercer argumento calvinista.

Noveno Argumento Arminiano. La expiación universal concuerda mejor con el hecho de que *"Dios no hace acepción de personas"* (Hch. 10.34; Ro. 2.11; Dt. 10.17).

La respuesta calvinista.

Tales pasajes significan que Dios no ha otorgado gracia a nadie *debido a quién es* (cf. Stg. 2.1ss). Es decir, en cuanto a las personas, él no las considera basándose en si son nobles o humildes, judíos o gentiles, ricos o pobres. La salvación por medio de una elección particular, que no se basa en nada que se encuentra en el hombre, no viola esta verdad.

La réplica arminiana.

El entendimiento que tiene el calvinista sobre el punto principal de esta afirmación bíblica, es decir, que Dios no hace acepción de personas, es esencialmente correcto. Aún así, puede que tengamos razón en exponer que una elección particular sí hace acepción de personas —aún cuando no hay nada en los elegidos que merezca tal favoritismo.

Quizás una mejor manera para exponerlo es decir que una salvación incondicional de algunos en lugar de otros significa que Dios trata a algunos distintamente de otros. Y los pasajes que aseveran este principio fundamental parecen implicar que Dios no trata con los hombres basándose en una predisposición por parte suya sino que su trato con las personas se basa únicamente en cómo ellas se responden a él quien ha tratado equitativamente con todos.

Para resumir: En una modalidad de "teología sistemática", la aseveración arminiana es que la expiación universal es el punto de vista más coherente, y que concuerda mejor con los otros aspectos de la soteriología bíblica, con las afirmaciones bíblicas que son universalistas en su tono iniciando que la voluntad divina es que todos sean salvos, con la posibilidad de la apostasía, con el ofrecimiento universal del evangelio y con la culpa que los incrédulos llevan por haber rechazado a Cristo.

La coherencia es una cosa, la enseñanza bíblica precisa es aún más importante. Por esta razón, el capítulo siguiente emprenderá un tratamiento de las afirmaciones bíblicas más significativas en cuanto a la expiación universal.

Lectura adicional sobre la doctrina de la extensión de la expiación (arminianismo):

en español

F. Leroy Forlines, *Teología Cristiana Sistemática*, traductor, Ronald Callaway (Casa Randall de Publicaciones, 1992), 152-168.

J. Kenneth Grider, "Interpretaciones de la Expiación", en el *Diccionario Teológico Beacon*, redactor, José C. González, (Casa Nazarena de Publicaciones, 1994), 290-292.

Wayne G. McCown, "Expiación", en el *Diccionario teológico Beacon*, redactor, José C. González, (Casa Nazarena de Publicaciones, 1994), 289-290.

H. Orton Wiley y Paul T. Culbertson, *Introducción a la Teología Cristiana*, 2ª. revisión, traductor, H. T. Reza, (Casa Nazarena de Publicaciones, 1992), 244-266. (Representantes de un arminianismo más reciente que el de Watson.)

en inglés

M. Charles Bell, "Calvin and the Extent of the Atonement" (*"Calvino y la extensión de la expiación"*) (the *Evangelical Quarterly* LV:2 [1983], 115-123). (Una discusión por un no arminiano sobre los puntos de vista de Calvino en cuanto a este tema.)

Donald Lake, "He Died for All: The Universal Dimensions of the Atonement" (*"El murió por todos: las dimensiones universalistas de la expiación"*), *Grace Unlimited* (*La gracia ilimitada*), redactor Clark H. Pinnock (Bethany Fellowship,

1975), cap. 2. (En muchas maneras el Sr. Lake no representa ni el arminianismo reformado ni el arminianismo histórico.)

Robert P. Lightner, *The Death Christ Died* (*La muerte que Cristo murió*) (Regular Baptist Press, 1967). (Una defensa "calvinista" de la expiación universal.)

Terry L. Miethe, "The Universal Power of the Atonement" (*"El poder universal de la expiación"*) en *The Grace of God, the Will of Man* (*La gracia de Dios, la voluntad del hombre*), redactor, Clark H. Pinnock (Zondervan, 1989), cap. 4.

William Sailer, "The Nature and Extent of the Atonement—A Wesleyan View" (*"La naturaleza y extensión de la expiación—un punto de vista wesleyano*) (*Bulletin of the Evangelical Theological Society* 10:4 [1967], 189-198).

David Scaer, "The Nature and Extent of the Atonement in Lutheran Theology" (*La naturaleza y extensión de la expiación en la teología luterana"*) (*Bulletin of the Evangelical Theological Society* 10;4 [1967], 179-187). (En muchos respectos, el punto de vista luterano tradicional en cuanto a la extensión de la expiación se hace paralelo a la del arminianismo reformado.)

James B. Torrance, "The Incarnation and 'Limited Atonement'" (*"La encarnación y la 'expiación limitada'"*) (*The Evangelical Quarterly* LV:2 [1983], 83-94). (No una fuente arminiana.)

Richard Watson, *Theological Institutes* (*Institutos teológicos*) (Nelson & Phillips, 1850), tomo 2, pp. 281-306. (Un teólogo wesleyano temprano e importante.)

Notas del Capítulo 6

[1] Louis Berkhof, *Teología Sistemática*, trad. Pbro. Felipe Delgado Cortés, tercera edición española revisada, (Editorial T.E.L.L., 1976), 467-468.

[2] Roger Nicole, "The Case for Definite Atonement" [*"El caso por la expiación definitiva"*] (*Bulletin of the Evangelical Theological Society* 10:4 [1967], 199-207), 200.

[3] Jacobus Arminius, *The Writings of James Arminius* [*Los escritos de Jacobo Arminio*], trad. James Nichols y W. R. Bagnall (Editorial Baker, 1956), I:316.

[4] W. G. T. Shedd, *Dogmatic Theology* [*Teología dogmática*] (Editorial Zondervan, s.f.), II:478.

[5] Arminius, III:77.

[6] Arminius, III:346.

[7] Arminius, III:191.

[8] Arminius, III:348.

[9] Arminius, III:352, 353.

[10] Ver Matthew Pinson, "The Diversity of Arminian soteriology" [*"L a diversidad de la soteriología arminiana*], (ensayo no publicado) para la evidencia en este punto.

[11] Leroy Forlines, *Teología Cristiana Sistemática*, trad. Ronald Callaway, (Casa de Randall, 1992), 200-206. Ver también Forlines, *The Randall House Bible Commentary: Romans* [*El comentario bíblico Randall: Romanos*] (Editorial Randall House Publications, 1987), 90-96.

[12] David Scaer, "The Nature and Extent of the Atonement in Lutheran Theology" [*"La naturaleza y la extensión de la expiación en la teología luterana"*] (*Bulletin of the Evangelical Theological Society* 10:4 [1967], 179-187), 183.

[13] Robert E. Picirilli, "Commentary on the Books of 1 and 2 Peter" [*"Comentario sobre las cartas de 1ª y 2ª Pedro"*] en *The Randall House Bible Commentary: James, 1, 2 Peter and Jude* [*El comentario bíblico Randall: Santiago, 1ª y 2ª Pedro y Judas*] (Editorial Randall House Publications, 1992), 304-307.

[14] Robert E. Picirilli, "The Meaning of 'Epignosis'" [*"El significado de 'Epignosis'"*] (*Evangelical Quarterly* 47:2 [1975], 85-93).

[15] Ver Shedd, I:451-457.

[16] Nicole, 204.

[17] Nicole, 204.

[18] Para una discusión inusualmente transparente del problema de hacer distinciones en cuanto a la voluntad de Dios, ver Paul Jewett, *Election and Predestination* [*Elección y predestinación*] (Editorial Eerdmans, 1985), 97-101.

[19] Picirilli, "Commentary", 306.

[20] Berkhof, 471.

[21] Berkhof, 526.

[22] Berkhof, 531.

[23] Para una presentación más completa de estas dos opciones, junto con otras, ver John Murray, *Redemption Accomplished and Applied* [*La redención lograda y aplicada*] (Editorial Eerdmans, 1955), 82-84).

[24] Berkhof, 470.

[25] Shedd, II:480.

[26] Nicole, 204.

[27] Shedd II:480.

[28] Berkhof, 470.

[29] Vernon Grounds, "God's Universal Salvific Grace" [*"La gracia salvífica universal de Dios"*] en *Grace Unlimited* [*Gracia ilimitada*], Clark H. Pinnock, redactor, (Editorial Bethany Fellowship, 1975), 27.

[30] Berkhof, 89, 90.

[31] Shedd, II:481.

[32] Berkhof, 471, 472.

[33] Nicole, 205.

[34] Francis Pieper, *Christian Dogmatics* [*La dogmática cristiana*] (Editorial Concordia, 1951), II:21, nota.

[35] William S. Sailer, "The Nature and Extent of the Atonement—A Wesleyan View" [*"La naturaleza y la extensión de la expiación—un punto de vista wesleyana"*] (*Bulletin of the Evangelical Theological Society* 10:4 [1967], 189-198), 193.

[36] Picirilli, "Commentary", 261-264.

[37] Herman Hoeksema, *Reformed* Dogmatics [*La dogmática reformada*[, (Editorial Reformed Free Publishing Assoc., 1966), 556.

[38] Berkhof, 473.

[39] Hoeksema, 471.

[40] Hoeksema, 478.

[41] Sailer, 195.

[42] Sailer, 194, también se cita Juan 8.24; 2ª Tesalonicenses 2.11, 12; 2• Corintios 6.14 (?); Apocalipsis 21.8; 1ª Juan 5.10, 11.

Capítulo Siete

La evidencia del Nuevo Testamento a favor de la expiación universal

No hay espacio en esta obra para analizar cada pasaje que tiene que ver directamente con la extensión de la expiación. Trataré en detalle sólo unos pocos. Mientras tanto, casi no se puede encontrar una mejor reseña del calvinista Jewett, que observa lo siguiente para confrontar honestamente la dificultad de la evidencia neotestamentaria en contra de una expiación "particular":

> "Aún más desconcertante, si es posible, es el contenido de la *kerygma* misma. Los apóstoles predicaron un mensaje que no sólo imponía la obligación a todo el mundo a que se arrepintiese y creyese el evangelio, sino también aseguraron a todos los que les oyeron que Dios estaba en Cristo *"reconciliando consigo al mundo, no tomándoles en cuenta a los hombres sus pecados"* (2 Co. 5.19). Esta reconciliación fue llevada a cabo por él *"cuyo acto de obediencia justa guía al perdón y la vida para todos"*, porque *"por la obediencia de uno, los **muchos** serán constituidos justos"* (Ro. 5.18, 19). Este acto de obediencia justa se culminó en su muerte sobre una cruz romana. Como el Cristo crucificado, "él es la propiciación por nuestros pecados; y no solamente por los nuestros, sino también por los de todo el mundo" (1 Jn. 2.2). De este *"Cordero de Dios, que quita el pecado del mundo"* (Jn. 1.29), de este hombre Jesucristo que *"se dio a sí mismo en rescate por todos"* (1 Tim. 2.5, 6) los apóstoles atestiguaron elocuentemente en sus días. Y así por medio de su testimonio la gracia de Dios apareció para la salvación de todos (Tito 2.11), aún la gracia del Dios que quiere que todos los hombres y todas las mujeres sean salvos (1 Tim. 2.4) —el Dios que *"de tal manera amó al mundo, que dio a su Hijo unigénito"* (Jn. 3.16), porque él no está *"queriendo que ninguno perezca, sino que todos procedan al arrepentimiento"* (2 P. 3.9)".[1]

1ª Juan 2.2

"Y él es la propiciación por nuestros pecados; y no solamente por los nuestros, sino también por los de todo el mundo."

Como se indicó en el capítulo previo, los arminianos exponen este versículo como uno de los que enseñan la expiación universal. "1ª Juan 2.1-21 es uno de los textos bíblicos más importantes para recalcar la potencialidad de la expiación de Cristo".[2] Los calvinistas se oponen a esta exégesis. Por ejemplo, Berkhof, observa:

> "La palabra 'mundo' algunas veces se usa para indicar el particularismo del Antiguo Testamento, que pertenece al pasado, y que abrió camino al universalismo

del Nuevo Testamento. Las bendiciones del evangelio se extendieron a todas las naciones...Esta es, probablemente la llave para la interpretación de la palabra 'mundo' en pasajes como los de... 1ª Juan 2.2."[3]

Aparentemente Roger Nicole está de acuerdo porque después de haber esperado al final para comentar sobre este versículo, como un pasaje que necesita más atención, dice: "Quizás sea posible exponer que el apóstol Juan no tenía en mente un grupo pequeño, posiblemente de cristianos judíos, a quienes se dirigía la carta, sino pensaba en la universalidad de los elegidos redimidos de toda nación y de toda categoría."[4] El añade dos otras explicaciones posibles, "presentadas provechosamente" en *Redemption Accomplished and Applied* (John Murray): (1) que el contraste entre "los nuestros" y "los del mundo" tiene que ver con la generación de Juan y las venideras; (2) que Juan simplemente quería recalcar que Cristo es la única propiciación disponible, en todo el mundo.[5]

Tal exégesis demuestra que un significado distinto del que es aparentemente obvio *puede* ser adoptado: se nota el uso de "probablemente" y "quizás" por estos escritores mismos, sin mencionar su incertidumbre en cuanto a cuál explicación sea la mejor. Aún así, un significado que es aparentemente obvio no siempre es el correcto, y ninguno de nosotros siempre se encuentra libre de la *eis*égesis. Así, pues, lo que debemos hacer es considerar tan cuidadosamente como podamos, el significado preciso de las palabras empleadas por Juan. Y en este estudio trataremos de hacer buena exégesis y descubrir si 1ª Juan 2.2 enseña, de hecho, la expiación universal.

El uso de "mundo" en 1ª Juan

El punto de diferencia básico entre el entendimiento de este pasaje entre el calvinista y el arminiano tiene que ver con el uso de la palabra "mundo". Así pues, la primera tarea del intérprete es investigar el significado del término en toda la carta.

Kosmos ocurre 23 veces en 1ª de Juan, una frecuencia alta, dándonos confianza para discernir el uso que Juan hace de este término. *Kosmos* tiende de ocurrir repetidamente en ciertas secciones de la carta. Por ejemplo en:

2.2 (nuestro texto): La primera vez que aparece en la carta.

2.15-17 (seis veces): El cristiano no ha de estar enamorado del mundo ni de las cosas del mundo, porque el mundo pasa y sus deseos.

3.1: El mundo no nos conoce, porque no le conoció a él.

3.13: No te extrañes si el mundo te aborrece.

3.17: Quienquiera que tenga los bienes de este mundo y no los comparte con el necesitado no está manifestando el amor de Dios.

4.1-5 (seis veces): Mayor es él que está en "vosotros" que el que está en el mundo. Aquellos, del mundo, hablan, porque del mundo son y el mundo les oye.

4.9: Dios envió a su Hijo al mundo para que podamos vivir por él.

4.14: El Padre envió al Hijo para ser el Salvador del mundo.

4.17: Como él es, así somos nosotros en el mundo.

5.4, 5 (tres veces): El creyente vence al mundo.

5.19: Somos de Dios, y el mundo entero está bajo el maligno.

1) A veces se usa el "mundo" de una manera personal (por ejemplo: 3.1, 13). A veces el uso es impersonal (quizás 2.15), más el anterior uso que el posterior. Los calvinistas y los arminianos podrán estar de acuerdo en que el término es personal en el 2.2.

2) Personal o impersonal, Juan usa el término "el mundo" de una manera muy consistente en el sentido de la hostilidad hacia la iglesia (o a los cristianos). Sólo hay cuatro ocasiones donde no se ve este sentido negativo. En 3.17 y 4.17 el "mundo" es neutral porque representa el contexto en que vivimos. El uso en 4.9 puede verse como neutral o local, o en el mismo sentido de 4.14. El uso en el 4.14 conlleva el mismo sentido que el 2.2.

Aparte de eso, los cristianos no han de amar "el mundo" (2.15-17). El mundo no reconoció a Jesús y no reconoce a los cristianos (3.1). De hecho, el mundo odia a los cristianos (3.13), tiene el espíritu del anticristo (4.3, 4), es vencido por los cristianos y está bajo el dominio del maligno (5.18, 19).

Ya parece claro que, dado este uso consistente, es dudoso que "*todo el mundo*" (2.2) pudiera ser algún tipo de clave para "los elegidos de todas las naciones (o generaciones)".

A esto podemos añadir una comparación muy evidente. Con la excepción del 2.2, el único lugar en la carta donde *holos* ("todo") modifica a "mundo" es el 5.19. He aquí una comparación de los dos versículos:

2.2	5.19
"...*y no solamente por los nuestros,*	"*Sabemos que somos de Dios,*
*sino también por los de **todo el mundo**.*"	*y el **mundo entero** está bajo el maligno.*"

Esta comparación afianza la impresión de que el uso hecho por Juan del "mundo" en otras ocasiones en su carta no provee ninguna razón para pensar que en el 2.2, que el uso podría representar los elegidos de todas las naciones. (Yo podría añadir que, aunque no hay espacio en esta obra, una investigación del uso de Juan del "mundo" en el resto de sus escritos del NT nos llevará, sin duda, a una conclusión similar.)

El uso en 1ª Juan de la primera persona plural

También forma parte del punto de vista calvinista que en 1ª Juan 2.2 se usa "nuestros" de una manera limitada que sólo indica a Juan y sus compañeros (que se suele exponer como cristianos judíos) en contraste a un grupo más extendido de creyentes (creyentes gentiles posteriores), más bien que una referencia no restringida a los cristianos en general. Por lo tanto, debemos examinar muy de cerca el uso que Juan hizo de la primera persona plural en otras ocasiones de su carta.

Tomaría demasiado espacio detallar todos los usos de la primera persona plural en la carta. Pero una lectura meticulosa tiende a conducirnos a estas observaciones:

1) Fracasará cualquier intento de limitar el significado de los otros usos de la primera persona plural a: "nosotros en nuestro grupo particular de escogidos", o sea, a un grupo relativamente pequeño de creyentes homogéneos.

2) El único lugar en la carta de la primera persona plural puede exponer algún tipo de limitación se encuentra en el prólogo. Allí, "nosotros" puede ser, específicamente, una referencia apostólica. Sin embargo, una vez que el lector pasa del 1.5, no hay ningún otro lugar donde se puede leer correctamente la primera persona plural como "nosotros los apóstoles".

3) Algunos ejemplos del este uso típico servirán para subrayar esta conclusión:

1.7:	andamos en la luz y experimentamos compañerismo y limpieza;
1.9:	si confesamos nuestros pecados Dios nos perdona y nos limpia;
2.3:	sabemos que le conocemos si guardamos sus mandamientos:
3.1:	Dios nos ha dado un amor tan grande que nos llama hijos suyos;
3.2:	cuando el Señor Jesús aparezca, seremos semejantes a él;
3.14:	hemos pasado de muerte a vida, amamos a los hermanos;
4.6:	somos de Dios;
5.11:	Dios nos dio vida eterna;
5.14:	si pedimos en su nombre, él nos oye.

Se pueden añadir a esta lista 3.16, 4.9, 11, 17, 19; 5.2 —de hecho, cualquier otro uso de la primera persona plural en la carta. No hay nada en estos pasajes que no se puede leer inteligentemente: "Nosotros cristianos, todos nosotros". A la inversa, no hay uso de la primera persona plural en la carta que podría entenderse por: "Nosotros, en nuestro subgrupo particular de cristianos". De hecho, todos estos usos tienden a presentar el argumento de que en general Juan usa "nosotros" como clave por "nosotros cristianos", por lo menos en cada lugar menos el prólogo.

La comparación ya hecha entre el 2.2. y el 5.9 tiende también a confirmar que se usa "nosotros" deliberadamente en contraste con "todo el mundo" que está bajo el dominio de Satanás.

4) Igual que aquí en el 2.2, también podemos investigar en los otros pasajes de la carta donde "nuestros" tiene que ver con "el pecado":

1.9:	sin confesamos nuestros pecados, Dios es fiel para perdonarnos;
3.5:	Jesús apareció para quitar nuestros pecados ("nuestros" no aparece en todos los manuscritos griegos);
4.10:	Dios nos amó y envió a su Hijo como propiciación por nuestros pecados.

Estos ejemplos no añaden más peso a la conclusión ya sacada. No obstante, se puede observar que no hay ni una suposición pequeña a que en cualquier de estos pasajes se limita "nuestros" a *algunos* elegidos, como se ha sugerido el calvinista en cuanto a "los nuestros" en el 2.2. De hecho, el 4.10 corresponde tan específicamente al 2.2 que parece ser un credo (una confesión) normal de los cristianos. En tal caso probable, se presenta aún más razón para creer que Juan está hablando de los cristianos en general en el 2.2 (y en el 4.10).

El contraste en 1ª Juan entre "el mundo" y "nosotros"

Puesto que el calvinista ha sugerido que el contraste en el 2.2 se ve entre "nosotros" los elegidos y los otros elegidos en "el mundo", deberíamos examinar los otros pasajes en la carta donde ocurre un contraste similar. Hay por lo menos cuatro ocasiones:

3.1: se nos llama hijos de Dios, porque el mundo no nos conoce;

4.5, 6: ellos son del mundo y el mundo les oye; somos de Dios y el que conoce a Dios nos oye (todo el pasaje de 4.1-6 es muy instructivo);

5.4, 5: esta es la victoria que vence al mundo, nuestra fe;

5.19: somos de Dios, y el mundo entero está bajo el maligno.

Se notará claramente que estas referencias no representan un contraste entre "nosotros" los elegidos y los otros elegidos del mundo. No hay ninguna razón considerar que el "mundo" en el 2.2 se refiere a nadie más que los no cristianos mencionados en estos pasajes.

Hasta aquí, los resultados de la exégesis parecen absolutamente claros: en 1ª Juan 2.2 el uso de "nuestros" se contrasta deliberadamente con el "mundo" incrédulo.

La doctrina de la expiación expuesta en 1ª Juan

El último aspecto de la investigación del significado del 2.2 tiene que ver con la enseñanza (en la carta) en cuanto a lo que dice de la muerte de Cristo. De una manera u otra se encuentra en estas referencias:

1) 1.7: *"...la sangre de Jesucristo su Hijo nos limpia de todo pecado"*. El contexto del pasaje nos provee con esta lógica:

(1) Dios es luz (v. 5).

(2) Andar en las tinieblas desmiente la aseveración de tener compañerismo con Dios (v. 6).

(3) A la inversa, si andamos en la luz tenemos compañerismo los unos con los otros y *la sangre de Jesús nos limpia* (v. 7).

(4) Aún así, cualquier suposición de que no tenemos pecado es falsa (v. 8).

(5) Sin embargo, la confesión de nuestros pecados resulta en el perdón y la limpieza (v. 9).

Por tanto, la expiación ("la sangre de Jesús") produce el perdón y la limpieza del pecado. Esto, en turno, se vincula con el compañerismo, igual que con Dios y con otros cristianos. Hemos de notar la manera en que Juan vincula la *eficacia* de la expiación con su *aplicación* en la experiencia del creyente, que no se debe separarse de "andar en la luz" (probablemente más relacional en este contexto que teniendo que ver con el comportamiento) y la confesión del pecado.

2) 2.2: "...él es la propiciación por nuestros pecados; y no solamente por los nuestros, sino también por los de todo el mundo". Esta observación surge del contexto ya expuesto (en 1.5-8), y así la lógica continúa:

(6) Aunque es falso aseverar que uno no tiene pecado (1.8, 10), debemos luchar para evitar el pecado (2.1).

(7) Pero si alguien peca, tenemos en Jesucristo un Paracleto justo con el Padre (2.1).

(8) Y él es la propiciación por nuestros pecados, igual que por los pecados de todo el mundo (2.2).

Por lo cual, la expiación es la propiciación por los pecados. No hay espacio aquí para el debate en cuanto a que si *hilasmos* quiere decir "expiación" (perdón, remover) o "propiciación" (apaciguamiento, satisfacer la ira). Estoy satisfecho que "propiciación" es el entendimiento correcto del término. De todos modos, esta obra de propiciación forma la base para la confianza en la defensa expuesta por Cristo cuando pequemos. Así, pues, una vez más se vincula la expiación histórica, es decir, la propiciación, con su *aplicación* en la experiencia del creyente: en este caso, en la intercesión y el perdón de los pecados cometidos después del momento inicial de la salvación (que, en su contexto, ya se ha condicionado en la confesión).

Al final de esta sección, se hará un comentario sobre "*sino también por los de todo el mundo*".

3) 3.5, 8: "...él apareció para quitar nuestros pecados... Para esto apreció el Hijo de Dios para deshacer las obras de Satanás". A la luz de Juan 1.29, donde se vincula "...que quita el pecado del mundo" con Jesús como el Cordero (de sacrificio) de Dios, apareció probablemente se refiere implícitamente a la expiación. El contexto exige a los cristianos que eviten el pecado:

(1) Los cristianos verdaderos se purifican (3.3).

(2) Jesús apareció para quitar el pecado (3.5).

(3) En él no hay pecado (3.5).

(4) La persona que permanece en él no vive en el pecado (3.6).

(5) La persona que practica la justicia es justa, y la persona que está practicando el pecado es del diablo (3.7, 8).

(6) Jesús fue manifestado para destruir las obras del diablo (3.8).

Aparentemente se está usando el hecho de que la expiación "quita" el pecado y "deshace las obras del diablo" como base para el mandamiento ético de que evitemos el pecado. En otras palabras, existiría una contradicción básica entre aseverar que se disfrutan de los frutos de la expiación y a la vez, continuar en los caminos pecaminosos de antes. A pesar de lo que pueda significar "deshacer" las obras del diablo, en este contexto incluye, sin duda, el librarnos de la cautividad al pecado. Así pues, igual que antes la eficacia de la expiación se vincula estrechamente con su aplicación en la experiencia.

4) 3.16: "En esto hemos conocido el amor, en que él puso su vida por nosotros...". El contexto de este pasaje, igual que el del versículo previo, es

ético; la amonestación es que los cristianos hayan de amarse mutuamente. En su muerte, Jesús demostró lo que el amor verdadero exige y deberíamos emularle.

Por tanto, la expiación es una demostración del amor de Dios, aunque lo que ya hemos visto (sin mencionar el resto del NT) nos guarda del error de creer que esto es *todo* que significa. Dado el hecho de que el término griego *huper* puede significar "en pro de" o "en lugar de", aquí no hay necesidad de recalcar la naturaleza vicaria de la expiación; está bien destacada en otros pasajes. No obstante, podemos observar que hay muchas cosas que una persona no puede hacer *en pro de* otra sin haberlas hecho *en su lugar*. Es por esta razón, que no hay duda absoluta de que a menudo *huper* implica implícitamente una sustitución, y así parece ser el caso en este pasaje.

5) 4.9, 10: "En esto se mostró el amor de Dios para con nosotros, en que Dios envió a su Hijo unigénito al mundo, para que vivamos por él. En esto consiste el amor: no en que nosotros hayamos amado a Dios, sino en que él nos amó a nosotros, y envió a su Hijo en propiciación por nuestros pecados". Igual que antes, vemos de nuevo que la expiación fue una manifestación del amor de Dios hacia nosotros, y en este contexto también la verdad forma la base para una obligación ética. Igual que en el 2.2, se ve que la expiación es propiciación —un apaciguamiento de la ira justa de Dios por nuestros pecados.

Añadido a lo que ya se ha notado es el hecho de que la expiación produce *la vida*. El verbo griego *zesomen*, un aoristo "ingresivo" [es decir, de una acción contemplada en su comienzo/un estado/una condición] es, sin duda, el nuevo nacimiento. Y se ve esta regeneración como uno de los propósitos de la expiación. Así pues, se vincula la eficacia con su aplicación.

6) 4.14: "…el Padre ha enviado al Hijo, el Salvador del mundo". A la luz del 4.10, sin duda este "ha enviado" conlleva las mismas implicaciones expiatorias. Así que, siendo el Salvador del mundo claramente quiere hacer un paralelo con su muerte propiciatoria. Este versículo tiene la misma función universalizadora que la última cláusula del 2.2:

2.2	4.10, 14
"…y no solamente por los nuestros, sino también por los de todo el mundo."	"…envió a su Hijo en propiciación por nuestros pecados… el Padre ha enviado al Hijo, el Salvador del mundo."

Por lo tanto, la expiación es la provisión de un Salvador, de una salvación, para todo el mundo (se nota de nuevo que se hará comentario sobre "el mundo" más adelante en el estudio).

7) 5.6, 8: "Este es Jesucristo, que vino mediante agua y sangre; no mediante agua solamente, sino mediante agua y sangre. Y el Espíritu es el que da testimonio; porque el Espíritu es la verdad… Y tres son los que dan testimonio… el Espíritu, el agua y la sangre; y estos tres concuerdan". Para nuestro propósito

aquí, no nos es necesario que examinemos muy de cerca este pasaje como algo críptico. Sin duda la "sangre" parece ser una referencia al derramamiento de la sangre de Cristo en la cruz (como en el 1.7). Es aparente que Juan está vinculando el testimonio del bautismo del Señor (que incluía: "He aquí el Cordero de Dios") y el testimonio de la cruz (la "sangre", indicando su muerte expiatoria) con el testimonio del Espíritu Santo (como la "unción" que mora en el creyente, 2.20; 4.13) como un testimonio triple, idéntico e innegable en cuanto a la deidad de Jesús, y a la limpieza del pecado que se experimenta por medio de él.

Así pues, con todo lo demás, la expiación también es un testimonio a la liberación que provee para aquellos a quienes se aplica.

En resumen, estas referencias (directas e indirectas) encontradas en 1ª Juan en cuanto a la expiación nos conducen a estas conclusiones:

1) En cuanto a la *naturaleza* de la expiación, Juan recalca la propiciación como el elemento básico. También aclara que la expiación es para el perdón, para la limpieza, para quitar los pecados, para la vida y para destruir las obras del diablo.

2) Juan ve los *efectos* de la expiación histórica vinculados inseparablemente con la *aplicación* de los beneficios en la experiencia individual. En otras palabras, no considera que la expiación logra automáticamente sus resultados hasta que el Espíritu Santo la aplique a la persona que cree.

(Yo tendría que pasarme un poco para encontrar cualquier énfasis en la carta de que se aplican estos beneficios condicionalmente. Tal aspecto condicional no parece ser la preocupación principal de Juan en esta carta. No obstante, a la luz del contexto del 1.7 y del 4.14 hay, por lo menos, lugar para un entendimiento claro de que su aplicación es condicional, especialmente si encontramos tal enseñanza en el resto del Nuevo Testamento. Ver la sección siguiente de esta obra.)

3) Sin embargo, Juan sí tiene un interés ético cuando habla de la expiación. Tal énfasis no le lleva tanto de hablar de condición como de resultado. En otras palabras, si la expiación es lo que exponemos que es, el quitar el pecado, el destruir las obras del diablo y el manifestar el amor de Dios, entonces no debemos decir que estamos experimentando su fruto y al mismo tiempo vivir en el pecado, hacer las obras del diablo o no practicar el amor. Especialmente nos lo enseñan los pasajes de 3.5, 8, 16; y 4.9, 10.

4) En cuanto a la *extensión* de la expiación, hay que sacar la conclusión de que *kosmos* en el 2.2 y en el 4.14 no puede significar otra cosa que toda la humanidad perdida. El propósito de Juan es exponer que los creyentes, aún cuando hablan entre sí de los beneficios de la muerta expiatoria de Cristo, deben recordar que él también murió por todo el mundo, incluyendo a los perdidos. Los dos términos "mundo" y "nuestros" se emplean en estos dos textos exactamente de la misma manera que se utilizan consistentemente en el resto de la carta.

En conclusión, creo que debo referirme una vez más a la observación hecha por el Dr. Nicole en cuanto al 2.2 (y a otros textos similares), que si se interpreta "todo el mundo" para significar "toda la humanidad" entonces el resultado será una salvación universal. Dice: "Si los textos demuestran algo en total, demuestran demasiado".[6] Lo que él quiere decir es lo mismo que se ha argumentado anteriormente por los calvinistas (argumento tres, capítulo cinco): es decir, dado que el 2.2 dice que la expiación histórica de Cristo es realmente una propiciación para toda la humanidad, entonces aquella propiciación fue hecha eficaz en aquel momento.

Mi respuesta en el capítulo cinco es mi respuesta aquí, excepto añado que Juan mismo (ver 1.7 y 2.2) presenta los *efectos* de la expiación dependiendo de su *aplicación*. Igual que observé anteriormente, se involucra el uso normal del lenguaje. A menudo hablamos de una acción que incorpora todos sus efectos potenciales. Cité antes al calvinista Shedd en cuanto a este punto. Lo hago de nuevo:

> Una expiación vicaria sin fe no tiene poder para salvar. No es el logro de esta expiación, sino el confiar en ella que salva al pecador... Si fuera provista, pero nunca imputada ni apropiada, no resultaría en ninguna salvación... En tal estado, la expiación de Cristo no tiene poder para salvar. Permanece en la posesión de Cristo que la hizo, y no se ha transferido al individuo. Al usar la frase bíblica, no ha sido imputada... Después de que se ha permitido y provisto la expiación vicaria, sigue todavía otra condición del caso: es decir, que el pecador confesará y se arrepentirá del pecado por el cual la expiación fue hecha, y confiará en la expiación misma.[7]

El Dr. Shedd es un buen calvinista (aunque a veces algo especulativo). Cree que esta apropiación de la fe en sí es dada incondicionalmente a todos por quienes (los elegidos) fue ideada la expiación. Aún así, él nos ha demostrado cómo explicar que la expiación hizo posible la propiciación para todos sin realmente salvar a todos. No se aplica hasta que esté apropiado por la fe. Se puede hacer una expiación condicional y universal sin resultar en la salvación universal.

Puedo añadir que el Dr. Shedd, y nosotros mismos, tenemos una buena razón para insistir en que la expiación, aparte de la fe, no salva. Si la expiación salvara aparte de la fe, entonces ¡los elegidos nunca jamás, *ni aún antes de su regeneración*, serían perdidos! Y si así fuera el caso, los pasajes bíblicos como Efesios 2.1-10 errarían totalmente el blanco.

Se ve aquí la solución al problema que algunos arminianos han expuesto, o sea, lo que les ha llevado al llamado punto de vista "gubernamental" de la expiación. Los argumentos, como el expuesto por el Dr. Nicole, les han convencido de que si consideran que la expiación es una satisfacción plena y penal por el pecado, un cargarse vicario por la culpa y el castigo del hombre, y que si la exponen en un sentido de una sustitución por todos los hombres, entonces (según su suposición errónea) no existiría la posibilidad de que nadie pudiera estar perdido (porque de otro modo se estaría exigiendo una "paga" doble por el pecado). Por tanto algunos han recurrido a un punto de vista menos alto del valor de la expiación.

Como ya notado, Arminio no recurrió a tal punto de vista, ni lo hicieron sus seguidores entre los remonstrantes. El jurista Grocio (1583-1645) inventó ese alternativo al punto de vista reformado. Muchas generaciones más tarde Wesley vio que tal idea fue totalmente innecesaria y proclamó fielmente una satisfacción plena de la ira y la demanda divinas. Una vez que entendemos que la expiación sólo acompaña la propiciación cuando es aplicada al creyente en la unión salvífica con Cristo por medio de la obra del Espíritu Santo, una vez que comprendemos que las declaraciones del Nuevo Testamento que afirman que Cristo llevó a cabo la redención y se hizo propiciación por nuestros pecados y por los de todo el mundo están hablando de una manera anticipadora y dependen de su aplicación, entonces no hay necesidad de evitar el punto de vista de la satisfacción de la expiación para poder exponer que fue universal y proveyó la posibilidad de la salvación para todos.

1ª Timoteo 2.1-6

"Exhorto ante todo, a que se hagan rogativas, oraciones, peticiones y acciones de gracias, por todos los hombres; por los reyes y por todos los que están en eminencia, para que vivamos quieta y reposadamente en toda piedad y honestidad. Porque esto es bueno y agradable delante de Dios nuestro Salvador, el cual quiere que todos los hombres sean salvos y vengan al conocimiento de la verdad. Porque hay un solo Dios, y un solo mediador entre Dios y los hombres, Jesucristo hombre, el cual se dio a sí mismo en rescate por todos, de lo cual se dio testimonio a su debido tiempo."

Pues, la cuestión obvia aquí tiene que ver si "todos los hombres" (2.4) y "todos" (2.6) son verdaderamente universales y abarcan toda la raza humana. El punto de vista calvinista es que no es así. Algunos calvinistas interpretan "todos" para significar personas de todo tipo o toda clase, y así que "se refiere a la voluntad revelada de Dios de que igualmente los judíos y los gentiles sean salvos"; tales pasajes "no implican nada en cuanto a un propósito universal de la expiación".[8] Otros, habiendo diferenciado entre la *suficiencia* y el *propósito* de la expiación, proponen que este pasaje se refiere a su suficiencia para todos: "Owen comenta que se debe entender que [1 Tim. 2.6] quiere decir que la sangre de Cristo fue suficiente *para hacerse* un rescate para todos, *para hacerse* un precio para todos".[9]

Al Dr. Shedd, igual que a John Owen, se debe, por lo menos, algún crédito por reconocer que en el pasaje "todos" quiere decir "todos". Por lo cual, no es para extrañarse cuando el procede a decir que "la expiación ha de distinguirse de la *redención*", y que "la expiación es ilimitada, y la redención es limitada"[10] —una afirmación con que un arminiano bien podría estar de acuerdo, especialmente a la luz de la insistencia del Dr. Shedd de que la *redención* "incluye la *aplicación* de la expiación".[11]

No obstante, los arminianos insisten en que este pasaje indica una provisión para la redención universal. Como apunta el Dr. Sailer: "El contexto…es totalmente universalista". Para reseñar su tratamiento del tema *in loco*,

(1) el pasaje comienza con un llamamiento a los creyentes que oren por todos los hombres, que debe extenderse más allá de los creyentes dado que se incluyen reyes y todos en eminencia;

(2) se basa en el deseo de Dios de que todos los hombres se salven;

(3) que luego en sí, se refleja que hay un solo Dios y un solo mediador entre Dios y el hombre, de nuevo un énfasis universal;

(4) y esto en turno, se apoya en el hecho de que el solo mediador se dio a sí mismo en rescate por todos.

Sailer termina por observar que "el contexto exige una aplicación universal".[12] Su exégesis es convincente.

Para simplificarlo: en este pasaje encontramos:

(1) oración por todos
(2) deseo para todos
(3) rescate para todos.

Aquellos que quieren interpretar "todos" para significar "toda clase" señalan una referencia a los reyes a los que están en eminencia (2.2) para sostener su punto de vista. En otras palabras, deberíamos orar por la gente en todos los niveles, sean reyes o personas normales, príncipes o campesinos.

Pues, bien, si hemos de sostener tal interpretación, dada la unidad del pasaje, "todos los hombres" debería conllevar el mismo significado en todo el pasaje. En el versículo 6 se ve que "todos" se refiere a los rescatados. Por tanto deben ser los elegidos. Consecuentemente debemos interpretar (según esta interpretación) el pasaje así:

2.1, 2: las oraciones exhortadas deben hacerse por todos los elegidos entre toda clase de personas, incluyendo a los reyes y a las autoridades.

2.3, 4: la base de esta exhortación es que tal cosa agrada al Dios que desea que los elegidos de entre todas las clases de la gente, sean salvos.

2. 5, 6: en turno, la base por esto es que hay un solo Dios y un solo mediador, Jesucristo, entre Dios y los hombres elegidos, quien se dio a sí mismo en rescate por toda clase de personas elegidas.

Afirmo que esta es una lectura consistente, usando el entendimiento calvinista de "todos los hombres", pero no es una lectura coherente. La falta obvia de continuidad entre los versículos 1-2 y 5-6 es en sí, bastante para desacreditar tal exégesis. Está razonablemente claro que Pablo no está exhortando a hacer peticiones sólo por las autoridades cristianas.

A aquellos que insisten en que la mención de los reyes y los que estén en eminencia sostengan un entendimiento de "toda clase" de hombres, respondo diciendo que el pasaje en sí tiene mejor sentido si el deseo universal de Dios para una salvación de todos y del rescate hecho por Cristo para todos proveen la base universal que incluye a los reyes y a las autoridades. Es lo universal ("todos") que incorpora lo particular (los reyes), no lo particular que determina el significado de lo universal. Sobre la base de que se debe orar por todos, Pablo fácilmente puede incluir un ruego por los reyes y por las autoridades en vista del hecho que se hacen faltas sus buenas acciones para que los creyentes vivan piadosa y respetuosamente y seguir la misión del Dios que desea que todos se salven.

¿Hay algunas tareas exegéticas que pueden establecer o sostener este punto de vista? Una que ocurre inmediatamente es: ¿Utiliza Pablo "todos los hombres" en otro lugar de la carta?, y si es así, ¿con qué significado? En este pasaje "todos" ocurre tres veces (vv. 1, 4, 6), y dos veces modifica "hombres" y la otra vez se entiende que se refiere también a los "hombres".

La respuesta es que "todos" aparece más que tres veces en 1ª Timoteo: es decir, en el 4.10, con "los hombres" expresado, y en el 4.15 y 5.20, con la necesidad de suplir la frase: "los hombres". Un análisis de estos usos es instructivo.

4.10: "…el Dios viviente, que es el Salvador de todos los hombres…"
4.15: "…para que aprovechamiento sea manifiesto a todos"
5.20: "…repréndelos delante de todos…".

Cuando digo que los usos son instructivos quiero decir que nos ayudan determinar cómo comprender la palabra "todos". En los últimos dos usos, Pablo habla a Timoteo a la luz directa de su relación a la comunidad creyente. Es obvio, con la lectura de estos versículos, que "todos" quiere decir todos aquellos de la comunidad (y no de todos los hombres universalmente).

Pero la idea dada en el 4.10 es distinta, sin mencionar el contenido verbal específico. Aún sin la adición de "*mayormente de los que creen*", automáticamente entendemos que "todos los hombres" significa a todos los hombres universalmente. Sin duda habrá algún intérprete que tratará de cambiar nuestro parecer en cuanto a este punto; por esta razón estamos contentos que Pablo añadió: "*mayormente de los que creen*". Así no hay duda que "todos los hombres" quiere decir todo el mundo. Él que es Salvador de todos los hombres habla de la provisión; que él es Salvador especialmente de los que creen habla de la aplicación.

(Puedo escuchar el argumento de un calvinista diciendo, igual que antes, que si Dios es Salvador de todos, entonces todos se salvarán. Vuelvo a decir, como antes, tal interpretación es injustificable. Puede referirse de nuevo a la explicación expuesta en este capítulo y también mi respuesta dada al tercer argumento de los calvinistas en el capítulo cinco. De hecho, este pasaje en particular nos brinda apoya para contestar este argumento puesto que explica igualmente cómo él puede ser el Salvador de todos, y especialmente de los que creen, a quienes solo su Espíritu aplica la obra expiatoria de Cristo.)

Este uso de "todos los hombres" arguye ampliamente en favor de la misma interpretación en 2.1-6. De hecho allí, igual que aquí en el 4.10, Pablo está hablando sin el tipo de limitación autoevidente que "todos" tiene en el 4.15 y 5.20.

Probablemente estamos justificados a extender nuestra búsqueda del uso de Pablo de "todos los hombres" a su carta a Tito, dado que las dos cartas fueron escritas más o menos al mismo tiempo y ellas contienen unas condiciones y circunstancias similares. En la carta a Tito la frase "todos los hombres" ocurre dos veces, cada vez con la frase "los hombres" expresada:

2.11: "Porque la gracia de Dios se ha manifestado para salvación a todos los hombres".
3.2:   "…mostrando toda mansedumbre para con todos los hombres".

De nuevo no hace falta ningún análisis profundo para reconocer que su uso en estas dos ocasiones no está limitado. En ninguno de los dos pasajes Pablo está hablando específicamente de la vida de la comunidad cristiana. En los dos versículos el tema es la vida cristiana en medio del mundo. En el 2.11, Pablo exhorta a los esclavos cristianos que adornen la doctrina de la salvación con el comportamiento correcto debido a que la gracia salvífica de Dios se ha manifestado y enseña el vivir piadosamente. Ellos debilitarán esta gracia si sus vidas no concuerdan con ella. No diré más sobre la conexión de la frase "a todos los hombres" más allá que señalizar que parece más probable vinculada al uso adjetival singular de *soterios*, "para salvación": "*Porque la gracia de Dios se ha manifestado para salvación a todos los hombres*".[13] (Tiendo a creer que la idea de cierto modo paralela en el 3.4 lo sostiene, pero no se puede ser dogmático.) A pesar de ello, el impacto del versículo es lo mismo y es universal: la gracia salvífica de Dios, que apareció en la historia por medio de la obra redentora de Jesucristo, se ha provisto para todas las personas.

En Tito 3.2, igual que en 1ª Timoteo 2.1-6, se involucra de nuevo el tema de los gobernantes y las autoridades, es obvio que no todos ellos fueron (ni solían ser) creyentes. Pero enfrentado con los gobernantes no creyentes , igual que con todos los hombres, el cristiano recuerda su vida pecaminosa anterior y manifiesta su sumisión a los gobernantes y la mansedumbre a todo el mundo.

Desde luego, el argumento en cuanto a 1ª Timoteo 2.1-6 no depende de este uso de Tito, sin embargo su utilización, si significa algo, añade una medida de apoyo para el entendimiento universalista de "todos los hombres" en esta carta a Timoteo.

Quisiera yo terminar este capítulo con lo que creo sea una observación importante, aunque la ofrezco sin *hubris*. Todos nosotros que trabajamos con la Palabra de Dios hacemos bien en recordar que no le honramos a él a través de nuestra ingeniosidad interpretativa sino con la sumisión a lo que él dice. Exponer, o aún demostrar, que una afirmación dada *puede* interpretarse de cierta manera no nos da a nosotros ningún mérito. La cuestión no siempre es lo que las palabras pueden significar sino lo que quieren decir en el texto a mano. En 1ª Juan 2.2 y en 1ª Timoteo 2.1-6, el significado más obvio de los términos "el mundo" y de "todos los hombres" es universalista. En estos casos, una exégesis cuidadosa sostiene el significado obvio.

Lectura adicional sobre la doctrina de la predestinación en el Nuevo Testamento:

en español

F. Leroy Forlines, *Teología Cristiana Sistemática* (Casa Randall de Publicaciones, 1992), cap. 9.

J. Kenneth Grider, "La Expiación, Interpretaciones de" en *Diccionario Teológico Beacon*, redactor general Richard S. Taylor (Editorial Casa Nazarena De Publicaciones, 1995), pp. 290-292.

Wayne G. McCown, "Expiación" en *Diccionario Teológico Beacon*, redactor general Richard S. Taylor (Editorial Casa Nazarena De Publicaciones, 1995), pp. 289-290.

en inglés

I. H. Marshall, "Universal Grace and Atonement in the Pastoral Epistles, (*"La gracia universal la expiación en las cartas pastorales"*) en *The Grace of God, the Will of Man* (*La gracia de Dios, la voluntad del hombre*), redactado por Clark Pinnock, (Editorial Zondervan, 1989), cap. 3.

Grant R. Osborne, "Exegetical Notes on Calvinist Texts" (*"Apuntes exegéticos sobre textos calvinistas"*) en *Grace Unlimited* (*Gracia ilimitada*), (Editorial Bethany Fellowship, 1975), cap. 9.

Stanley Outlaw, "Commentary on 1 Timothy" (*"1ª de Timoteo"*) *The Randall House Bible Commentary: 1 Thessaonians Through Philemon* (*El comentario bíblico de la Casa de Randall: 1ª de Tesalonicenses a Filemón*) (Editorial Randall House, 1990), pp. 199-206.

Notas del Capítulo 7

[1] Paul Jewett, *Election and Predestination* [*Elección y predestinación*] (Editorial Eerdmans, 1985), 28, 29; el énfasis es del Dr. Jewett.

[2] Donald M. Lake, "He Died For All: The Universal Dimensions of the Atonement" [*"El murió por todos: las dimensiones universales de la expiación"*] en *Grace Unlimited* [*Gracia ilimitada*], Clark H. Pinnock, redactor, (Editorial Bethany Fellowship, 1975), 39.

[3] Louis Berkhof, *Teología Sistemática*, trad. Pbro. Felipe Delgado Cortés, tercera edición española revisada, (Editorial T.E.L.L., 1976), 470.

[4] Roger Nicole, "The Case for Definite Atonement" [*"El caso por la expiación definitiva"*] (*Bulletin of the Evangelical Theological Society* 10:4 [1967], 199-207), 206.

[5] Nicole, 206.

[6] Nicole, 206.

[7] W. G. T. Shedd, *Dogmatic Theology* [*Teología dogmática*] (Editorial Zondervan, s.f.), II:440-442.

[8] Berkhof, 470, 471.

[9] Shedd, II:468; el énfasis del Dr. Shedd.

[10] Shedd, II:469, 470.

[11] Shedd, II:469.

[12] William S. Sailer, "The Nature and Extent of the Atonement—A Wesleyan View" [*"La naturaleza y la extensión de la expiación—un punto de vista wesleyana"*] (*Bulletin of the Evangelical Theological Society* 10:4 [1967], 189-198), 192, 193.

[13] K. H. Schelkel (sobre *soterios*), *Exegetical Dictionary of the New Testament* [*Diccionario exegético del NT*] Balz y Schneider, redactores, (Editorial Eerdmans, 1993), III:329.

La aplicación de la salvación

¿Cómo ocurre tal maravilla como la liberación de una persona del reino de las tinieblas al reino del Hijo amado? ¿Cómo se hace personal la salvación en la experiencia del nuevo creyente?

Sugiero que, en cuanto a esta obra, hay más de significado que aquello que se suele pensar. De un modo, el argumento entero entre el calvinismo y el arminianismo se reduce a este tema. Porque si la salvación es incondicional, no hay nada más que decir porque es aplicada incondicionalmente. De la misma manera, si es condicional, se aplica condicionalmente.

Es por esto que el término *aplicación* encaja aquí perfectamente. El arminiano Pope rechaza el uso de los términos *aplicación* y *apropiación*, diciendo que el primero sugiere "el error predestinario que toma por sentado que se aplica la obra completada de Cristo al individuo según el propósito determinado de la elección de gracia". Rechaza *apropiación* porque "tiende hacia el otro lado del pelagianismo, obviamente haciendo que la provisión de la expiación hecha por Cristo sea un asunto del individuo aceptar o rechazarla de su propio libre albedrío".[1] Pero en sí estos términos no conllevan tales significados: hay aplicación y hay apropiación —cualquiera de los términos significa lo que significa según su uso en el contexto. Pope prefiere la *administración* de la redención, que en sí es una frase aceptable pero no mejora en nada el término *aplicación*.

En los tomos sobre la teología, la sección sobre la soteriología suele tocar tales doctrinas como la unión con Cristo, el llamamiento de la gracia, la regeneración, la justificación y la santificación. El tema en sí es demasiado grande para discutir detalladamente todas sus implicaciones aquí. Como consecuencia, mientras vamos a tocar algunos de estos temas, debemos proceder directamente al corazón del asunto. Así pues, más bien que dirigirme a todo el campo de las cuestiones soteriológicas, me enfocaré en dos temas fundamentales. Son la *depravación* y la *condicionalidad*.

Relacionadas íntegramente al tema de la depravación se encuentran tales preguntas como: ¿Cuáles son los efectos de la caída? ¿Es el hombre totalmente depravado? Si lo es, ¿existe tal cosa como el libre albedrío? ¿Cómo afectará el punto de vista adoptado sobre la depravación la manera en que se comprende que la salvación llega a ser la experiencia de la persona?

Relacionadas al asunto de la condicionalidad son unas preguntas igualmente serias: ¿Es la salvación por la fe? ¿Cómo se involucra el orden de la salvación (*ordo salutis*)? ¿Es la fe el don de Dios? ¿Cómo se relaciona la salvación por la gracia a la salvación por la fe? —o, también, ¿a una salvación por las obras?

Igual que en las dos secciones previas, expondré primero un capítulo que explica el punto de vista calvinista sobre estos temas, entonces un capítulo escrito desde la perspectiva arminiana. (Si se me permite aventurar una observación, creo que esta es el área donde el calvinista entiende menos sobre el arminianismo, por lo menos sobre el arminiano reformado.) Después vendrá un capítulo enfocado en la teología bíblica involucrada en los temas.

Capítulo Ocho

El Calvinismo y la administración de la salvación

Es difícil no admirar la lógica unificada del calvinismo. La representación típica del calvinismo suele verse en cinco secciones unidas:

Depravación Total
Elección Incondicional
Expiación limitada
Gracia Irresistible
Perseverancia de los Santos.

En esta sección vamos a examinar detenidamente las implicaciones del primero y cuarto de estos puntos. En resumen, el punto de vista calvinista es que la depravación de hombre es tal que se ha invalidada eficazmente su libertad constitucional. Su voluntad está esclavizada, no libre. A pesar de la generosidad de la salvación en Cristo que Dios ofrece, no hay nadie que la desea o la pueda aceptar en su estado natural. Es por esto que se debe aplicar la salvación por medio de una obra eficaz de gracia que "va en contra" de la voluntad del hombre, una obra divina que supremamente vence su resistencia natural. Y de ahí, la salvación comience, lógicamente, con la regeneración: una persona ha de ser regenerada antes de que pueda ejercer la fe.

Ahora vamos a examinar los elementos claves de este punto de vista.

1. El hombre después de la Caída

En su creación Adán y Eva fueron igualmente buenos y libres. Pero el primer pecado les llevó, y a todos los nacidos de su raza, a la cautividad de una naturaleza corrompida. Esta es la depravación y es total, manchando cada aspecto del ser humano.

1) Esto no quiere decir que cada persona es tan mala como podría ser, ni que cada persona comete cada pecado. De hecho, las personas no regeneradas tienen una consciencia que distingue entre el bien y el mal, y muy a menudo decide no violarse su consciencia. Los pecadores suelen mantener alguna medida de apreciación por lo noble y virtuoso. A veces, pueden ser deliberadamente altruistas en cuanto a sus acciones o motivaciones. No obstante, la depravación total es la condición en que nacen por naturaleza todos los seres humanos.

2) Estrechamente asociados con esta depravación hay otros dos resultados de la caída: la culpa del "pecado original" y la condenación consecuente por Dios. El

propósito de este libro no nos requiere que tratemos estos aspectos. No se tocará el tema difícil que divide hasta los leales mismos a Calvino, es decir: ¿Cómo se imputan la culpa y la condenación debidas al pecado de Adán a la raza entera? Algunos prefieren el punto de vista agustino, basándose en la teoría de la "cabeza natural". Otros optan por la idea de la "cabeza federal".[2]

3) No existe tal diferencia de opinión en cuanto a la naturaleza de la depravación. El hombre depravado está predispuesto, debido a su naturaleza hacia el mal, prefiriendo lo malo en lugar de cualquier cosa pura. Vive, por gusto, en un estado de rebelión contra Dios, sofocando la verdad y cegado a ella. No puede desear genuinamente lo bueno en el sentido de arrepentirse de su mal y abrazar lo bueno; todos sus deseos de este tipo ya están contaminados demasiado por la auto voluntad para prevalecer. Por tanto, la voluntad del hombres está atada, ya no está libre para elegir a Dios. De hecho, en ninguna persona hay alguna cosa buena, en relación a Dios, sólo perversión.

Siendo así la *depravación total*, quiere decir que domina el ser total del hombre: "todas las facultades y poderes del alma como del cuerpo".[3]

También se lo puede llamar la *total incapacidad*, que significa, a pesar de lo ya se ha expuesto anteriormente: (1) que la persona no regenerada no puede hacer lo bueno en ningún sentido ni que recibe la aprobación divina, y (2) que el hombre no puede lograr un cambio de su egoísmo radical del pecado hacia un deseo real por lo que es santo y lo que satisface las demandas de la ley de Dios.[4]

Este punto de vista tiene una consecuencia significativa en cuanto a nuestro entendimiento del ofrecimiento de la salvación en el evangelio. Cuando estamos considerando lo que Dios, en su gracia, extiende a todos, es decir, dar la salvación en Cristo a cualquiera que creerá, nos damos cuenta de que, ninguna persona no regenerada pueda responder a esto que Dios ofrece. La depravación total ha dejado al hombre caído imposibilitado e incapaz de creer en el evangelio. No puede ejercer su fe en Cristo.

2. El papel clave de la regeneración

La "solución" a este problema de la depravación se encuentra en la regeneración, que puede definirse como la obra sobrenatural del Espíritu Santo, basada en los méritos de la obra redentora de Cristo, que se le ejerce directamente al espíritu del hombre para llevarle de la muerte a la vida, de la separación de Dios a una relación viva con él.

La naturaleza de la regeneración. Algunos de sus atributos importantes son:

1) La regeneración implica una unión "mística" entre Cristo y el elegido que lógicamente, aunque no cronológicamente, la precede y provee la base para ella.

2) La regeneración es una obra inmediata e interna dentro del hombre. "La influencia del Espíritu es distinta de la de la verdad; de la del hombre sobre el hombre; y de la de cualquier instrumento o medio. Su energía actúa *directamente* sobre el alma humana misma".[5] Así, quiere decir que el Espíritu de Dios opera

sin utilizar aún la Palabra de Dios. La regeneración no requiere la fe por parte del individuo; como observa el Dr. Shedd: "Un hombre muerto no puede asistir en su propia resurrección".[6]

3) La regeneración en sí es totalmente subconsciente. La persona regenerada no se da cuenta de la obra y es totalmente pasiva. Cualquier reconocimiento de la regeneración que pueda desarrollarse en la experiencia individual se basa en una percepción de sus efectos.[7]

4) La regeneración es lógicamente la primera obra involucrada en la aplicación de la salvación. Todos los otros aspectos de la experiencia de la redención vienen lógicamente de ella y la necesitan como requisito.

5) La regeneración no se vincula necesariamente con la conversión, aunque las dos típicamente ocurren simultáneamente. Mientras la regeneración no es algo consciente, la conversión sí lo es y puede coincidir con la regeneración o seguirla separadamente después de un tiempo. Mientras la regeneración no requiere la Palabra, la conversión la necesita.

El llamamiento eficaz. En cuanto a la aplicación de la salvación, los calvinistas recalcan el papel del Espíritu Santo al llamar "eficazmente" a la persona a conversión.

1) Hay una distinción entre el llamamiento *exterior* y el *interior*. (1) El llamamiento exterior es la proclamación indiscriminada del evangelio. Es el ofrecimiento general (o universal) de la salvación en Cristo que invita a los pecadores a que se arrepientan y crean, así prometiendo la salvación a cualquiera y a todos los que crean. Aunque sólo son los elegidos los que responderán, es un ofrecimiento de buena fe. Sin embargo, este llamamiento exterior en sí no es eficaz. (2) El llamamiento interior es el exterior hecho eficaz por medio de la operación directa del Espíritu Santo en el corazón del elegido. Se puede llamarlo *efectivo* o *eficaz*.

2) Las características del llamamiento eficaz son: (1) Se requiere la Palabra y es un llamamiento consciente. (2) Es una obra poderosa y sobrenatural del Espíritu Santo y, por tanto, no se puede resistir. (3) Es eficaz porque la regeneración ya ha provisto a la persona con lo que el Dr. Berkhof llama el "oído espiritual"[8] de modo que ahora puede oír y responder: "Ahora hay una vitalidad espiritual que puede responder a la verdad".[9] (4) Resultará necesariamente en la conversión del pecador.

Algunos calvinistas de antaño equilibraron efectivamente la regeneración con el llamamiento eficaz, pero tal punto de vista no es típico de la teología reformada en sus formas más detalladamente desarrolladas. Algunos exponen que la "regeneración en sí", es su sentido más estricto, es la implantación de la vida divina [mencionada anteriormente], mientras este llamamiento eficaz es la terminación de la obra de la regeneración en el sentido más amplio y así es lo mismo que el "nacimiento nuevo", o sea, la primera manifestación consciente de la vida implantada en la propia regeneración. Esta distinción hace posible que el calvinista pueda reconocer que el "nacimiento nuevo" requiere la Palabra, mientras la regeneración en sí no la necesita.

La regeneración en el ordo salutis. La expresión latina *ordo salutis* traduce como el "orden de la salvación". Los calvinistas delinean conscientemente los varios aspectos de la experiencia salvífica y los relacionan el uno al otro en un orden *lógico*.

(Hay que recalcar el hecho que este orden no ha de considerarse como un orden *cronológico.*)

Aquí no hay necesidad para entrar en una exposición detallada del *ordo salutis.* Para el propósito presente es suficiente relacionar la regeneración a los otros eventos principales.

Como ya se ha indicado, la regeneración es la primera obra de la aplicación. Por lo tanto, el orden calvinista es:

la regeneración
el llamamiento eficaz
la conversión, que incluye dos elementos:
    1) el arrepentimiento y
    2) la fe
la justificación
la santificación.

La lógica de este arreglo es significativa. La regeneración hace que todo lo demás sea posible, porque capacita al individuo (de otro modo, depravado) para oír el evangelio con un entendimiento, y así puede responder al llamamiento eficaz en el arrepentimiento y la fe, que en sí son dones de Dios. Así pues, mientras este individuo no habría tenido ningún recuerdo consciente de la regeneración como tal, la conversión, compuesta del arrepentimiento personal y la fe, sí es una experiencia consciente. Y mientras la proclamación del evangelio no es necesaria para la regeneración, es esencial para el llamamiento eficaz y para la conversión.

Así pues, basada en la fe recibida divinamente, se justifica a la persona convertida. Y la santificación, siendo la obra en curso del Espíritu Santo, procede desde allí.

Hay algunos puntos menores que no entran realmente en la discusión de esta obra. Entre ellos son las implicaciones posibles de este período de tiempo que puede, aunque no típicamente, separar la conversión del resto del orden que sigue la regeneración. Una de estas es que una persona podría ser regenerada como un infante, con la conversión que sigue cuando haya bastante madurez para lograr una comprensión personal. Es más probable que tal cosa ocurre entre los hijos de los padres elegidos que de otra manera: "A menudo se inculca en los corazones de los hijos mucho antes de que puedan oír el llamamiento del evangelio".[10] (También existe la posibilidad de que una persona podría ser regenerada y nunca —por falta de oír el evangelio— ser realmente convertida en esta vida. El Dr. Shedd se expone largamente sobre esta posibilidad, apresurándose a observar que tal caso es una obra "extraordinaria" del Espíritu y no debe ser ninguna pauta para la iglesia en su tarea evangelística.[11] Muchos calvinistas insisten en que el Dr. Shedd fue demasiado especulativo en permitir esta posibilidad.

3. El papel clave de la fe

Dado el orden ya bosquejado, sigue efectivamente que la fe es una parte de la obra de la salvación llevada a cabo por los elegidos más bien que una condición que el individuo debe satisfacer para poder ser salvo. El Dr. Berkhof define la fe que salva como: "una convicción segura, operada en el corazón mediante el Espíritu Santo, respecto a la verdad del evangelio, y una confianza (fe) sincera en las promesas de Dios en Cristo".[12]

1) Como hemos visto, una fe salvífica no es posible para la persona no regenerada; su depravación lo previene. Esta fe no se encuentra dentro de la capacidad de la voluntad atada del hombre natural y, por lo tanto, no puede ejercer la fe para poder salvarse de su condición no regenerada.

Si la fe estuviera dentro de la facultad del hombre natural para ejercer, según su voluntad, o no, entonces la voluntad imprevisible sería la causa directa de la salvación. De esta manera la salvación sería dispuesta al capricho humano más bien por el decreto de Dios. De hecho, tal "fe" sería una *obra* del hombre, una actividad que hace que el hombre sea por lo menos igualmente responsable por su salvación. Tal punto de vista es "sinergístico", y tal salvación no es ninguna obra pura de la gracia de Dios.

2) Por lo tanto, la fe (junto con el arrepentimiento) es primordialmente un don de gracia dado por Dios y únicamente de una manera secundaria es una actividad humana que surge de la obra de Dios. Si Efesios 2.8, 9 no lo dice explícitamente, por lo menos lo hace implícitamente. De esta manera, el hombre no recibe ningún mérito por la fe igual que no recibe mérito por la muerte expiatoria de Jesús: "La semilla de la fe se implanta en el hombre en la regeneración".[13] "Una persona no es regenerada porque primero ha creído en Cristo, sino cree en Cristo porque ha sido regenerada".[14] De nuevo: "La fe es un efecto del cual la regeneración es la causa".[15]

3) Así, pues, es más técnicamente correcto hablar de una "justificación por la fe" más bien de referirse sin discriminación de una "salvación por la fe". Esta última oración puede utilizarse correctamente, pero en tal caso se está usando el término amplio "salvación" como una sinécdoque por la "justificación" como uno de sus elementos claves. Y, sin duda, sería incorrecto hablar de una "regeneración por la fe". La Biblia nunca lo hace.

Lectura adicional sobre el punto de vista calvinista en cuanto a la aplicación de la salvación:

en español

L. Berkhof, *Teología Sistemática*, tercera edición español revisada (Editorial T. E. L. L., 1976), 541-610.

S. B. Ferguson, "Ordo Salutis", en el *Nuevo Diccionario de Teología* (Casa Bautista de Publicaciones, 1992), p. 696-697.

Vernon C. Grounds, "Espiación", en el *Diccionario de Teología*, cuarta edición en castellano, (Editorial T. E. L. L., 1993), pp. 226-233.

Charles Hodge, *Teología Sistemática*, tomo II, (Libros CLIE, 1991), pp. 295-371.

Francisco Lacueva, *Doctrinas de la Gracias*, tomo V en el *Curso de Formación Teológica Evangélica*, (Editorial CLIE, 1975), pp. 17-122.

John Murray, *La Redención Consumada y Aplicada*, (Editorial CLIE, 1993), pp. 87-141.

Charles C. Ryrie, *Teología Básica*, (Editorial Unilit, 1993), pp. 362-373.

en inglés

Loraine Boettner, *The Reformed Doctrine of Predestinación* (Eerdmans, 1954), pp. 61-82, 162-181.

Gordon Clark, *Biblical Predestination* (Presbyterian and Reform, 1969), pp. 85-144.

Arthur Custance, *The Sovereignty of Grace* (Baker, 1979), pp. 91-130, 175-189, 359-364).

William G. T. Shedd, *Dogmatic Theology*, (Zondervan, sin fecha), tomo II, pp. 242-257, 490-552.

Notas sobre la Sección 4 y del Capítulo 8

[1] W. B. Pope, *Compendium of Christian Theology* [*Compendio de la teología cristiana*] (Editorial Wesleyan-Methodist Book-Room, 1880), II:319.

[2] Para una presentación provechosa de estos puntos de vista, ver Leroy Forlines, *Teología Cristiana Sistemática*, trad. Ronald Callaway (Casa de Randall, 1992), 122-132. Ver también W. G. T. Shedd, *Dogmatic Theology* [*Teología dogmática*] (Editorial Zondervan, s.f.), II:13-94.

[3] Louis Berkhof, *Teología Sistemática*, trad. Pbro. Felipe Delgado Cortés, tercera edición española revisada, (Editorial T.E.L.L., 1976), 294.

[4] Berkhof, 294.

[5] Shedd, II:500.

[6] Shedd, II:503.

[7] Berkhof, 560, 561; Shedd, II:502-509.

[8] Berkhof, 561.

[9] Shedd, II:508.

[10] Berkhof, 560, 561; compárese Shedd, II:508, nota.

[11] Shedd, II:706-711.

[12] Berkhof, 603.

[13] Berkhof, 603.

[14] Shedd, II:509.

[15] Shedd, II:503.

Capítulo Nueve

La salvación aplicada en el punto de vista arminiano

Igual que en el capítulo anterior, tenemos dos cosas básicas en mente —la depravación del hombre y la condicionalidad de la salvación— y cómo se involucran las dos en la manera de aplicar o administrar la salvación, al individuo por la gracia de Dios. Ahora vamos a considerar la postura arminiana, especialmente en cuanto puede ser igual o contrastada con el punto de vista calvinista (delineado anteriormente).

En resumen, el arminiano está de acuerdo con el calvinista en cuanto a la depravación total (aunque no es así con todos los arminianos) —y los calvinistas no creen que sea así con ningún arminiano— y no está de acuerdo en cuanto a la condicionalidad de la salvación. El problema de la incapacidad del hombre depravado para responder de una manera positiva al evangelio fue resuelto con lo que Arminio llamó la "gracia previniente". Y, según él, el *ordo salutis* comienza con la conversión: o sea, con el arrepentimiento y la fe. Los detalles importantes de esta posición se exponen en lo que sigue.

1. Los arminianos y la depravación total

Para la posición de los arminianos reformados en cuanto a la depravación, simplemente se puede repasar la sección "El hombre después de la Caída" (el capítulo 8). Allí se expuso el punto de vista calvinista sobre la depravación, y el arminiano prudente puede estar de acuerdo con todo lo detallado allí.

Para resumir:

1) Desde la caída de Adán y Eva, todos los seres humanos heredan, de los padres originales, una naturaleza corrupta, tan inclinada hacia el mal ahora como lo fueron Adán y Eva hacia el bien antes de la caída.

2) Como consecuencia de esta condición, la voluntad humana ya no está libre, por su naturaleza, de elegir a Dios aparte de la obra sobrenatural del Espíritu de Dios.

3) Por tanto, dejado a sí mismo, nadie puede, ni quiere, aceptar el ofrecimiento de la salvación en el evangelio para ejercer una fe salvífica en Cristo.

4) Se puede llamar propiamente esta condición la *depravación total* porque domina cada aspecto del ser humano, y la *incapacidad total* porque que deja a la persona incapacitada para hacer cualquier cosa que fuera verdaderamente buena ante Dios. El Dr. Watson lo expresa así: "El arminiano verdadero, tanto como el calvinista, afirma la doctrina de la depravación total de la naturaleza humana como consecuencia de la caída de nuestros primeros padres". Continúa para expresar un

acuerdo total con la posición del Calvino: "El hombre está tan totalmente abrumado, igual que como un diluvio, que no hay ninguna parte libre del pecado, y por lo cual, cualquier cosa que sale de él es considerada pecado".[1]

El Dr. Watson fue un teólogo principal siguiendo el pensamiento de Wesley. Los calvinistas suelen reconocer que los wesleyanos, distintos a los arminianos del siglo 17, creían en la depravación total.[2] Paul Jewett reconoce que Wesley exponía tal punto de visto "agustino" del pecado, y añade: "Para Wesley el pecado original no fue ninguna debilidad moral, como lo fue para el arminiano clásico, sino le fue una depravación que exigía la gracia de Dios para la salvación".[3] Wesley empleaba el uso bíblico de la metáfora de "dormido" como una descripción del hombre en su condición natural:

> Sus sentidos espirituales no están despietes; no discierne ni el bien espiritual ni el mal. Los ojos de su entendimiento están cerrados…. Por lo cual, no teniendo entrada para el conocimiento de las cosas espirituales, todas las avenidas de su alma estando cerradas, existe en una ignorancia flagrante y estúpido de lo que le es supremamente necesario saber.[4]

De nuevo, hablando del pecador, aún en medio de la convicción de su pecado, Wesley observa:

> Aunque luche con toda su fuerza, no puede vencerlo: el pecado es más fuerte que él. Desea escapar; pero está bien encerrado en prisión, de modo que no puede salir…. Tal es su libre albedrío; libre sólo para pecar; libre para "beber la iniquidad como agua"; libre de vagar cada vez más lejos del Dios viviente, libre para hacer *afrenta al Espíritu de gracia*.[5]

Esto es lo que dice Wesley, pero los calvinistas no tienen razón en cuanto a los arminianos *originales*. Arminio y los remonstrantes también exponían igualmente la doctrina de la depravación total con sus implicaciones en cuanto a la necesidad de la gracia. Arminio mismo dijo:

> En su *estado caído y pecaminoso*, el hombre no es capaz, en sí mismo, ni a pensar, ni a desear ni hacer lo que es realmente bueno; sino le es necesario ser regenerado y renovado en su intelecto, en sus afecciones o voluntad y en todos sus poderes, por Dios en Cristo por medio del Espíritu Santo, para que sea capacitado debidamente a entender, estimar, concebir, querer y hacer cualquier cosa que sea verdaderamente buena.[6]

En otro lugar él reprendió mordazmente a cualquier persona que "creyera que el hombre pudiera hacer alguna porción de bien por medio de los poderes naturales". Dijo que tal pensamiento no está "lejos del pelagianismo".[7] Y aún en otra ocasión afirmó, describiendo el estado caído:

Es este estado, el libre albedrío del hombre en cuanto al bien no sólo está herido, dañado, enfermo, doblado y debilitado; sino también está encarcelado, destruido y perdido. Y sus poderes no sólo están debilitados y inútiles, si no reciben asistencia de la gracia, sino no tiene poderes de ningún modo, excepto los que están despertados por la gracia divina.[8]

Skevington Wood tiene razón cuando observa: "Es obvio que la perspectiva [de Arminio] ha de distinguirse de cualquier optimismo pelagiano en cuanto a la capacidad inherente del hombre a lograr lo ideal de la bondad"[9] Y Jack Cottrell, precipitándose demasiado y abandonando su normal juicio cauteloso y sano, asevera como un "hecho" que "la Biblia no retrata al hombre como totalmente depravado"; y aunque afirma que el hombre "*puede* responder en fe al evangelio," parece basar tal capacidad en la constitución humana más bien que en la gracia de Dios que capacita al hombre.[10] Y esto, si es su intención, no encaja con el arminianismo de Arminio mismo.

En el capítulo anterior mencioné brevemente que según el punto de vista calvinista la culpa debida al pecado original y la condenación que vino como resultado pasaron a (o fueron heredadas por) toda la raza humana. Igual que allí, tampoco en este capítulo este tema no tiene que ocupar mucho espacio. En sí la cuestión no tiene que ver directamente con la discusión de la capacidad del hombre no regenerado para responder, de una manera positiva, al ofrecimiento del evangelio, ni con los puntos del *ordo salutis* en juego aquí.

Así pues, es suficiente recalcar que los arminianos pueden estar de acuerdo en que la culpa y la condenación del "pecado original" llegaron a la raza juntamente con la depravación de la naturaleza humana. Es verdad que no todos los arminianos lo han afirmado. Por ejemplo, Richard Watson, en su discusión de los resultados de la caída, nunca lo afirma, aunque habla claramente sobre la depravación y la muerte espiritual de la raza humana que resultaron de la caída. Donald Lake recalca que Romanos 5.12 "no apoya la idea de que somos culpables por el pecado de Adán".[11] Pero bien se podría ser otra de las distorsiones suyas del arminianismo clásico.

Hay buena razón para sacar la conclusión de que el mismo Arminio y los remonstrantes originales no sólo enseñaron la depravación total y la muerte espiritual, sino que también expusieron que, por medio de Adán, todo las personas heredaron la culpa y la condenación. La cita siguiente manifiesta claramente este hecho.

Sin embargo, la totalidad de este pecado, es decir, "el primer pecado del primer hombre", no es particular a nuestros primeros padres, sino es común a la raza entera y a toda su posteridad, que, al tiempo de cometer el pecado, estuvo en sus lomos, y desde entonces ha descendido de ellos por el modo natural de la propagación, según la bendición primitiva. Porque en Adán "todos han pecado" (Ro. 5.12). Por lo cual, cualquier castigo sentenciado sobre nuestros primeros padres, de igual manera dominó y sigue persiguiendo a toda su posteridad. Así que, todos los hombres "son por naturaleza los hijos de ira", (Ef. 2.3) expuestos a la condenación y a la muerte temporal igual que a la eterna.[12]

Otros están de acuerdo con esta conclusión: "Sin embargo, Jacobo Arminio…
aceptó la premisa básica de la enseñanza agustina sobre el pecado original, es decir,
que toda la humanidad se encontró en los lomos de Adán cuando él pecó y así
comparte su castigo. Todas las personas son hijos de la ira hasta que estén libertados
en Cristo".[13] Más que una vez Arminio afirmó inequívocamente que "en Adán todos
los hombres transgredieron la ley".[14]

Así también era la creencia de otros arminianos de la reforma. Por ejemplo,
Thomas Grantham escribió que:

> …el pecado de la humanidad o es *original* o es *actual*. El primero ha llegado
> a todos, hasta los infantes humanos están bajo su dominio; de quien es verdad la
> afirmación: *no pecaron a la manera de la transgresión de Adán* (Ro. 5.14b). Sin
> embargo el hecho que la muerte reina sobre éstos, demuestra que la transgresión de
> Adán les está dominando.[15]

De nuevo, "No niego el pecado original, porque sé que ha venido sobre toda la
posteridad de *Adán*, y la muerte pasó a ellos, porque todos han pecado en él."[16]

Dado que los calvinistas tienen dificultad entre sí para ponerse de acuerdo en
cuanto a que si lo ocurrió por naturaleza o si que Adán fue la cabeza representativa de
toda la raza, tampoco necesitamos investigar más el tema aquí. No obstante, puedo
decir que los arminianos tienden más probablemente a verlo como el resultado de
la relación natural. Tal punto de vista, como visto anteriormente, parece ser el de
Arminio.

2. El papel de la gracia pre-regeneradora

Si para el calvinista la regeneración es la solución para el problema de la
depravación y la incapacidad del hombre, el arminiano encuentra su respuesta en lo
que Arminio llamó "la gracia preveniente".[17]

El término.

"Preveniente" refleja el significado: *anticipar, ir delante de, preceder*. Pablo
escribe de los cristianos vivos cuando venga Cristo "no precederemos a los que
durmieron" (1 Tes. 4.15b). El salmista escribe: "Me anticipé al alba…" (Sal.
119.147a). Estos usos sirven para ilustrar el significado de ir delante de algo o alguien.

Lo que Arminio quería decir con la "gracia preveniente" es que la gracia
precede la regeneración real y que, excepto cuando esté finalmente resistida, conduce
inevitablemente a la regeneración. Arminio observó claramente que esta "asistencia
del Espíritu Santo" es de tal eficacia "como para guardarse de gran distancia del
pelagianismo".

Tomando en cuenta el uso arcaico del término la "gracia preveniente", será mucho
mejor usar otro nombre para esta gracia. A veces he usado el término la "gracia que
capacita", que bien refleja sus efectos; pero de igual manera a mí me gusta el nombre

la "gracia pre-regeneradora", y lo utilizaré en la obra. Este término tiene la ventaja de conectar estrechamente la obra del Espíritu Santo con la regeneración misma, donde en verdad debe ser.

El concepto de la gracia pre-regeneradora.

Por definición, la gracia pre-regeneradora es aquella obra en que el Espíritu Santo "abre el corazón" (Hch. 16.14) de los no regenerados a la verdad del evangelio y les capacita para responder en fe de una manera positiva. Al enfatizar esta obra es el "movimiento" teológico, digamos, que hace posible que los arminianos puedan insistir, con sinceridad, que "en cada caso es Dios que toma la iniciativa en la salvación y llama a los hombres a él, y obra en sus corazones por su Espíritu...ni nadie pueda salvarse sin primero ser llamado por Dios".[18]

Teológicamente, este concepto satisface la necesidad del pecador totalmente depravado. Como ya se ha reconocido, la persona no regenerada es totalmente incapaz para responder positivamente, por medio de su voluntad natural, a la llamada de la salvación contenida en el evangelio. La gracia pre-regeneradora simplemente quiere decir que el Espíritu de Dios vence esta inhabilidad a través de una obra directa en el corazón, una obra que es adecuada para capacitar a la persona todavía no regenerada que comprenda la verdad del evangelio, que desee a Dios y ejerza una fe salvífica. Como expresó Arminio, al contestar la pregunta a que si Dios requiere la fe del hombre caído o no, el hombre "no puede tener fe de sí mismo", y Dios sólo puede exigirla porque "él ha determinado otorgar al hombre una gracia suficiente por medio de la cual el hombre puede creer".[19] Dijo también: "Está claro, de las Escrituras, que no se pueden ejercer el arrepentimiento y la fe aparte de un don de Dios. No obstante, las mismas Escrituras y la naturaleza de los dos dones enseñan muy claramente que este otorgamiento es por medio de la persuasión".[20]

Bíblicamente, la intención de este concepto es expresar la verdad encontrada en pasajes como Juan 6.44: "Ninguno puede venir a mí, si el Padre que me envió no le trajere...". A la luz de tales declaraciones, se puede referirse a la gracia pre-regeneradora como el "traer". A la luz de Hechos 16.14: "...Lidia... el Señor abrió el corazón de ella para que estuviese atenta a lo que Pablo decía", se puede llamar la gracia pre-regeneradora el "abrir del corazón". O mirando a Juan 16.8: "Y cuando él venga, convencerá al mundo de pecado, de justicia y de juicio", hay el sentido en que se puede referirse a la gracia pre-regeneradora como la "convicción" o el "convencimiento".

Elementos de la gracia pre-regeneradora.

Convicción. Como ya se ha notado, quiere decir que el Espíritu convence a la persona no regenerada en cuanto a la verdad del evangelio. Si el entendimiento de los no regenerados es cegado (2 Co. 4.4) a esta verdad, la obra de convencer al pecador sirve para abrir sus ojos para comprenderla —que es esencialmente lo mismo como "abrir el corazón" mencionado previamente, lo que permitió a Lidia que pudiera atender las cosas que escuchaba. En esta manera, el pecador depravado, de otro modo no convencido por todo esto, es convencido de sus pecados y culpa, de su condenación, del hecho de que el camino de Dios es el correcto y del hecho que Cristo le ha provisto la redención, si sólo aceptará, por fe, el don de Dios.

Persuasión. Mientras que este término no añade mucho a lo que se ha expresado ya sobre la convicción, mi propósito en usarlo es recalcar el hecho de que el convencer no es meramente un convencimiento estéril e intelectual. El Espíritu hace que la verdad sea atractiva al pecador. Le atrae, le llama, pone la mordacidad en el convencer, así "persuadiendo a la voluntad humana para que sea inclinada a ceder positivamente a las verdades predicadas".[21] "Por medio de la persuasión interior del Espíritu Santo…él efectúa la fe y obliga a sí mismo a otorgar la salvación al creyente".[22]

Capacitar. Puede que no sea necesario añadir este término a la convicción. Aún así, hay algo importante aquí. Por medio de esta obra de gracia que es todavía pre-regeneradora, el Espíritu capacita a la persona (que de otra manera sería incapaz de recibir a Cristo por la fe). En primer lugar, el hecho es que la ceguera de un corazón cerrado previene que la persona deprava pueda recibir el llamado del evangelio. A veces es posible que la única cosa necesaria sea la convicción de la verdad. O, quizá se requiera una obra adicional en el corazón del pecador para efectuar la capacitación; no podemos explicar totalmente toda la obra misteriosa del Espíritu de Dios en el corazón, porque no entendemos todo de tal manera que podamos comprender cómo funcionan el entendimiento y la voluntad. Cualquiera que sea exigido, el Espíritu Santo hace posible la fe salvífica.

Otros puntos sobre la gracia pre-regeneradora

Es totalmente de gracia. Puesto que no hay nada bueno en la naturaleza depravada, la persona depravada no puede hacer nada para merecer esta obra de gracia. Arminio siempre insistía que ni él ni sus compañeros nunca excluían la gracia del comienzo de la conversión, sino que ellos habían entendido esta gracia "preceder, acompañar y seguir" la salvación, y que sin ella "los hombres no pueden jamás producir ninguna acción buena".[23] Skevington Wood mantiene correctamente que "el énfasis [de Arminio] en la gracia previniente, redentora y preservadora lo hace abundantemente claro que su base es la obra de Dios en los creyentes y no que se les elige por sus propios méritos".[24] William McDonald está de acuerdo con este tipo de arminianismo, y lo caracteriza, cuando dice: "Dios inicia y lleva a cabo la experiencia. Él llama por la fe y la contesta en su gracia con el Espíritu dentro del creyente".[25]

La gracia pre-regeneradora preserva la naturaleza personal de los tratos de Dios con los hombres. Como indiqué en el capítulo tres, puesto que Dios y los hombres son personales, quiere decir que Dios trata con los hombres por medio de la influencia y la respuesta, no por medio de la causa y el efecto. Este último modo es el tipo de función de máquinas, no personas.

La gracia pre-regeneradora está tan relacionada a la regeneración que conduce inevitablemente a la regeneración, si no es resistida. Fue de esta manera que los comentaristas antiguos hablaron de "las mociones de la regeneración" y querían referirse a los movimientos que inician la regeneración (pero que no son en sí la regeneración). Así Arminio se refería a personas que "se sienten esas mociones del Espíritu Santo que pertenecen a la preparación o a la esencia misma de la regeneración, pero que todavía no son regeneradas".[26]

La gracia pre-regeneradora hace posible la fe sin hacerla necesaria. En otras palabras, en sí no garantiza la conversión del pecador. Mientras que los calvinistas probablemente no descartarían ninguno de los elementos de la gracia pre-regeneradora que se han alistado anteriormente (aunque quizás los incurrirían en la regeneración propia), la diferencia entre los calvinistas y los arminianos aquí es simplemente que: los calvinistas creen que se hace esta obra únicamente por los elegidos y de necesidad, es en sí una obra eficaz; los arminianos creen que se hace esta obra de gracia por los elegidos y por los no elegidos. Algunos que experimentan esta gracia pre-regeneradora creen y se salvan; otros están traídos al mismo punto de posibilidad pero rechazan el evangelio y están perdidos para siempre. A citar de nuevo a William McDonald: "La persona sin Dios duerme en la muerte de sus pecados, pero cuando viene la llamada de Dios para despertarle, puede responder en fe, o puede resistir al Espíritu y vuelve a dormir en la muerte".[27]

Arminio habla de la persuasión hecha por esta gracia pre-regeneradora como una gracia doble. Es "suficiente" para todos que la experimentan, en que "la persona, con quien se emplea, puede consentir, creer y ser convertida".[28] Pero es sólo "eficaz" en el caso de la persona que "consiente y cree y es convertida". En otro lugar Arminio resiste fuertemente la confusión de los dos aspectos y observa: "Cuando Dios llama a la puerta, es cierto que el hombre puede abrir, y como consecuencia recibe la gracia suficiente", así apoyando el argumento de Bleermine que se refiere a algunos que resistieron la gracia de Dios a pesar del hecho de que "tenían gracia suficiente para capacitarles a no resistir y aún ceder al Espíritu Santo".[29] Así Carl Bangs, a pesar de todo su pericia sobre Arminio, no es preciso cuando interpreta a Arminio a decir que "Sólo la persona que cree puede creer".[30] (En esto parece que Bangs está "leyendo" a Arminio con ojos bartianos.) La auto contradicción de Bangs se hace evidente cuando se reconoce que Arminio enseñaba que el incrédulo *rechaza* la gracia salvífica de Dios. Arminio habría dicho, y lo hizo, que si una persona no puede creer tampoco puede rehusar a creer.[31]

La gracia pre-regeneradora sirve, para capacitar, o cambiar así la cautividad de la voluntad. Al lograrlo, la gracia pre-regeneradora preserva la base sobre la que Dios elige tratar con los hombres para la salvación, es decir, por medio de su decisión libre. Dios desea que las personas decidan libre y personalmente a someterse a él o que se rebelen contra él. Esta es la manera en que Dios ha prescrito que los hombres, hechos a su imagen, actúen. La gracia pre-regeneradora, que capacita a la persona, que de otra manera está atada a tomar en cuanto a esta decisión, sirve por tanto a sostener este método de tratar con el hombre.

Pauso aquí sólo para comentar sobre la expresión "a su imagen". La posibilidad de la fe, aún por medio de la obra de la gracia pre-regeneradora, se encuentra en el hecho de que el hombre fue creado a la imagen de Dios. Gordon Clark, buen calvinista que es, lo tiene correcto cuando observa que esta "imagen de Dios" (que recalca que el hombre *es* no que *tiene*) "no fue destruido por la caída".[32] En esta imagen de Dios, el hombre es personal y racional, pero está severamente afectado por la caída pero no está destruido. Así que, una vez que haya entendido la verdad —aquí por la gracia pre-regeneradora— el hombre puede dar su conformidad personalmente a esta verdad. Y en esta conformidad se encuentra la fe salvífica. Pero de igual manera puede rechazar esta verdad. Y en este rechazo se manifiesta la incredulidad deliberada.

La gracia pre-regeneradora requiere el oír del evangelio. Por consecuente, esta obra de la gracia pre-regeneradora no es *inmediata* en el sentido absoluto, aunque se hace *directamente* en el corazón. Pero el instrumento es la Palabra, el medio utilizado por el Espíritu como la base para la convicción, la persuasión y la capacitación. Esta observación está de acuerdo con el concepto del poder de la Palabra de Dios mencionado por medio de toda la Escritura (por ejemplo, Hebreos 4.12). El punto de vista de Arminio está claro cuando, hablando sobre la persuasión involucrada en esta gracia pre-regeneradora, dice: "Esta se efectúa por la palabra de Dios. Pero se efectúa la persuasión, exteriormente por la predicación de la palabra, e interiormente por la operación, más bien la cooperación, del Espíritu Santo, tendiendo a este resultado, que la palabra sea entendida y comprendida por la fe verdadera".[33]

Aparentemente esta gracia pre-regeneradora es coextensiva con el oír inteligente del evangelio. Esto parece ser claro. Sin embargo, cuando tratamos de exponer por qué algunos, cuando escuchan el evangelio, dan más evidencia de esta convicción que otros; no siempre podemos explicarlo. Tampoco podemos explicar por completo por qué se predica el evangelio a algunos y no a otros. Dios tiene sus razones que no siempre las percibimos. Aquí no continuaré con el tema.[34]

3. El llamado y la gracia pre-regeneradora.

Dada la naturaleza de la descripción anteriormente dada, tiendo a creer que *llamar* quiere decir esencialmente la misma cosa que la gracia pre-regeneradora. Esta identificación tiene varias ventajas.

Sirve para recalcar el hecho de que la salvación siempre viene de la iniciativa de Dios, no del hombre.

Sirve para hacer que la llamada sea tan universal como el evangelio.

Evita la distinción poca servicial hecha por el calvinista entre una llamada estéril *exterior* a los no elegidos y una llamada eficaz *interior* a los elegidos. El Espíritu de Dios llama poderosamente a los no elegidos por medio del evangelio, aún cuando le resisten para una condenación eterna.

No necesariamente elimina una distinción entre una llamada que es eficaz y una llamada que no lo es. Pero si queremos mantener tal diferencia —y tal idea parece provechosa— significa que la distinción final entre la llamada eficaz y la que no lo es se ve en la respuesta libre de la persona llamada. Cuando el pecador, capacitado por la gracia pre-regeneradora, responde en arrepentimiento y fe, la llamada se hace, de ese modo, eficaz. Pero Dios no ha hecho menos, hasta este punto, para la persona que determina a resistirle; por eso la llamada no le es eficaz, aunque no por falta de la obra del Espíritu.

Ya he notado la distinción hecha por Arminio entre la suficiencia de esta gracia pre-regeneradora para algunos y su eficaz para otros: "Dios usa muchos actos de su providencia hacia aquellos, que no son predestinados, de hecho, actos suficientes para salvación, pero no eficaces".[35] De nuevo él observa que "no tienen excusa, aquellos que son llamados, por una gracia suficiente, al arrepentimiento y a la fe".[36]

Arminio usó esencialmente las mismas palabras cuando hablaba de "vocación" cuando mencionaba la "gracia preveniente". De la primera dijo: "Esta vocación es igualmente exterior e interior", exterior en la proclamación de la palabra e interior por "la operación del Espíritu Santo quien ilumina y afecta al corazón, para que se preste atención a las cosas que se hablan, y que se dé crédito a la palabra".[37] Además, "Se otorga la vocación interior hasta aquellos que no cumplen con la llamada…. En el comienzo mismo de su conversión, el hombre se conduce de una manera puramente positiva; es decir…no puede hacer más que recibir y sentirlo. Pero, cuando nota que la gracia está afectando o inclinando su mente y corazón, accede a ella, así que es, al mismo tiempo, puede no consentirse a ella".[38]

4. El orden de la salvación

Los arminianos no se han preocupado tanto para proveer un *ordo salutis* tan detallado como lo han hecho los teólogos calvinistas. Sin embargo, no hay ninguna razón para evitar tal discusión. De lo que ya se ha mencionado, se puede ver que el orden arminiano será distinto:

el llamado = la gracia pre-regeneradora
la conversión, que incluye:
    a. el arrepentimiento
    b. la fe
la justificación
la regeneración
la santificación.

Es probable que el arminiano no vaya a hacer gran distinción en cuanto a cuál aspecto sea lógicamente primero: la justificación o la regeneración. Deberíamos insistir, probablemente, en afirmar que la santificación —aún la santificación *inicial*— se basa en la justificación.

He incluido la gracia pre-regeneradora dado que, aunque no *garantiza* la aplicación de la salvación (y por lo tanto es técnicamente distinta), se le requiere para ella.

La lógica de este arreglo es tan significativa para el arminiano como la calvinista es para ellos (ver el capítulo previo). Especialmente importante es el hecho de que este orden hace que se vea la salvación como *condicional*. Es decir, la salvación es *por* la fe más bien que *a* la fe. Más tarde volveré a este tema.

Además, este *ordo salutis* no permite que haya ningún tiempo entre la conversión, la justificación, la regeneración y la santificación inicial. *Siempre* ocurren simultáneamente. No hay ninguna posibilidad de que una persona pudiera recibir la regeneración y luego ser convertida más tarde (o nunca), como expone el calvinismo. No hay ninguna salvación aparte de la Palabra.[39]

5. La naturaleza de la fe salvífica

En el capítulo siguiente, trataré, con mucho detalle, el papel de la fe en el Nuevo Testamento. Consideraremos varias cuestiones relacionadas a la naturaleza de la fe salvífica. Así, pues, por ahora simplemente expondré algunas observaciones importantes en cuanto a ella.

1) Afirmo que según las Escrituras la salvación viene por la fe.

El calvinista, igualmente comprometido a ser bíblico, debe responder, sin embargo, que mi "fe" es realmente una "obra", y que por tanto lo que hago realmente es confirmar una salvación por las obras. Por lo tanto, no basta discutir dónde encaje la fe en el *ordo salutis*. Uno debe asegurarse de su entendimiento de la naturaleza de la fe sea bíblico.

Se puede exponer en forma de una pregunta: Si la fe es una condición que *el hombre* debe satisfacer para ser salvo, ¿Hace esto que la salvación sea en parte la obra del hombre? Así percibida, ¿es la fe algo que una persona *hace* (una "obra") que de alguna manera *merezca* la salvación? El Dr. Berkhof lo cree así: "Los arminianos manifestaron una tendencia romana [i.e., de la ICR] cuando concibieron la fe como obra meritoria del hombre, considerándola como base sobre la que el hombre queda aceptado por Dios en su favor".[40]

No trataré de justificar a todos los arminianos de tal acusación; parece que algunos de ellos lo merecen. Por ejemplo, Lake se acerca demasiado a ello cuando cita, como aprobación, la aseveración hecha por Paul Tillich de que "la justificación por la fe quiere decir la aceptación de nuestra aceptación".[41] Pero sí niego rotundamente que yo perciba la fe de tal manera, niego que Arminio y los remonstrantes originales tampoco lo viesen de tal manera. No obstante, me toca *demostrar* que mi negación sea más que meramente palabras.

2) La salvación por la fe, por la gracia y por las obras.

Que la salvación es por medio de la gracia de Dios, y no a través de las obras del hombre, es una conclusión sacada correctamente de las Escrituras. Esta afirmación ha permanecido en pie durante los siglos, y no sola y directamente entre las iglesias que se nombran de la tradición reformada. Tal es el caso que se debe considerar esta dogma como esencial para la fe cristiana y para el evangelio. A menudo Arminio se esforzó mucho para negar que la fe "resulta de nuestra propia fuerza y así no producida en nosotros como el don gratvito de Dios". [42] Reconoció: "Adscribo a la gracia *el comienzo, la continuidad y la consumación de todo bien,* y a tal extensión veo su influencia, que un hombre [por sí mismo], aunque ya regenerado, no puede concebir, querer ni hacer cualquier bien".[43] (La contribución que tales pasajes como

Romanos 3.20—4.25; 9.30—10.13; Gálatas 2.16; 3.2, 5; Efesios 2.8, 9; Filipenses 3.9 dan a la cuestión se expondrá en el siguiente capítulo.)

Así pues, como corolario es esta disyunción: "por la fe" y "por las obras" son — lógica y bíblicamente— mutuamente exclusivas. Los dos términos no son sinónimos. Además, en los pasajes mismos que lo aclaran, es evidente que lo que se expone es la fe *como una condición* (y no un resultado): la salvación *por* la fe se ve en contraste a una salvación *por* las obras. No tendría sentido contrastar una salvación *a* la fe con una salvación *por* las obras.

La Biblia vincula la salvación por la fe y la salvación por la gracia como complementarias. No tenemos que depender de ningún silogismo para verlo: Pablo lo aclara en pasajes como Efesios 2.8, 9; Romanos 4.2-5; 10.3; y especialmente Romanos 4.16. (Ver el capítulo siguiente para los detalles.) Así, que, es importante notar: mientras que uno quiere decir lo que la Biblia dice cuando habla de la fe, la salvación por la fe se encuentra en una armonía perfecta con la salvación por la gracia, y precisamente contradictoria a una salvación por las obras.

La naturaleza de la fe salvífica es tal que no lleva absolutamente ningún mérito de la persona que cree. Bíblicamente, la fe se encuentra en una antítesis a las obras. Por lo tanto el creyente no recibe ningún crédito por su fe; no le está recompensando por haber creído. La fe es nada más (ni menos) que *recibir un don*. Es por lo cual exactamente lo opuesto a ganar o merecerse. Se puede ilustrar sencillamente: Cuando ofrezco a alguien un regalo, recibirlo no conlleva ninguna connotación de crédito. Puede que Arminio estaba pensando en algo similar cuando recalcó que la fe no es tanto el *instrumento* (aparentemente, como una cosa o una calidad) de justificación como es un *acto* que percibe a Cristo por medio de cuya persona se imputa la justicia a la persona que cree.[44] Así, que, el Dr. Wood tiene razón cuando saca la conclusión de que "lo que tenemos en Arminio...no es una forma de sinergismo en que la obra de Dios y la del hombre cooperan, sino más bien una relación en que la voluntad y la obra de Dios dentro del hombre son [sic] bienvenidas en una actitud de confianza y sumisión".[45]

Insiste J. I. Packer: "La fe es primordialmente mirar fuera de uno mismo hacia Cristo y su cruz como la única base para el perdón actual y la esperanza futura".[46] ¡Precisamente así es! Y mientras que la fe enfoca a Cristo y no a uno mismo, es por naturaleza lo opuesto al mérito. La fe es extender manos *vacías* a Dios. Es decir: "No puedo salvarme. Renuncio todos mis esfuerzos vanos y miro a él que da gratuitamente la salvación en Cristo. No puedo hacer nada, y de esta manera recibo la salvación de él como un don de gracia". La fe es rechazar las obras de uno mismo y someterse a la obra de Dios.

No obstante, la fe es la actitud personal del individuo que refleja su mente y voluntad. La fe significa que la persona está creyendo, no que Dios (por medio de Cristo) esté creyendo por ella. Hay muchos pasajes del Nuevo Testamento con referencias a la fe que lo confirman:

Gálatas 2.16 —*Hemos creído* en Jesucristo para poder ser justificados.
Romanos 4.3 —*Abraham creyó* en Dios y le fue contado por justicia.

Romanos 4.5 —A la persona que *cree*, su fe le es contada por justicia.
Romanos 4.24 —Se imputa la justicia a nosotros que *creemos* para salvación.
Juan 3.16 —*Todo aquel que está creyendo* en él tiene vida eterna.
Lucas 7.50 —*Tu fe* te ha salvado.
Romanos 10.10 —Con el corazón *se cree* para justicia.

Se podría extender tal lista casi indefinidamente. La fe es personal, y se considera que la persona creyente es un ser humano que está ejerciendo su fe. La fe no es una "cosa" poseída (sobre la cual se pueda basar algún mérito) sino es una disposición activa de la mente y la voluntad que puede ser atribuida al creyente y a nadie más — ni aún a Dios en este sentido (ver abajo). Se le implica por el hecho de que los seres humanos son personas, no máquinas. Más importante, el lenguaje bíblico no nos deja con ninguna otra opción.

Para aquellos que lo necesiten, añado que todo esto no cambia al considerar los pasajes que hablan de "la fe *de* Jesucristo". (Ver por ejemplo, Gálatas 2.16, que es el mejor de éstos. Compárese con 2.20.) En todos estos versículos, el contexto lo aclara que se está usando el genitivo griego: "de Jesucristo" de una manera objetiva para significar que la fe le tiene a él como su objeto. En Gálatas 2.16 no hay lugar para dudar porque la aseveración subsecuente "Nosotros también hemos creído [un verbo griego aoristo] en Jesucristo", se pone deliberadamente en paralelo con y para explicar "la fe de Cristo". Se puede hacer una comparición con Marcos 11:22 donde se reza literalmente: "Tened fe de Dios".

¿Es la fe misma "contada" por Dios como si fuera la justicia misma?
A la luz de Romanos 4.3, 5, es difícil decir; "No". Aún así, a la luz del resto del Nuevo Testamento, que elimina tan claramente todas las bases por medio de que el hombre pudiera jactarse en cuanto a su salvación, y que atribuye enteramente la base a la gracia de Dios, siento confianza para afirmar que *no* debemos decir que la "fe" es, de alguna manera, vista en tal manera por Dios como exponer que él la tomara como un sustituto por (ni llamarla) la justicia.

Puesto que estoy tan seguro que el calvinista estará de acuerdo con esto, no prestaré mucha atención a una exposición de Romanos 4.3, 5. Entiendo que en el versículo 3, la preposición griego *eis* se utiliza en lo que se llama el uso "predicado", sirviendo más o menos como un portador de otra palabra. Así pues, en efecto el versículo dice en sí: Abraham creyó (puso su fe) en Dios y la justicia fue considerada suya. Mientras que la fe claramente tiene un papel *condicional*, en sí no ha de ser considerada, por la misma ecuación, como la justicia. El versículo 5 no es tan fácil, diciendo directamente: "su fe le es contada por (o como) justicia". Sugiero que Pablo está usando el tipo de atajo del lenguaje que usamos todo el tiempo, y quiere decir, expresado más ampliamente, que Dios considera o cuenta la fe de una persona, condicionalmente, como la ocasión (o, medio o instrumento) para imputar la justicia de Cristo a ella.

Las observaciones hechas por Arminio hacen paralelo a las mías. Después de un análisis, algo confuso, incluyendo una referencia a cosas que él mismo previamente había indicado, "en ninguna manera rígida", en relación a Romanos 4.3-5, escribe:

> Creo que sólo se consideran justos a los pecadores por la obediencia de Cristo; y que la justicia de Cristo es la única causa meritoria por medio de que Dios perdona los pecados de los creyentes y les cuenta como justos como si ellos mismos hubieran satisfechos perfectamente la ley. Pero puesto que Dios imputa su justicia sólo a los creyentes (y a nadie más), saco la conclusión, en este sentido, que se puede decir debidamente que: *Al hombre que cree, se le imputa la fe por la justicia por medio de la gracia*, porque Dios ha expuesto a su Hijo, Jesucristo, para ser la propiciación... por la fe en su sangre".[47]

Richard Watson habla en una manera similar:

> No es de todo correcto...decir, que nuestra fe en Cristo es aceptada en el lugar de la obediencia personal de la ley, excepto, de hecho, en este sentido más general, que nuestra fe eficaz en Cristo nos exime del castigo, como si nosotros hubiésemos sidos personalmente obedientes. Más bien, la doctrina bíblica es que se acepta la muerte de Cristo en el lugar de nuestro castigo personal, basada en la condición de nuestra fe en él; y, que cuando realmente se ejerce la fe en él, entonces por la parte de Dios entra el acto de imputar (o, considerar) la justifica a nosotros; o, lo que es la misma cosa, contar la fe por justicia, es decir, perdonar nuestras ofensas por medio de la fe, y tratarnos como los objetos de su favor restaurado.[48]

En otras palabras, sólo de una manera indirecta y como una manera conveniente, se puede exponer que la fe es considerada como la justicia. Y si no fuera por Romanos 3.5, ni aún lo diría yo esto.

La fe como "el don de Dios".

¿Es la fe, en sí, el don de Dios? En el capítulo anterior hemos visto que el calvinista contesta: "Sí". La fe, como don, fluye de la regeneración cuando se implanta la simiente de la fe en el corazón. Entonces, no deberíamos pasar por alto que tal idea contradice el concepto de la salvación por la fe. La justificación, como una parte del *ordo salutis*, es por la fe. Pero aún esta fe dada como don forma parte de la provincia más amplia del término "salvación". Así, pues, la salvación, por lo menos la regeneración, es *a* la fe, no *por* la fe, según el sistema calvinista. Se investigarán las implicaciones de esto en el siguiente capítulo.

Mientras tanto, la idea de que la fe salvífica es el don de Dios es esencial a esta manera de pensar, y esta es la cuestión que nos toca resolver.

La evidencia escritural.

No hacen falta muchos pasajes para demostrar que la fe salvífica es el don de Dios.

1ª Corintios 12.9 detalla la fe como uno de los dones del Espíritu. Pero esta fe no es la salvífica. Más bien, esta "fe" es uno de los *carismata* dados a aquellos que ya son cristianos. Además, sólo se da este don de fe en particular a *algunos* cristianos en la distribución de los dones del Espíritu.

Gálatas 5.22, 23 presenta una situación similar. En este pasaje la fe aparece en la lista del fruto del Espíritu. De nuevo, ésta no puede ser la fe salvífica puesto que el fruto (en sus nueve aspectos) ha de ser producido en la vida de todos los cristianos. De hecho, muchos comentaristas entienden que en esta lista, "la fe" a querer decir "fidelidad", aunque no nos toca explorarlo aquí.

Efesios 2.8, 9 es, por tanto, el pasaje clave: *"Porque por la gracia* [caso instrumental, *te cariti*, por la instrumentación de la gracia] *sois salvos* [perfecto perifrástico, mirando a la condición presente que fluye del acto previo] *por medio de la fe* [*dia* más el genitivo, agencia intermedia]; *y esto* [*touto* neutral] *no de vosotros, pues es el don de Dios; no por [de] obras, para que nadie se gloríe.*

Existen dos razones, una gramatical y otra sintáctica, para insistir en que "esto" no se refiera hacia atrás a "la fe". Gramaticalmente, "fe" es femenina y "esto" es neutral. Solo por medio de un estirar no natural de las posibilidades de la gramática griega se podría entender "la fe" como el antecedente de "esto".

Sintácticamente, el hecho (muy a menudo pasado por alto) es que hay tres complementos (o, predicativos) de "esto" que lo siguen:

(1) "esto" no es de vosotros,
(2) "esto" es el don de Dios,
(3) "esto" no es por obras, para que nadie se gloríe.

Entender "la fe" va con "esto" *podría* tener algo de sentido con los dos primeros, pero no funciona con el tercero: "esta fe no es de obras" sería un tautología sin sentido en visto del hecho que ya se contrasta las obras con la fe.

Por tanto, en Efesios 2.8, 9, "esto" tiene por su antecedente toda la frase que lo precede. Lo encaja así en las "reglas" de la gramática griega que exigían que un pronombre neutral se refiriese a una idea verbal, y en el contexto tiene sentido perfectamente: "Por la gracia habéis sido salvos por medio de la fe: y esta experiencia salvífica no es de vosotros sino es el don de Dios, no de obras para que nadie se gloríe".

La cuestión del significado.

De todos modos, ¿qué significaría que la fe fuera el don de Dios? ¿Querría decir que Dios, o Jesús, creería por el individuo? Ya hemos visto que tal idea no funciona.

Así pues, ¿significaría que el Espíritu de Dios *convierte*, interiormente, a la persona para ser un creyente? Sin duda, indicaría algo semejante a esto. Dios obra dentro de la persona, en contra de su voluntad incrédula. Por medio de su propio poder produce dentro de la persona una disposición de mente (corazón y voluntad) que no la tenía antes. Al usar una analogía "mecánica" (algo que, desde luego, siempre se queda corta del blanco), podemos decir que Dios "enciende" lo que anteriormente estaba, "apagado".

A pesar de la manera en que se exprese, dado que la fe es una actitud (o disposición) o una actividad de la mente y voluntad de la persona, decir que la fe es el don de Dios debe significar que él, por su intervención sobrenatural, produce directamente (y sin ninguna cooperación puesto que hasta este punto de fe la persona es un incrédulo y hostil) la fe de la persona. Él convierte a la persona para ser creyente. (O si no, en la cosmovisión del calvinista, la persona recibirá algún tipo de "crédito" por haber creído.) Francamente, este punto de vista fracasa rotundamente porque no toma en cuenta la presentación bíblica penetrante que "culpa" a cada incrédulo (que escucha el evangelio) por su incredulidad, y presenta igualmente al creyente como un ser responsable por su creencia (su fe).

Hace falta aquí una notación sobre la naturaleza de la fe salvífica. En la discusión de la gracia pre-regeneradora, ya he indicado que esta obra del Espíritu, usando la Palabra, abre el corazón cerrado del pecador a la verdad del evangelio en una manera persuasiva y habilitante. Dado el hecho de su depravación, esa obra es absolutamente necesaria y debe preceder cualquier disposición positiva por la parte del pecador. Entonces, el pecador reconoce la verdad como la verdad. Pero la fe salvífica es más que una mera persuasión intelectual o un convencimiento de la verdad. Exige una "decisión", un compromiso positivo, una disposición a confiar y entregarse de todas las circunstancias y el destino a las manos de Dios en Cristo. Este es el acto de la persona, no de Dios, y es por esta razón es que las Escrituras representan unánimemente a la persona como responsable por su fe o por su incredulidad.

La fe es el don de Dios.

Arminio representaba libremente la fe como el don de Dios y magnificaba los "actos de la gracia divina" que "se requieren para producir la fe en el hombre".[49] Él detalla los decretos divinos de esta manera: "(1) Es mi voluntad salvar a los creyentes. (2) Sobre este hombre otorgo la fe y le preservo en ella. (3) Salvaré a este hombre". (Subsecuentemente, él aclara "otorgar la fe" como "administrar los medios para la fe".)[50] Pues, a pesar de todo lo que he dicho anteriormente, en el final no me opongo a decir que la fe es el don de Dios.

Pero si se ha de utilizar esta terminología, uno debe aclarar exactamente lo que quiere decir. En este caso, significa:

(1) La *capacidad* para creer es de Dios.
(2) La *posibilidad* de creer es de Dios.
(3) El *contenido* de la fe —el evangelio de la verdad— es de Dios.
(4) La *persuasión* de la verdad que uno cree es de Dios.
(5) La *capacitación* del individuo para creer es de Dios.

Pero el creer mismo sólo puede llevarse a cabo por la persona misma llamada para creer el evangelio, y esta voluntad de creer para la salvación es la decisión libre del individuo. Si la intención de llamar la fe "el don de Dios" es menospreciar esto, debo negar la terminología. Puesto que de todas maneras no es terminología bíblica, quizás sea mejor descartarla.

Si hubiera sido importante indicar que la salvación es *a* la fe, entonces la fe misma forma parte de los efectos de la salvación más bien que una condición para la salvación. Y, uno puede pensar en varias maneras en que los escritores del Nuevo Testamento, y Jesús mismo, podrían haberlo expresado. En lugar de esa idea, como espero demostrar en el siguiente capítulo, en su totalidad el Nuevo Testamento presenta la fe como la condición para la salvación, la condición que el hombre debe satisfacer.

Lectura adicional sobre el punto de vista arminiano en cuanto a la aplicación de la salvación:

en español

Mildred Bangs Wynkoop, *Bases Teológicas de Arminio y Wesley* (Casa Nazarena de Publicaciones, 1983), pp. 91-111.

F. Leroy Forlines, *Teología Cristiana Sistemática*, trad. Ronald Callaway (Casa Randall de Publicaciones, 1992), pp. 152-176. Un colega de este escritor.

W. T. Purkiser, Richard S. Taylor, y Williard H. Taylor, *Dios, Hombre, y Salvación: Una Teología Bíblica* (Casa Nazarena de Publicaciones, 1991), pp. 431-461.

en inglés

James Arminius, *The Writings of James Arminius* (tres tomos), trad. James Nichols y W. R. Bagnall (Baker, 1956), tomo I, pp. 523-531.

Leo G. Cox, "Prevenient Grace, A Wesleyan View", (*Journal of the Evangelical Theological Society*, 11:3 [1969], pp. 143-149.

W. B. Pope, *Compendium of Christian Theology* (Wesleyan-Methodist Book-Room, 1880), tomo II, pp. 47-71, 358-385, 407-418.

Richard Watson, *Theological Institutes* (Nelson & Phillips, 1850), tomo II, pp. 43-87, 207-283. Watson era un teólogo wesleyano importante.

Notas del Capítulo 9

[1] Richard Watson, *Theological Institutes* [*Instituciones teológicas*] (Editorial NY: Nelson & Phillips, 1850), II:48.

[2] Ver, por ejemplo, Louis Berkhof, *Teología Sistemática*, trad. Pbro. Felipe Delgado Cortés, tercera edición española revisada, (Editorial T.E.L.L., 1976), 356.

[3] Paul Jewett, *Election and Predestination* [*Elección y predestinación*] (Editorial Eerdmans, 1985), 17.

[4] John Wesley, *Wesley's Standard Sermons* [*Los sermones que Wesley solía predicar*] Edward H. Sugden, redactor, (Editorial Epworth Press, 1955-56), I:181-182.

[5] Wesley, I:188-189.

[6] Jacobus Arminius, *The Writings of James Arminius* [*Los escritos de Jacobo Arminio*], trad. James Nichols y W. R. Bagnall (Editorial Baker, 1956), I:252.

[7] Arminius, I:323.

[8] Arminius, I:526.

[9] Skevington Wood, "The Declaration of Sentiments: The Theological Trestament of Arminius" [*"La declaración de sentimientos: el tratado teológico de Arminio*] (*Evangelical Quarterly* 65:2 [1993], 11-129), 123.

[10] Jack W. Cottrell, "Conditional Election" [*"Elección condicional"*] en *Grace Unlimited* [*Gracia ilimitada*], Clark H. Pinnock, redactor (Editorial Bethany Fellowship, 1975), 68.

[11] Donald M. Lake, "He Died For All: The Universal Dimensions of the Atonement" [*"El murió por todos: las dimensiones universales de la expiación"*] en *Grace Unlimited* [*Gracia ilimitada*], Clark H. Pinnock, redactor, (Editorial Bethany Fellowship, 1975), 34.

[12] Arminius, I:486.

[13] David L. Smith, *With Willful Intent: A Theology of Sin* [*Con intención determinado: una teología de pecado*] (Editorial Victor Books, 1994), 87.

[14] Arminius, III:178.

[15] Thomas Grantham, *Christianismus Primitivus, or the Anciento Christian Religion* [*El cristianismo primitivo, o la religión cristiana de antaño*] (Londres, 1678), II:76,77; énfasis suyo; citado por Matthew Pinson, "The Diversity of Arminian Soteriology" [*"La diversidad de la soteriología arminiana"*] (ensayo no publicado), 4.

[16] Thomas Grantham, *The Controversi About Infants Church-Membeship and Baptistm, Epitomized in Two Treatises* [*La controversia en cuanto a los infantes, la membresía de la iglesia y el bautismo, expuestos en dos tratados*] (Londres, 1680), 14; citado por Pinson, 5.

[17] Arminius, I:300.

[18] I. Howard Marshall, "Predestination in the New Testament" [*"La predestinación en el NT"*] en GRACE UNLIMITED [*Gracia ilimitada*], Clark H. Pinnock, redactor, (Editorial Bethany Fellowship, 1975), 140.

[19] Arminius, I:383.

[20] Arminius, III:334.

[21] Arminius, I:301.

[22] Arminius, III:324.

[23] Arminius, I:328.

[24] Wood, 122.

[25] William G. McDonald, "'…The Spirit of Grace' (Heb. 10:29)" [*"…El Espíritu de gracia' {He. 10.29}"*] en *Grace Unlimited* [*Gracia ilimitada*], Clark H. Pinnock, redactor, (Editorial Bethany Fellowship, 1975), 84.

[26] Arminius, I:325.

[27] McDonald, 87.

[28] Arminius, III:335.

[29] Arminius, III:520, 521.

[30] Carl Bangs, *Arminius: A Study in the Dutch Reformation* [*Arminio: un estudio en la reforma holandesa*] (Editorial Abingdon, 1971), 343.

[31] Ver Arminius, III:520, 521.

[32] Gordon H. Clark, FAITH AND SAVING FAITH [*La fe y la fe salvífica*] (Editorial The Trinity Foundation, 1983), 113.

[33] Arminius, III:334.

[34] Arminius, III:524, 525 expone algunas observaciones provechosas en cuanto a esto.

[35] Arminius, III:276.

[36] Arminius, III:336.

[37] Arminius, II:105.

[38] Arminius, II:497-499. Toda la sección es instructiva.

[39] Hay otras facetas de la experiencia de la salvación que se pueden incluir en el "orden" incluyendo la unión con Cristo, la adopción, etcétera. Va más allá de la intención de esta obra exponerse sobre estos detalles. Para algunas de las observaciones de Arminio, ver II:111ss; 229; III:18.

[40] Berkhof, 595.

[41] Lake, 44.

[42] Arminius, III:315.

[43] Arminius, I:253.

[44] Arminius I:363, 364.

[45] Wood, 124.

[46] J. I. Packer, *What Did The Cross Achieve?* [¿Qué es que logró la cruz?} (libro publicado por el Theological Students Fellowship. s.f., reimprimido del *Tyndale Bulletin* 25 [1974]), 30.

[47] Arminius, I:264. Compárese II:474 donde él habla en una manera circular similar, que de "se nos imputa la fe para justicia, debido a Cristo y su justicia. En esta articulación, la fe es el objeto de la imputación; pero Cristo y su obediencia son la…causa meritoria de la justificación".

[48] Watson, II:242.

[49] Arminius, I:366.

[50] Arminius, I:387.

Capítulo Diez

El Nuevo Testamento y la salvación por la fe

Una vez que el calvinista y el arminiano están de acuerdo en cuanto a la depravación total, en esta sección el otro tema principal tiene que ver con la condicionalidad de la salvación. El tema se resume a la pregunta: ¿Es la salvación por la fe? La única respuesta totalmente calificada debe ser basada en la "teología bíblica".

Introducción: La Naturaleza de la Cuestión

Muchos cristianos, por lo menos al nivel "popular", se sorprenden al darse cuenta que se cuestione que si la salvación es por la fe o no. Para que la introducción sea breve, expongo aquí el bosquejo más sencillo en cuanto a cómo surge tal cuestión. Los capítulos anteriores deberían haber provisto los detalles.

Reflejándose sobre la consistencia lógica del calvinismo, mucho teólogos se opondrían a una declaración simple de que la salvación sea por la fe. (1) Dado que la elección es incondicional (y debe serlo para que Dios sea soberano), sigue que la salvación —en el sentido más amplio de la palabra— se apoya en el decreto de Dios y no en la fe del individuo. (2) Puesto que el propósito de la expiación fue salvar solamente a los elegidos y que se les aplica eficazmente por la obra de gracia del Espíritu Santo, sigue que la salvación —todavía en el sentido más amplio— es por la expiación y la gracia más bien que por la fe. (3) Y, como la depravación del hombre es tal que él está completamente muerto e incapaz para responder al evangelio hasta que sea regenerado, resulta que la salvación —en el sentido más amplio— es *a* la fe más bien que *por* la fe.

Si todo esto es verdad, ¿se puede exponer que la salvación es por la fe? En un sentido, sí. Aún el calvinista más comprometido insistirá que las palabras sean legítimas. Pero en tal caso, se está usando "la salvación" en un sentido más restringido. Las Escrituras están claras, y así también el calvinista, que la justificación es por la fe. Tan importante y central como es la justificación, a menudo se usa, por sinécdoque, como si fuera un sinónimo por la justificación. Sin embargo, el término "salvación" significa más que la justificación. Usado en su sentido más completo, la palabra es esencialmente igual a la *elección*. No deberíamos equivocarnos en esto: si la elección no es por la fe, por lo tanto tampoco lo es la salvación.

Así pues, se debe entender esto, a la luz del *ordo salutis* calvinista (ya discutido en el capítulo 8): (1) La regeneración viene lógicamente primero, y (2) a continuación la conversión involucra el arrepentimiento y la fe como dones de Dios dados al regenerado. (3) Así pues, la justificación es una acción legal condicionada por la fe, que en sí fue el fruto de la obra de salvífica divina de la regeneración.

Se puede ver fácilmente que, en el sentido más completo, la "salvación" incluye la regeneración, la conversión y la justificación (hay más, pero esto es adecuado por ahora). Nada sería posible aparte de la regeneración. Todo lo demás resulta de ella. La regeneración no es por la fe, y por tanto la salvación no es por la fe. Como lo expresa el Dr. Berkhof: "La semilla de la fe se implanta en el hombre por la regeneración.... Es sólo después de que Dios haya implantado la semilla de la fe en el corazón que el hombre puede ejercer la fe".[1]

Ya se ha expuesto bastante para explicar porqué la cuestión existe y cuáles son los temas básicos implícitos en ella. Así pues, una vez más: ¿Es la salvación por la fe? ¿En qué manera bíblica pueden utilizarse las palabras?

1. El significado de "salvación" condicionada en la fe

Todos están de acuerdo de que la justificación es por la fe y que por tanto, es correcto exponer que la "salvación" es por la fe, por lo menos como una sinécdoque, es decir, si se usa la "salvación" en el sentido más restringido como una sinécdoque por la justificación, entonces la salvación es por la fe.

Por lo tanto, la cuestión tiene que ver con si la Biblia conecta "por la fe" sólo con la justificación (o con "salvación" usada en este sentido restringido) o con la "salvación" en el sentido amplio de la palabra que incluye la regeneración u otros aspectos de la aplicación de la redención al individuo. A ponerlo de otra manera: Según la Biblia, ¿qué es exactamente que ocurre "por la fe"?

La respuesta, basada en una investigación completa de todos los pasajes del NT que presentan la fe como una condición, es que "por la fe" no se limita a la justificación. Se expondrán algunos de los pasajes más importantes.

Algunos pasajes exponen que se recibe el Espíritu Santo "por la fe".

Gálatas 3 provee un buen ejemplo. En el versículo 2 Pablo aclara (por medio de una pregunta retórica) que los gálatas recibieron el Espíritu "por el oír con fe". El versículo 5 examina el mismo hecho desde la perspectiva del apóstol: él les suministraba el Espíritu "por el oír con fe".

En esta frase el "oír" refleja lo dinámico involucrado en el encuentro entre el predicador y el oyente. Pablo predicaba la fe como el medio para recibir el Espíritu; ellos oyeron la fe predicada así; hicieron exactamente lo que escucharon a Pablo decir que deberían hacer y respondieron en la fe.

Así pues, es equivalente a decir que ellos recibieron el Espíritu "por la fe" (*ek* con el ablativo). Y, obviamente no es, por ninguna figura retórica, restringido solo a la justificación.

El versículo 14 confirma que Pablo está describiendo lo que ocurre cuando uno se hace cristiano: "al fin de que por la fe recibiésemos la promesa del Espíritu" (*dia* con el genitivo). Aquí *pneumatos* es probablemente un genitivo aposicional; escribir "la promesa del Espíritu" es más o menos lo mismo. El punto es que a menudo en el NT, "la promesa" es un término técnico para recibir el Espíritu Santo; ver Lucas 24.49; Hechos 1.4 (compárese 11.15-18); 2.33, 38, 39; Efesios 1.13 (donde "el Espíritu Santo de la promesa" equivale esencialmente "la promesa del Espíritu".

Se debería incluir Juan 7.39: "Esto dijo del Espíritu que habían de recibir los que creyesen (aoristo: pusieron la fe) en él". Debido a las cuestiones "dispensacionalistas" sugeridas en cuanto a la interpretación de este versículo, no se extenderá mucho aquí. Aún así, parece sostener la conclusión de que la fe es la condición para recibir el Espíritu.

Sin duda se debe considerar Efesios 1.13 aquí sin duda: presenta la misma dinámica notada en conexión con Gálatas 3. El orden es: oyeron el evangelio, respondieron por poner su fe (de nuevo, aoristo) en Cristo, fueron "sellados" con el Espíritu de la promesa. La relación gramática entre la respuesta de fe y el sello es muy estrecha: literalmente, "creyendo, fuisteis sellados".

El informe de Pedro en cuanto a lo que ocurrió en la casa de Cornelio establece el mismo punto básico: Allí Dios dio a los gentiles el Espíritu Santo, igual que hizo para Pedro y los otros en Jerusalén, cuando pusieron su fe (de nuevo, aoristo) en el Señor Jesucristo (Hch. 11.17). Es verdad que existe la cuestión de que si el participio "hemos creído" (*pisteusasin*) modifica a "nosotros" o "a ellos" —o, a los dos; de todos modos, la enseñanza es igual y la conexión gramática es muy estrecha: "Dios les concedió a ellos que a nosotros creyendo".

En Hechos 15.7-9, durante el Concilio de Jerusalén, Pedro repasa lo ocurrido. De nuevo, se expone exactamente el mismo orden que se encuentra en el trato expuesto por Pablo en Gálatas 3 y en Efesios 1: Pedro habló, los gentiles le escucharon, ellos creyeron (otro aoristo) y Dios les concedió el Espíritu Santo. Sólo aquí Pablo añade otro elemento que explica lo que ocurrió en ese momento: "purificando por la fe sus corazones (usando la forma gramática instrumental-dativo). Podemos entender que "purificando sus corazones" equivale, de forma expectativa, el otorgar del Espíritu a los creyentes nuevos, o como un elemento añadido que indica los resultados —la obra de limpieza hecha por el Espíritu al momento de ser recibido. De una manera u otra (y la diferencia no es mucha), el significado ciertamente no equivale la justificación en particular. Se quiere decir que la posesión del Espíritu de vida es la salvación.

Algunos pasajes exponen que el ser hijos de Dios es "por la fe".

De nuevo la Carta a los Gálatas sirve para empezar. En 3.26 leemos que "todos sois hijos (*huioi*) de Dios por la fe (*dia* con el genitivo) en Cristo Jesús". Es obvio que no se habla meramente de la justificación sino de nuestra relación con Dios como hijos completos, en otras palabras, la adopción. El contexto del pasaje lo hace aún más claro.

Juan 1.12 indica esencialmente la misma verdad: llegando a ser "hijos de Dios" se condiciona por la fe, explicada igualmente como "creyendo" y "le recibieron". En este pasaje "hijos" es *tekna*, pero se puede argüir que el término joanino *tekna* no es radicalmente distinto del paulino *huios*. Si se expone que hay una diferencia, los *teknon* puede referirse a la regeneración mientras los *huisos* se refiere a la adopción. De todas maneras, está claro que no se refiere únicamente a la justificación.

Puede que se clasifique 1ª Juan 5.1 distintamente, pero debe ser mencionado aquí: "Todo aquel que cree que Jesús es el Cristo, es nacido de Dios". Desde luego, sería posible ver la fe aquí como un resultado, una característica que identifica a todos los que han sido regenerados; pero así no es la manera más natural de leer las palabras. Más probable, el ser nacido de nuevo se ve como el resultado de creer. Así pues, el punto es que el nuevo nacimiento (la regeneración), por medio del cual uno se convierte en hijo de Dios, es por la fe.

Algunos pasajes exponen que la resurrección de la muerte espiritual es "por la fe".
Colosenses 2.12 identifica al cristiano como uno muerto, sepultado y resucitado a la nueva vida con Cristo, como demuestra el bautismo. Se logra por medio de la obra interior del Dios que resucitó a Cristo de la muerte. Aún así, se dice que todo es "mediante la fe" (*dia* con el genitivo), y ciertamente no se refiere a la justificación como tal. Tomo por sentado que esta resurrección es la regeneración. Si no es directamente así, entonces se involucra directamente la unión con Cristo y la regeneración es implícita.

Se debería incluir aquí Juan 5.24. El Señor Jesús expone el mismo orden que Pablo y Pedro: la palabra hablada, el oír, la fe y entonces: "ha pasado de muerte a vida". Sin duda, es la regeneración espiritual, la resurrección de la muerte espiritual y se declara específicamente que sigue la fe.

Podemos tratar igualmente Juan 12.46, aunque las tinieblas se emplea (más bien que la muerte espiritual). Usando el aoristo subjuntivo con *hina*, en una frase de propósito (realizado), Jesús indica que todo el mundo que tiene fe en él ya no permanece en las tinieblas espirituales. La fe es la condición, basándose en esa condición la persona pasa a la luz, que es otra manera de decir la misma cosa que habiendo pasado de la muerte a la vida. No veo que alguien pueda dudar que quiere decir la regeneración (más bien que específicamente la justificación).

Hay varios pasajes que exponen que la posesión de la vida eterna es "por la fe".
Entre éstos, se encuentran Juan 3.26 y 6.40, 47. Supongo que se pueda argüir que la posesión de la vida eterna, en estos versículos, es —por figura retórica— un asunto "judicial", arraigado en la justificación. Me parece mucho más probable que el tener vida eterna, que es obviamente mucho más que una promesa futura sino que es para el presente, se arraiga en la regeneración.

Consideremos también 1ª Timoteo 1.16: Pablo expone su propia experiencia como una pauta para cualquier cristiano que creerá en el Señor para vida eterna. Lógicamente, en el *ordo salutis*, el creyente posee la vida eterna desde el momento de la regeneración

Finalmente, hay muchos pasajes que proclaman que la salvación viene "por la fe".
Estos pasajes no deciden en pro de la tesis de esta sección si están empleando la palabra en el sentido restringido como equivalente a la justificación. Pero si de

hecho —como me parece ser el caso— el contexto de estos versículos demostrará que se usa la "salvación" en el sentido más amplio (inclusivo de los aspectos del *ordo salutis* más bien que la justificación), entonces ellos la apoyan.

Por ejemplo, Hechos 16.31 probablemente no nos será de mucha ayuda. Contestando al carcelero de Filipos, se le dice: "Cree [por la fe —aoristo] en el Señor Jesucristo y serás salvo". No tenemos contexto suficiente para indicar la extensión del significado de "salvo"; no obstante, no hay razón alguna para creer que Pablo quería decir específicamente la justificación como distinguida de todo el *ordo salutis*.

Lo mismo puede ser igual de Marcos 16.16 (independientemente de que si estos versículos sean el original o no). Por lo menos aquí lo opuesto de "salvo" es "condenado", y se puede interpretar fácil y exclusivamente en el sentido judicial.

Sin embargo, 1ª Corintios 1.21 tiene más en su contexto que puede aclarar lo que Pablo quiere decir al escribir que a Dios le agradó "salvar a los creyentes". El contexto inmediato lo contrasta con aquellos, que por la sabiduría, no llegaron al conocimiento de Dios. "Conocer a Dios" es, sin duda, mucho más amplio que la justificación. En el contexto amplio, ser "salvo" (v. 21) puede definirse por: "fuisteis llamados (eficazmente) a la comunión (siendo en unión con, en participación) con su Hijo Jesucristo" (v. 9); o aún "por él [Dios] estáis vosotros en Cristo Jesús" (v. 30). Así pues, en el contexto, parece que Pablo está pensando en la unión con Cristo y en todos los frutos de esta unión.

Se debe considerar también Efesios 2.8, 9: "sois salvos por medio de la fe" (*dia* con el genitivo). Al tomarse en cuenta toda la carta a los Efesios, con su trato de todas las riquezas espirituales poseídas por estar en Cristo (1.3), es muy improbable que "salvos" en 2.8 se emplee en el sentido restringido como equivalente a la justificación. Aún más, el contexto inmediato del capítulo 2 lo hace improbable: Pablo está hablando específicamente de dar vida a los muertos en sus delitos y pecados (visto en los vv. 1, 5, 6). Aquí no se ve la "salvación" desde el punto de vista de la justificación sino de la liberación de los pecados de la muerte espiritual y su formación como criaturas nuevas predestinadas para las buenas obras. Sería difícil encontrar mejor descripción contextual, u otras palabras adecuadas, para elucidar la regeneración.

A la luz del contexto de Romanos, no intentaré hacer gran uso de Romanos 1.16 o de 10.9, dos pasajes que dicen que la fe resulta en la "salvación". Es obvio que el aspecto predominante de la salvación discutida en Romanos es la justificación; por tanto, puede que la suposición sea en estos versículos que la "salvación" se refiere específicamente a la justificación. No obstante, haré la observación de que, puesto que Pablo habla tan fácilmente de la justificación en esta carta —usando, una vez y otra, *dikaiosune* y sus cognaciones sin necesitar aparentemente ningún sinónimo para la variedad— puede que se piense lógicamente que cuando él emplea "salvación" que está haciendo un cambio deliberado de palabras.

Hay que considerar Lucas 8.12. En su interpretación de la parábola del sembrador, Jesús indica (refiriéndose a la semilla que cayó junto al camino y nunca brotó) que Satanás quita la palabra "para que no crean (aoristo) y se salven". Quizás sea posible que el calvinista arguya que esto es sólo una referencia a la posibilidad de la conversión (que incluye específicamente la justificación) dentro del evangelio para los regenerados. Pero tal idea nos da con el punto de vista intolerable de que Jesús quería decir que había personas regeneradas cuya conversión sería prevenida exitosamente por el esconder satánico de la Palabra. Aunque esto es un argumento tipo negativo, parece claro que la conversión-justificación, distinguida estrechamente de la regeneración, no puede ser el significado de "se salven" en este pasaje, puesto que esas personas nunca experimentaron la salvación.

En conclusión, nadie disputa el hecho de que la justificación, como tal, es verdaderamente por la fe. A la luz de estos pasajes ya discutidos, no debería haber ningún debate en cuanto a que la "salvación" en su sentido amplio también es por la fe. La regeneración y los aspectos arraigados en la regeneración también vienen por la fe. Además, no hay razón para pensar que "por la fe", vinculado con estos otros aspectos de la salvación —incluyendo la regeneración— quiera decir cualquier otra cosa distinta de lo que significa cuando se vincula específicamente con la justificación. Es decir, conlleva la misma relación *condicional* en las dos conexiones. Por ejemplo, se puede comparar la sintaxis y la terminología empleadas por Pablo cuando declara que la justificación es por la fe (Ga. 2.16) con lo que usa cuando proclama que se recibe el Espíritu por la fe (Ga. 3.2, 5).

2. El contraste bíblico entre la fe y la incredulidad visto con la línea que divide el ser salvo y el estar perdido

El significado de la "salvación por la fe" se aclarará al descubrir el hecho bíblico de que se presentan la fe y la incredulidad como la diferencia decisiva entre el salvado y el perdido.

1) El uso de fe por Juan lo hace especialmente obvio. Mientras Pablo contrasta la fe con las obras, como dos maneras de buscar la justicia, Juan compara especialmente la fe con la incredulidad, viendo tal comparición como la línea divisoria entre el salvado y el perdido. Quizás esto explica porqué el uso hecho por Juan tiende a ser principalmente verbal (usando *pisteuo*), comparado con el uso sustantivo de Pablo (*pistis*).

Aunque este estudio podría desarrollarse fácilmente en una presentación de la teología joanina, sólo mencionaré (de forma muy breve) algunos de los ejemplos más destacados.

Juan 3.18, 36. "Creer en el Hijo" equivale no estar condenado y poseer la vida eterna. No creer es lo mismo que ya estar condenado, no ver la vida y estar bajo la ira de Dios.

Juan 5.24, 38. Creer equivale a tener la vida eterna, no "vendrá" a la condenación y pasar de muerte a vida. No creer es lo mismo a no tener la Palabra de Dios morando en uno, así no poseyendo la vida.

Juan 6.35-47. El que cree nunca tendrá sed, tendrá la vida eterna y se resucitará en el día postrero. No creer equivale a la muerte.

Juan 12.44-48. Creer es lo mismo que no permanecer en las tinieblas y es "ver" al Padre. No creer equivale permanecer en las tinieblas, el estar condenado en el día posterior.

Esta interacción realmente sirve de base para la mayoría de los discursos de Jesús en el Evangelio de Juan, y conduce inexorablemente al resumen del propósito propio de Juan, es decir, 20.31: "Pero éstas [señales] se han escrito para que creáis que Jesús es el Cristo, el Hijo de Dios, y para que creyendo, tengáis vida en su nombre". Esta "vida" es la salvación en su sentido mejor y más amplio, y viene por creer. Aquellos que no la poseen no la tienen debido a su incredulidad —el punto exacto de lo que Juan quiere decir.

2) Juan no es el único escritor del Nuevo Testamento para exponer este punto. Trazando la teología de la fe en contra de la incredulidad en los Hechos revelará algo muy similar. La creencia en contra de la incredulidad (el rechazo) es, de nuevo, la línea divisoria.

Por ejemplo, Hechos 28.24 caracteriza los resultados de todo el ministerio de Pablo: "Y algunos asentían a lo que se decía, pero otros no creían". Lo dicho es Hechos 17.4, 5 es típico: "Y algunos de ellos creyeron, y se juntaron con Pablo y con Silas y... los judíos que no creían...".

Como ya se ha notado, "creer" en este mismo sentido fue la base para dar el Espíritu Santo (Hch. 11.17; 15.7-9).

Así pues, en los Hechos, a menudo la manera en que un "cristiano" o "discípulo" se identifica era uno que "creía" (16.1; 19.18; etc.) en distinción a los incrédulos como "aquellos que no creían". De hecho, ser salvo llega a ser que "creían" (13.12; 14.23; 17.12; etc.).

3) Los Evangelios Sinópticos no hablan tanto de la soteriología personal como lo hace Juan. A menudo se relacionan la fe con cosas como las sanidades. No obstante, existe un paralelismo real entre el lenguaje de la fe como vinculado con la sanidad y la misma manera de expresarse vinculada al perdón y a la salvación.

Entre muchas referencias posibles, se pueden notar estas: Jesús sanó al paralítico (Mt. 9.2), por "la fe" de los cuatro amigos que habían traído al hombre; dijo a la mujer con el flujo de sangre: "tu fe te ha salvado" (9.22); a los ciegos: "Conforme a vuestra fe os sea hecho" (9.29); le dijo a Bartimeo: "tu fe te ha salvado" (Mr. 10.52); y al hombre leproso: "tu fe te ha salvado" (Lc. 17.19). (En todas estas referencias está claro que la fe es la actividad personal de las personas y que su fe fue la condición para su sanidad.)

Ahora compararemos estas citas con Lucas 7.50 donde la mujer lavó los pies de Jesús con sus lágrimas. Ella no estaba enferma, *sólo* pecaminosa, y el Señor le dijo: "Tu fe te ha salvado". El paralelismo preciso es obvio y aparentemente fue hecho a propósito.

Si todas las otras consideraciones demuestran que la fe es verdaderamente la condición exigida para la salvación, los Sinópticos sin duda añadirán más confirmación.

3. La relación entre la salvación por la fe, la salvación por las obras y la salvación por la gracia

En el capítulo anterior, se ha visto que la salvación es por la gracia de Dios y no por las obras del hombre. Es una verdad justa y explícitamente sacado de las Escrituras. Por tanto, la cuestión es: ¿Contradice la salvación por la fe la salvación por la gracia? ¿Implica la salvación por la fe, de alguna manera sutil, una salvación por las obras? La Biblia misma provee una respuesta clara: "Por la fe" *no es* "por las obras" sino *es* "por la gracia".

1) La Biblia contrasta entre la fe y las obras como una condición.

Pablo es el escritor del Nuevo Testamento que se dirige a esta cuestión extensamente.

Romanos 3.20—4.25 indica lo que se encuentra en el corazón del argumento paulino expuesto en toda la carta: la fe, no las obras, es la condición para estar justificado (ser justo) delante de Dios. La justicia es "aparte de la ley" (Ro. 3.21, 22). Es "por medio de la fe" (*dia* con el genitivo). Se excluye la jactancia (3.27) —no por la "ley" de las obras, sino por la "ley" de la fe. La justificación es "por fe" (caso instrumental, *pistei*) aparte de las obras de la ley (3.28). Si Abraham hubiera sido justificado por las obras, podría tener de qué gloriarse (4.2, 3); en cambio, él "creyó" (puso la fe – aoristo *episteusen*) en Dios y le fue contado por justicia. Según 4.4, 5, para a la persona que "obra", cualquier recompensa le viene por obligación, mientras al que cree, su fe le es contada por justicia.

El centro mismo de la discusión de Pablo de la situación de Israel es Romanos 9.30—10.13. Israel no había alcanzado la justificación delante de Dios porque no la buscó por medio de la fe (*ek* con el ablativo) sino por las obras (9.32). Según 10.5, 6, la justicia "que es por la ley" se contrasta directamente con la justicia "que es de la fe" (*ek* con el ablativo).

En Gálatas 2.16, Pablo hace el mismo contraste dos veces, exponiéndolo igualmente en principio y experiencialmente: la justificación no es por las obras de la ley sino es por la fe. (Y el papel de la fe se expresa de tres maneras distintas: verbalmente, con *episteusamen*; por *dia* con el genitivo; y por *ek* con el ablativo.)

Como notado anteriormente, Gálatas 3.2, 5 insiste dos veces que el recibir del Espíritu viene por el oír con fe y no por las obras de la ley.

En Efesios 2.8, 9 el Apóstol contrasta "por medio de la fe" con "por obras" con la condición o el instrumento de la salvación.

Filipenses 3.9 compara la auto justicia, que es de las obras de la ley con la justicia que es "de Dios" y "por la fe" (expresada dos veces, una vez con *dia* con el genitivo y otra con *epi* con el locativo o instrumental).

Se podrían citar más pasajes, pero éstos son adecuados para formar una base para esta conclusión indisputable: "por la fe" y "por las obras" son mutuamente exclusivos. La fe (por lo menos la fe debidamente entendida) no es por las obras, y así "por la fe" no es "por las obras". O lógicamente o bíblicamente, se sostiene esta disyunción.

De paso, deberíamos notar que tales pasajes como éstos aclaran el hecho de que Pablo expone la fe como una condición y no como un resultado: la salvación es *por medio de* la fe y no una salvación *a* la fe. No tendría sentido contrastar una salvación para la fe con una salvación por las obras.

2) El vínculo complementario entre la fe y la gracia.

De nuevo son los escritos de Pablo que nos ayudan. Lo que se ve es que no necesitamos unos silogismos lógicos (que en sí pueden ser provechosos); la Biblia provee algunas declaraciones directas que "por medio de la fe" concuerda perfectamente con "por medio de la gracia".

Romanos 4.4, 5 hace claro que considerar al hombre justo basándose en sus obras sería una obligación, mientras contarle justo por medio de la fe viene por la gracia.

Efesios 2.8, 9 expone explícitamente que la salvación por la fe es la salvación por medio de la gracia y la contrasta directamente con una salvación por las obras.

De Romanos 4.2, 3 (y Efesios 2.8, 9) se saca la conclusión de que la salvación es por la fe, así eliminando la jactancia del hombre. Y al excluirla, significa claramente que se exalta la gracia de Dios con el favor no merecido; la jactancia implica un mérito humano.

Romanos 10.3 explica que la salvación por medio de la fe (9.32) tiene que ver con someterse a la justicia que Dios provee en lugar de tratar de establecer la suya propia. La eliminación de la auto justicia establece la salvación por medio de la gracia.

Más importante, Romanos 4.16 expresa precisamente lo que se involucra en esto: "Por tanto, es por fe (*ek* con el ablativo), para que sea por gracia (*kata* con el acusativo)…". "Por fe", lejos de contradecir la gracia, es precisamente "según la gracia". *Se requiere la fe, y la fe como la condición, en contraste a las obras, para establecer la gracia como la base para la obra salvífica de Dios.* Sobre este punto, Pablo está absolutamente claro.

3) Se justifican muy obviamente ciertas conclusiones.

La fe (sea lo que sea) no es una obra. Es verdad que si uno cree incorrectamente que algo es "una fe" cuando no lo es, tal idea equivocada puede verse como "una obra". Pero mientras que queremos decir lo que la Biblia significa cuando habla de la fe, la Biblia misma forma la base para esta distinción absoluta.

Así, pues, la salvación por medio de la fe no es una salvación por las obras. Si uno quiere, basándose en otro aspecto, podría negar que la salvación sea por la fe (por ejemplo, su punto de vista de la depravación), pero una cosa que no puede hacer es negar esta verdad igualándolo con una salvación por las obras. Las Escrituras previenen esta ecuación. Los pasajes mismos que enseñan que la salvación no es por medio de las obras son los mismos donde aprendemos que ella viene por medio de la fe.

También la salvación por la fe se encuentra en una armonía perfecta con la salvación por la gracia. De nuero, son las Escrituras las que nos lo enseñan; de hecho, la salvación es por la fe para que sea según la gracia.

Alguien pudiera oponerse a las conclusiones de esta sección, señalizando que varios de los pasajes aquí tratan específicamente la justificación (o sea, la "salvación" en el sentido restringido) más bien que con la salvación en el sentido amplio que incluye todo el *ordo salutis*. Pero tal argumento no ha entendido el punto de esta sección. Por un lado, no todos los pasajes citados tratan tan exclusivamente la justificación como tal. Pero aún si fuera así, el punto es que los citados demuestran que, *en principio*, "por medio de la fe" complementa "por la gracia" y contradice "por las obras". Y este principio funcionará igualmente bien para la salvación (en su sentido amplio) y para la justificación. Si las primeras partes de esta sección han logrado mostrar que las Escrituras no limitan "por medio de la fe" a la justificación sino que lo aplican, con los mismos términos, a otras partes del *ordo salutis*, entonces estas conclusiones se aplican a la "salvación por la fe" en el sentido amplio más posible de esa frase.

4) La fe puede ser una condición que la persona debe satisfacer sin convertirse en una causa de mérito o una base para la salvación.

Hasta aquí lo que se ha visto aclara que la fe es la actividad de la persona. Y las maneras ricamente variadas en que el Nuevo Testamento presenta la fe como una condición añaden un peso adicional para la idea de que *la persona satisface la condición por medio de creer (su fe)*.

Por las maneras ricamente variadas quiero decir que hemos visto la fe presentada por varias construcciones gramáticas:

(1) *dia* con el genitivo (*dia pisteos*); Romanos 3.21, 22; Gálatas 2.16; Efesios 2.8, 9; etcétera. En esta construcción la fe es el agente intermedio entre el ser salvo y estar perdido.

(2) *ek* con el ablativo (*ek pisteos*): Romanos 10.5, 6; Gálatas 3.2, 5; Colosenses 2.12; etcétera. Aquí la fe, como la fuente, se hace el medio de que recibe la salvación.

(3) *caso instrumental* (*pistei*): Romanos 3.28; Hechos 15.9; etcétera. Aquí la fe es el instrumento por medio del cual se aplica o se apropia la salvación.

(4) *epi* con el locativo (*epi te pistei*: Se debate si este uso sea locativo, instrumental o dativo, pero de todos modos no se afecta el significado): Filipenses 3.9 (aparentemente la única ocurrencia). Mientras podría ser sola una situación, el significado más probable es sugerir una base o un fundamento. Kennedy expone "basado en" la fe.[2] Martin sigue la *Revised Standard Version* (en inglés) en traducirlo "depende de" la fe.[3]

(5) *expresiones verbales* —de hecho, hay una variedad considerable de ellas— que utilizan el verbo *pisteuo*: Ver los pasajes detallados bajo "3.2".

El Dr. Berkhof insiste que la fe no es *la base* para nuestra salvación:

Las Escrituras nunca dicen que somos justificados...debido a (*dia* más el acusativo) la fe. Quiere decirse que nunca se representa la fe como la base para nuestra justificación. Si fuera así el caso, se tendría que considerar la fe como una obra de mérito hecha por el hombre. Y tal cosa sería la introducción de una doctrina de la justificación por las obras.[4]

Sin duda, estoy de acuerdo con él —aunque el uso de *epi* con el locativo en Filipenses 3.9 puede llegar bastante cerca a la idea de una base. Pero hemos visto en este estudio que la creencia en contra de la incredulidad provee la línea divisoria entre ser salvo y estar perdido. Esto nos ha llevado precisamente al punto de exponer que al igual que la incredulidad es la razón o la causa que uno permanece condenado, así la fe es la razón o la causa por medio de la cual uno se salva.

Es verdad, que ninguno de los términos: "razón" o "causa", debe considerarse en el sentido de la base. No es una causa *meritoria*. En cuanto a la condenación, el pecado es la causa "demeritoria"; en cuanto a la justificación, la obra expiatoria de Cristo, aplicada por la gracia, es la causa meritoria. Pero la fe y la incredulidad califican sin duda, y respectivamente, como la "causa" *instrumental* —aunque es mejor no emplear tanto el término "causa".

La fe, como el acto personal de creer, es imposible aparte de la operación de gracia llevada a cabo por el Espíritu Santo. Así que hay otra razón para decir que la fe en sí no lleva ningún sentido de mérito. Como ya se ha explicado, la posición arminiana, es que el pecador es tan radicalmente depravado que no puede, de su propio poder y voluntad, creer. Se requiere la obra de gracia pre-regeneradora ("preveniente") del Espíritu de Dios para convencer y persuadir al pecador en cuanto a la naturaleza de su condición y en cuanto a la verdad del evangelio antes de la fe. Sólo por medio de esta obra divina tiene el pecador la habilidad de poner su fe en Cristo.

Lectura adicional sobre la salvación por medio de la fe:

en español

F. Leroy Forlines, *Teología Cristiana Sistemática*, trad. Ronald Callaway (Editorial Casa Randall de Publicaciones, 1992), cap. 12 "La condición para la salvación"

en inglés

James Arminius, *The Writings of James Arminius* (tres tomos), trad. James Nichols y W. R. Bagnall (Editorial Baker, 1956), tomo I, pp. 355-369, tomo II, pp. 109-111; 499-501.

William G. MacDonald, " '…The Spirit of Grace' (Heb. 10:29)" EN *Grace Unlimited*, redactor, Clark H. Pinnock (Editorial Bethany Fellowship, 1975), cap. 4.

Richard Watson, *Theological Institutes* (Editorial Nelson & Phillips, 1850), tomo II, pp. 234-253. (Un teólogo wesleyano importante temprano.)

Notas del Capítulo 10

[1] Louis Berkhof, *Teología Sistemática*, trad. Pbro. Felipe Delgado Cortés, tercera edición española revisada, (Editorial T.E.L.L., 1976), 602, 603.

[2] H. A. A. Kennedy, "The Epistle of Paul to the Phillipians" [*"La epístola de Pablo a los filipenses"*], en *The Expositor's Greek Testament* [*El testamento griego para los intérpretes*] (Editorial Eerdmans, 1950), III:454.

[3] Ralph P. Martin, *The New Century Bible Commentary: Philippians* [*El comentario de la Biblia del nuevo siglo: filipenses*] (Editorial Eerdmans, 1980), 133.

[4] Berkhof, 623-625.

La perseverancia en la salvación

Apropiadamente uno entre los ultimos puntos de tensión entre el calvinismo y el arminianismo es la cuestión de que si la persona regenerada perseverará (o es perseverada) incondicionalmente o que si puede apostatar y perderse. Como se ha notado en la primera sección de esta obra, Arminio mismo, igual que los Remonstrantes originales, no sacaron una conclusión clara sobre este tema. Pero sí plantearon la cuestión. Las implicaciones naturales de los puntos de vista centrales del arminianismo, aún en sus etapas más tempranas como un movimiento formal, tendían a cuestionar la suposición calvinista de una perseverancia necesaria de si fuera realmente bíblica o no.

Esas tendencias indicadas por las cuestiones planteadas no tardaron mucho en brotarse, y así el calvinismo y el arminianismo se han mantenido divididos tradicionalmente en cuanto a este tema.

Exponiendo una introducción histórica del asunto, el Dr. Berkhof identifica cinco variaciones de pensamiento:

(1) Agustín sostuvo que los electos no podían caer como para perderse finalmente, pero al mismo tiempo consideró posible que algunos que habían sido dotados de vida nueva y de una verdadera fe podrían caer de la gracia por completo.

(2) La iglesia catolico-romana, con su semipelagianismo, enseña que la perseverancia depende de la incierta (de su libre albedrío) obediencia de la persona cristiana.

(3) La teología luterana recalca que la perseverancia depende de la continuidad de una fe activa de la persona regenerada.

(4) El arminianismo expone que la perseverancia depende de la voluntad de la persona a creer y de sus buenas obras.

(5) En contraste a todos estos, el calvinismo insiste en que aquellos que Dios ha regenerado no puedan caer de tal estado y ciertamente (es decir, de necesidad divina) perseverarán en él hasta la salvación final.[1]

Si la definición del arminianismo dada por el Dr. Berkhof es totalmente correcta o no, se hará más clara en estos últimos capítulos. No dudo que su definición representa el punto de vista de algunos arminianos posteriores. Estoy igualmente cierto que lo que él expone no es correcto en cuanto a lo que Arminio y los Remonstrantes originales creyeron (ni representa lo que muchos arminianos actuales, incluyendo este escritor, creen).

Ahora prestemos atención al punto de vista calvinista, al punto de vista arminiano y a la muy importante "teología bíblica" sobre este tema. Sin embargo, debo decir que no todos que exponen la doctrina popular de la "seguridad eterna" son realmente calvinistas. La posición de éstos —a quienes voy a llamar "subcalvinistas"— también tendrá su trato en el primer de los tres capítulos siguientes donde se explicará brevemente la naturaleza de sus puntos de vista.

Capítulo El Once

El argumento calvinista para la necesidad de la perseverancia

Los elementos principales del punto de vista calvinista en cuanto a la perseverancia pueden resumirse de esta manera:

Definición: igual que se ha expuesto en la introducción a esta sección, una explicación de punto de vista calvinista requiere dos cláusulas principales, una que indica que los que Dios ha regenerado no pueden caer del estado de salvación, y otra que señala que ellos ciertamente perseverarán en tal condición de salvados. De hecho, hay tres puntos principales que se involucran intencionalmente en esta definición.

1) La perseverancia sólo se relaciona a los *regenerados*, y a todos ellos. El calvinismo no hace distinción entre los "elegidos" y los "regenerados". El número total de cada término es igual. Todos los elegidos son regenerados; todos los regenerados son elegidos.

Se distingue así el calvinismo de Agustín, quien aparentemente creía que había más regenerados que elegidos, y que los no regenerados no perseverarían y no se salvarían finalmente.

Arminio demostraba igualmente una tendencia a hacer tal distinción. El dio la idea, en sus aseveraciones en cuanto a la elección, de que los elegidos son los que Dios ve de antemano como poseyendo la fe salvífica y que perseverarían en ella. Tal pensamiento parece significar que aquellos que apostaten de la fe nunca fueron elegidos.[2] (Se tocará esto en el capítulo siguiente.)

2) Este punto de vista tiene un lado *negativo*. Las personas regeneradas *no pueden* hacerse no regeneradas. (Como vamos a ver más adelante, a aquellos que llamo "subcalvinistas" tienden a recalcar este lado y prestan poca atención al punto siguiente.)

3) Este punto de vista tiene un lado *positivo*. Los regenerados/elegidos ciertamente *perseverarán*. Significa que el Espíritu Santo continuará trabajando en el creyente de tal modo que la obra de gracia comenzada en la regeneración llegará (de necesidad) a una finalización exitosa en la santificación.

Implicaciones. Hay algunas implicaciones que los arminianos no siempre captan.

1) Esta posición no afirma que los salvos nunca pecan. Las personas regeneradas "pueden, a veces, ser vencidas por el mal y caer en el pecado".[3] Por supuesto esta implicación no sirve para distinguir entre los calvinistas y los arminianos —de aún entre los arminianos wesleyanos que enseñan un perfeccionismo en una u otra forma.

2) Esta posición no afirma que las personas se salvan a pesar de una evidencia al contrario en sus vidas. Cuando el Dr. Berkhof hace la pregunta: "¿Implica esta

doctrina que uno puede estar viviendo en pecado habitual e intencional, y todavía permanecer en un estado de justificación?", él quiere decir que la respuesta será: "No".[4] La perseverancia, según el calvinismo, quiere decir que el creyente es asegurado de "ser perseverante en la santidad".[5] (Como veremos, este punto forma una de las diferencias entre el calvinismo y el "subcalvinismo".)

3) Esta posición no afirma la perseverancia aparte de *los medios* de la perseverancia; hay que recordar que en el calvinismo los medios son predestinados juntamente con los fines.[6] Así pues, el calvinismo *no* enseña que "Dios nos guarda sin ninguna vigilancia constante, diligencia y oración de nuestra parte".[7] Aún las exhortaciones a que perseveremos en la fe y las advertencias en contra de la apostasía son sinceras y "sirven para guardar a los creyentes en el camino de la perseverancia".[8]

Hago una pausa aquí para recalcar dos puntos. Los calvinistas consistentes están totalmente de acuerdo con nosotros que enfatizamos que una vida que indica constantemente que está bajo dominio del pecado no tiene base alguna —ni aún en la doctrina de la perseverancia— para la certeza de su salvación. Hay muchos arminianos que no entienden este punto del calvinismo, en parte debido al "subcalvinismo" popular a que voy a referirme más tarde.

En resumen, el calvinismo no está enseñando una perseverancia a pesar de una impiedad en la vida del creyente. Más bien, el calvinista expone que el Espíritu de Dios obra tan eficazmente en las vidas de los regenerados que, de necesidad y durante el tiempo, manifestarán el fruto de la regeneración.

1. El argumento bíblico para la perseverancia necesaria de los santos

1) Los pasajes expuestos (por lo menos por uno u otro calvinista) para enseñar la perseverancia cierta de todos los regenerados incluyen (pero no son limitados a):

Juan 10.27-29 (Berkhof y Shedd): "…yo les doy [a mis ovejas] vida eterna; y no perecerán jamás, ni nadie las arrebatará de mi mano" (v. 28).

Romanos 11.29 (Berkhof y Shedd): "Porque irrevocables son los dones y el llamamiento de Dios."

Filipenses 1.6 (Berkhof y Shedd): "estando persuadido de esto, que el que comenzó en vosotros la buena obra, la perfeccionará hasta el día de Jesucristo".

[a] Tesalonicenses 3.3. (Berkhof): "Pero fiel es el Señor, que os afirmará y guardará del mal".

2[a] Timoteo 1.12; 4.18 (Berkhof): "…porque yo sé a quién he creído, y estoy seguro que es poderoso para guardar mi depósito para aquel día." "Y el Señor me librará de toda obra mala, y me preservará para su reino celestial."

1[a] Pedro 1.5 (Shedd): "que sois guardados por el poder de Dios mediante la fe, para alcanzar la salvación que está preparada para ser manifestada en el tiempo posterior."

Romanos 8.29, 30, 35-39 (Boettner): "…a los que antes conoció, también los predestinó para que fuesen hechos conformes a la imagen de su Hijo… Y a los que predestinó, a éstos también llamó; y a los que llamó, a éstos también justificó; y a éstos también glorificó".

Hebreos 10.14 (Boettner): "porque con una sola ofrenda hizo perfectos para siempre a los santificados".[9]

2) Explicaciones calvinistas de los pasajes bíblicos que los arminianos creen que enseñan la posibilidad de la apostasía:

(1) Algunos de los pasajes que parecen describir la apostasía no se refieren a personas *verdaderamente* regeneradas sino sólo a individuos que fueron exterior y superficialmente "convertidos". El Dr. Berkhof habla de una fe salvífica más aparente que real como "una mera fe temporal sin raíces en la regeneración".[10] El emplea esta respuesta para 1ª Timoteo 1.19, 20; 2ª Timoteo 2.17, 18; 2ª Pedro 2.1, 2; y Hebreos 6.4-6. Los Señores Shedd y Boettner también la usan para 2ª Pedro 2.20, 21.[11]

(2) Algunos de estos pasajes sólo describen unas situaciones hipotéticas y no son posibilidades reales. Esas observaciones hipotéticas "se emplean para ilustrar o hacer respetar la verdad".[12] El Dr. Shedd emplea esta misma respuesta para Hebreos 6.4-6 y para Mateo 13.21, 22.

(3) En las Escrituras hay exhortaciones positivas para perseverar en la fe y en la santidad, y hay advertencias negativas en contra de la apostasía. Sin embargo, éstas: *no* implican que la apostasía realmente puede ocurrir; sino más bien sirven como un medio o un instrumento para guardar a los creyentes de la apostasía;[13] y se dirigen a seres humanos desde la perspectiva subjetiva humana, más bien del punto de vista objetivo de Dios.[14] El Dr. Shedd añade que el creyente que anda en un estado de certeza de su salvación, producida por el testimonio del Espíritu Santo, no necesita tales advertencias.[15] El Dr. Berkhof emplea esta respuesta para Mateo 24.12, 13; Colosenses 1.23; Hebreos 2.1; 3.14; 6.11; y 1ª Juan 2.6. El Dr. Shedd la usa también para 1ª Timoteo 6.12.

2. El argumento sistemático para la perseverancia necesaria de los santos

El Dr. Boettner observa: "Esta doctrina no se encuentra sola, sino es una parte necesaria del sistema calvinista de teología".[16] El lector podrá apreciar esta lógica: Si Dios ha elegido incondicionalmente a aquellos que se salvan, y si ha enviado a Jesús para morir eficazmente por ellos y solo por ellos, y si les regenera sin su conocimiento consciente y así en contra de sus propias voluntades por una obra de gracia irresistible, entonces sigue lógicamente que él llevará su obra en ellos a su conclusión final. Porque en ningún aspecto de esta obra es la salvación realmente condicional; cualquier elemento en ella que es condicional (como la justificación por la fe) se lleva a cabo por unas condiciones que Dios mismo suple como parte de la bendición de la salvación por medio de la elección.

1) La doctrina de la elección incondicional implica una perseverancia cierta puesto que la elección "es una elección con un fin, es decir, a la salvación".[17]

La respuesta arminiana: Es verdad, que si se pudiera probar que la elección fuera incondicional, una perseverancia necesaria sería lógica y segura. Por lo tanto, hay dos maneras para responder.

En primer lugar, el rebatir el sistema entero, o cualquier de sus otros puntos claves (a los que hemos dedicado los primeros capítulos de este libro) significará que el punto de vista calvinista en cuanto a la perseverancia *no* sigue lógicamente como un corolario.

En segundo lugar y mejor aún, la demostración bíblica al efecto de que ella enseña una perseverancia condicional y la posibilidad real de la apostasía sirve para establecer el punto de vista arminiano e invalidar el sistema calvinista. Hemos de recordar que una elección incondicional que traduce efectivamente en una salvación incondicional. Los dos capítulos siguientes tratan este aspecto.

2) La doctrina del "pacto de la redención" implica que Dios dio un cierto número de "elegidos" a su Hijo en este pacto hecho entre el Padre y el Hijo. La existencia de tal "pacto" se implica claramente cuando Jesús se refería igualmente a promesas y a una misión que le fueron dadas por su Padre (ver Juan 5.30, 43; 6.38-40; 7 17.4-12). Entre esas promesas pactadas se encuentra el hecho de que el Padre "dio" a Jesús ciertas personas como suyas: es decir, los elegidos. Y los términos del acuerdo incluían su misión a expiar por los pecados de su gente. Entonces y, de hecho, esas promesas pactadas dadas al Hijo sólo fueron condicionadas por el cumplimiento hecho por Jesús de los términos del acuerdo entre él y el Padre, términos que él cumplió, y no dependen de ninguna cosa tal como la fidelidad incierta del hombre.

La respuesta arminiana: Se puede contestar este punto de varias maneras.

1) En primer lugar, tal discusión en cuanto a un pacto entre el Padre y el Hijo debería ser atenido con gran renuencia (si es que se debería mencionar el concepto en cualquier manera). No hay ningún lugar en las Escrituras donde indica directamente que hubo tal pacto, y aún más importante es el hecho de que no se han revelado los términos de tal pacto —especialmente no dice nada en cuanto a que esas promesas fueran condicionales o no.

Los calvinistas suelen formar la vanguardia en insistir que las cosas secretas pertenecen a Dios, que sus consejos eternos no son revelados directamente. Si hubiera tal pacto de redención (y en principio no tengo nada en contra de la idea), la única manera que tenemos de "conocer" sus términos respeto a la salvación es leer en el Nuevo Testamento cómo se efectúa y aplica realmente la salvación. Así pues, si el Nuevo Testamento aclara que la salvación es condicional, entonces no debemos "leer" unos términos no revelados de un pacto implicado de redención de tal manera que destruyamos tal condicionalidad.

2) Más brevemente, este argumento es el mismo como el primero simplemente expresado con términos distintos. Los calvinistas expresan igualmente el concepto y la descripción de los términos del "pacto de redención" en maneras que encajan con el concepto básico de una salvación incondicional. Si la elección/salvación es

incondicional, igualmente lo es la inclusión en el llamado "pacto de redención". Sin embargo, si lo anterior no lo es tampoco es lo posterior.

3) La eficacia de la intercesión de Cristo implica una perseverancia segura, dado que su oración hecha por su pueblo debe ser contestada. Desde luego, el ejemplo singular de esta intercesión se halla escrita en la oración sumosacerdocial de Juan 17. Allí, entre otras cosas, Jesús oró que todos sus creyentes fueran uno, que fueran perfectos, que estuvieran con él y que vieran su gloria.

El Dr. Berkhof también cita Juan 11.42, que expresa el principio: "Yo sé que tú siempre me oyes" y Hebreos 7.25: "[Él] puede también salvar perpetuamente a los que por él se acercan a Dios, viviendo siempre para interceder por ellos."[18]

La respuesta arminiana: Si la salvación es condicional (como nosotros creemos) y así ha sido propuesto por Dios para los *creyentes*, entonces la salvación final es para aquellos que perseveren en creer. Por tanto, las oraciones intercesorias de Jesús son peticiones por personas vistas *como* creyentes y requieren la persistencia en la fe como la respuesta a las oraciones es consistente con la eficacia de las peticiones del Señor.

Con referencia a la gran oración hallada en Juan 17, merecen notarse las implicaciones en los versículos 11-12: "...Padre santo, a los que me has dado, guárdalos en tu nombre, para que sean uno, así como nosotros. Cuando estaba con ellos en el mundo, yo los guardaba en tu nombre; a los que me diste, yo los guardé, y ninguno de ellos se perdió, sino el hijo de perdición...". El pronombre "los" sólo puede tener como antecedente "los que me has dado". De esta manera se demuestra (1) que el hecho de "darlos" a Jesús no garantiza su perseverancia, puesto que el hijo de perdición claramente estaba entre "ellos", pero ahora se ha perdido y (2) que por tanto, las peticiones del Señor por ellos no fueron incondicionalmente eficaces — excepto en el caso si él nunca hubiera pedido por ellos antes, algo que es claramente improbable.

4) La unión con Cristo implica una cierta perseverancia, puesto que "Es imposible que puedan ser removidos de ese cuerpo".[19]

La respuesta arminiana. ¿Por qué es imposible? (Se puede hacer esta pregunta a la luz de Romanos 11.17-22 entre otros pasajes.) Tal aseveración es nada más que una afirmación "lógica", y de hecho una cuya lógica no es muy específica.

De hecho, la respuesta a esta aseveración es bastante sencilla: es precisamente nada más que declarar de nuevo la posición ya argumentada, no es un argumento a su favor, y por lo tanto simplemente elude el problema. Si la salvación realmente es condicional, entonces permanecer en la unión salvífica con Cristo es condicional: este es exactamente lo que venimos argumentando.

5) La naturaleza de la obra del Espíritu Santo en el corazón implica la perseverancia segura, dado que él, sin duda, no abandonaría tal obra una vez comenzada.[20]

La respuesta arminiana. Esta respuesta es exactamente igual que la dada al argumento previo. En primer lugar, ¿por qué no? Las declaraciones en relación a lo que el Espíritu de Dios "no haría" siempre son arriesgadas. Su manera de expresarse en sí revela que alguien está sacando implicaciones "lógicas" más bien que citar pasajes bíblicos.

De nuevo, esta declaración elude el problema porque es nada más que exponer de nuevo la posición argumentado más bien que presentar un argumento nuevo para sostener o demostrar la posición. A riesgo de repetirme: si de hecho la salvación se condiciona verdaderamente más bien que incondicionalmente, como contiende en arminiano, entonces la obra continuada del Espíritu Santo hacia este fin propuesto *para los creyentes* se condiciona en su fe continuada. Aquí no se involucra ninguna contradicción de los propósitos de Dios, como ya ha sido demostrado en la segunda sección de este libro.

6) El hecho de que el creyente ya posee la "vida eterna" implica la perseverancia segura. Como pregunta el Dr. Berkhof retórica (y sarcásticamente): "¿Se puede dar lugar a la hipótesis de que la vida eterna no será eterna?"[21] Y al hacer este punto se refiere a Juan 3.36; 5.24; y 6.54. Aún más claro es Juan 10.28: "y yo les doy vida eterna; y no perecerán jamás…".

La respuesta arminiana: La *vida* poseída —aunque puede ser más un asunto de calidad que de duración— ciertamente es eterna. Sin embargo, la *posesión* de esta vida es condicional o es incondicional. Si es la segunda, entonces el calvinismo tiene razón en insistir en una perseverancia necesaria. No obstante, si la primera es correcta, entonces la posesión —siendo condicional— no es necesariamente eterna.

Excepto por el intento de sacar implicaciones de la palabra "eterna", este argumento también es exponer de nuevo la misma posición argumentada con términos distintos. Pero una vez que nos damos cuenta de que la posesión de la vida eterna es sólo otra manera de hablar de la salvación misma, entonces vemos de nuevo que no hay otra cuestión involucrada aquí excepto por si la salvación es condicional o incondicional.

Los versículos citados para apoyar este argumento tienen demasiada importancia para dejarlos con sólo esta respuesta breve. Volveré a ellos de nuevo en el siguiente capítulo, y los trataré más extensamente.

7) La eficacia de la obra expiatoria de Cristo implica la perseverancia segura, porque su muerte *realmente*, no sólo provisoriamente, logró la redención para aquellos por quienes él murió.

La respuesta arminiana. Este es un nuevo planteamiento de un argumento ya tratado y contestado en la sección sobre la expiación (limitada o universal). Puede referirse al capítulo 5 y a la respuesta arminiana al tercer argumento calvinista.

8) La posibilidad de la certeza de la salvación implica la perseverancia segura. Si la salvación final no fuera garantizada por necesidad, nadie podría poseer la certeza de su salvación.

La respuesta arminiana. La certeza de la salvación es, por su naturaleza, el conocimiento seguro de que una persona "posee" la gracia salvífica. Objetivamente esta certeza no se basa en una doctrina sino en la confianza personal en Dios para cumplir su Palabra. Dado que él mismo se ha comprometido para salvar a aquellos que ponen su fe en él, la certeza de la salvación se relaciona directamente a la fe. Por lo tanto es coexistente con la fe salvífica, y no tiene que ver con si una persona puede retractarse de su fe salvífica en algún tiempo futuro.

Además, la certeza de la salvación resulta del testimonio interior del Espíritu Santo que produce una confianza subjetiva interior. Consecuentemente, la certeza de la salvación no depende de una confianza de que una persona no puede apostatar en el futuro.

Puede que aquí sea el lugar para hacer una observación breve en cuanto a las personas, especialmente de los subcalvinistas que exponen una "seguridad eterna", que insisten tanto en que no tendrían ninguna certeza aparte de creer que nunca podrían estar perdidas de nuevo. Expongo que tal idea es una certeza indebidamente comprendida, una expresión de confianza en *una doctrina*. Para el arminiano, la certeza es una expresión de su confianza en *Jesús*.

9) El hecho de que la fe salvífica es un don de Dios implica la perseverancia segura, dado que Dios, sin duda, no quitaría un don ya otorgado.[22] (Ver la discusión previa de Romanos 11.29.)

La respuesta arminiana. En el capítulo previo he argumentado que la fe *en sí* no es el don de Dios. Si tengo razón en mi presentación, este argumento no la tiene.

10) El hecho de que la salvación es por la gracia sola implica la perseverancia segura porque quiere decir que la salvación no puede ser condicional en su comienzo ni en su continuación.

La respuesta arminiana. Este argumento nos devuelve al tema: es decir, si la salvación es condicional o no lo es. Los arminianos exponen que la salvación es condicional igualmente en su comienzo que en su continuación. Además, en la sección previa se ha demostrado, según el Nuevo Testamento, que la salvación por la fe no es de ninguna manera contraria a la salvación por la gracia. De hecho, según Romanos 4, la salvación *debe ser por la fe para ser por la gracia*. El insistir que la continuación es por la fe no hace contradecir más que el insistir que es recibida por fe en el principio.

3. El argumento subcalvinista a favor de una "seguridad eterna"

Hay una creencia popular expuesta por muchos cristianos (por ejemplo, por muchos bautistas del sur e independientes que se creen calvinistas aunque realmente no lo son) no en el mismo sentido reconocido por los arminianos y los calvinistas.

El hecho es que éstos creen en una salvación condicional más bien que incondicional. Ellos exponen la expiación universal, la gracia resistible y la elección condicional. Por tanto, son más arminianos que calvinistas en cada punto hasta que llegan a la cuestión de la perseverancia. Muchos de ellos resisten tal observación, a veces porque no se dan cuenta de la naturaleza del calvinismo verdadero y la importancia absoluta de cada punto del sistema calvinista.

A menudo, aunque no siempre, la verdad es que estos "subcalvinistas" (no conozco a nadie más que les nombre con este término, y no quiero expresar ningún desprecio hacia ellos con su uso) exponen una "seguridad eterna" (su manera de nombrarlo) un poco distinto. Hay muchos que afirman que una persona regenerada puede volver a una vida caracterizada por el pecado habitual y atroz y que tal acción no hace ninguna diferencia entre lo que tiene que ver la seguridad o la certeza. En esta manera se diferencian dramáticamente del calvinismo tradicional.

El argumento subcalvinista para una perseverancia incondicional puede encontrar su base en la Biblia y en la lógica. A veces es idéntico con los argumentos calvinistas normales, y a veces no.

1) Los pasajes bíblicos _principales_ empleados serán esencialmente los mismos delineados anteriormente. Sin embargo, más bien que vincular estos pasajes con las otras doctrinas calvinistas (la elección incondicional, la expiación limitada, etcétera), el subcalvinista recalará _las promesas_ contenidas en tales pasajes. De esta manera su confianza en la perseverancia incondicional se basa en el hecho de que Dios no dejará de cumplir y guardar cualquier promesa que él ha hecho, declarado o implicado.

Hay muchos ejemplos de tales promesas (especialmente en el Evangelio según San Juan), incluyendo estas:

Juan 10.28: "yo les doy vida eterna; y no perecerán jamás"
Juan 3.36: "El que cree en el Hijo tiene vida eterna"
Juan 4.4: "el que beba del agua que yo le daré, no tendrá sed jamás"
Juan 5.24: "El que oye mi palabra, y cree al que me envió, tiene vida eterna; y no vendrá a condenación"
Juan 6.54: "El que come mi carne y bebe mi sangre, tiene vida eterna; y yo le resucitaré en el día postrero".

2) Los argumentos lógicos serán en parte similares a los del calvinista (ya expuestos), y en parte no similares.

El subcalvinista no empleará los argumentos sacados de las otras distintas doctrinas calvinistas (por ejemplo como en 2.1, 2.2, y 2.7). Estos tienen que ver con el plan y la provisión de la salvación.

Utilizará unos argumentos similares a los argumentos 3, 4, 5 y 6 de los argumentos calvinistas. (Ver el punto previo 2). Estos tratan la naturaleza de la salvación aplicada. El punto básico es que la naturaleza de la salvación es tal que elimina la posibilidad de la apostasía. Como lo expone Boettner (de todas maneras un calvinista verdadero): "Ninguna criatura puede cambiar su naturaleza. Nada menos que un acto sobrenatural de Dios pueda cambiar la regeneración".[23] En resumen, una persona que es salva, por su naturaleza nunca deseará dar la espalda a Dios.

El subcalvinista demuestra una variedad más amplia en su uso de los argumentos lógicos que el calvinismo tradicional. Lo siguiente ilustra este punto:

(1) Una persona nacida no puede volver a ser no nacida.
(2) Dios no es como un niño que regala algo y luego quiere que se lo devuelva.
(3) Cuando una persona se salva, está perdonado de sus pecados pasados, presentes y futuros.
(4) Dios no permitirá que un hijo suyo, amado por él, perezca.
(5) Una persona nacida de nuevo no deseará dejar a Dios.

(6) Si una persona pudiera removerse del cuerpo de Cristo, este cuerpo estaría dañado.

(7) Aún entre los seres humanos, el hijo de uno nunca deja de ser su hijo, a pesar de lo que haga.

Hay muchos argumentos similares que se pueden escuchar. Los teólogos calvinistas más prudentes no suelen emplear tales argumentos, porque éstos generalmente tienden a expresar unas analogías, de alguna manera u otra, con las experiencias humanas y no exponen directamente ninguna enseñanza bíblica.

Aquí no responderé a los argumentos subcalvinistas. En el capítulo siguiente habrá alguna respuesta que presenta el punto de vista arminiano en cuanto a la perseverancia condicional. No obstante, haré la observación de que la actitud del calvinista verdadero hacia tal subcalvinismo, especialmente hacia el punto de vista de que un pecado persistente puede reclamar la certeza de su salvación, puede verse en el libro *Wrongly Dividing the Word of Truth* (*Empleando indebidamente la Palabra de verdad*) por John H. Gerstner. El llama este punto de vista el "calvinismo espurio", y tiende a hallar la fuente de su herejía en el dispensacionalismo. Las secciones del su capítulo 7 rezan:

—La Depravación Total Dispensacionalista no es Total
—La Elección Incondicional Dispensacionalista no es Incondicional
—La Negación Dispensacionalista de la Expiación Limitada Destruye la Posibilidad del Calvinismo
—La Gracia Irresistible Dispensacionalista no es Irresistible
—La Perseverancia de los Santos Dispensacionalista es la Perseverancia del Pecador.[24]

Encuentro intrigante la obra de Gerstner, pero no estoy seguro que él haya establecido su caso al culpar al dispensacionalismo por todos los problemas (incluyendo aquel causado por el llamado "antiseñorío" punto de vista de la salvación). Sin duda él tiene razón cuando ataca parte de la hermenéutica de este sistema de pensamiento, pero extenderme más sobre esto me llevaría fuera del tema presente.

Lectura adicional sobre la doctrina calvinista de la perseverancia

en español

Luis Berkhof, *Teología Sistemática*, trad. Pbro. Felipe Delgado Cortés, tercera edición española revisada (T.E.L.L., 1976), pp. 653-658.

en inglés

G. C. Berkouwer, *Faith and Perseverance* (Eerdmans, 1958).
Loraine Boettner, *The Reformed Doctrine of Predestination* (Eerdmans, 1954), pp. 182-201.
Arthur Custance, *The Sovereignty of Grace* (Baker), pp. 191-224.
William G. T. Shedd, *Dogmatic Theology* (Zondervan. s.f.), tomo II, pp. 553-560.

Notas sobre la Sección 5 y del Capítulo 11

[1] Louis Berkhof, *Teología Sistemática*, trad. Pbro. Felipe Delgado Cortés, tercera edición española revisada, (Editorial T.E.L.L., 1976), 653.

[2] Ver, por ejemplo, Jacobus Arminius, *The Writings of James Arminius* [*Los escritos de Jacobo Arminio*], trad. James Nichols y W. R. Bagnall (Editorial Baker, 1956), I:288.

[3] Loraine Boettner, THE REFORMED DOCTRINE OF PREDESTINATION [*La doctrina reformada de la predestinación*] (Editorial Eerdmans, 1954), 187.

[4] Berkhof, 658.

[5] Berkhof, 657.

[6] W. G. T. Shedd, *Dogmatic Theology* [*Teología dogmática*] (Editorial Zondervan, s.f.), II:557.

[7] Berkhof, 657.

[8] Berkhof, 657.

[9] Para el uso dado a estos pasajes por los tres escritores calvinistas mencionados, ver Berkhof, 654, 655; Shedd, II:556, 556; Boettner, 196-201.

[10] Berkhof, 658.

[11] Shedd, II:558 (nota); Boettner, 192.

[12] Shedd, II:558.

[13] Berkhof, 657; Shedd, II:557.

[14] Berkhof, 657.

[15] Shedd, II:557.

[16] Boettner, 182.

[17] Berkhof, 656.

[18] Berkhof, 656.

[19] Berkhof, 656.

[20] Berkhof, 656, cita a Dabney.

[21] Berkhof, 657.

[22] Boettner, 183.

[23] Boettner, 184.

[24] John H. Gerstner, *Wrongly Dividing the Word of Truth* [*Empleando indebidamente la Palabra de verdad*] (Brentwood, Tennessee: Editorial Wolgemuth & Hyatt, 1991), vi.

Capítulo El Doce

El armianismo y la perseverancia condicional

Como se notó en la introducción a esta sección, Arminio mismo y los Remonstrantes originales no afirmaron claramente que fuera posible una apostasía de la regeneración. La opinión de Arminio sobre el tema puede captarse de esta declaración relativamente breve:

> Mis sentimientos con respecto a la perseverancia de los santos son, que aquellas personas que se han injertado en Cristo por medio de una fe verdadera, y así han sido hechas participantes de su Espíritu que imparte vida, éstas poseen *poder suficiente* [o fuerza] para…ganar la victoria sobre aquellos enemigos —sin embargo no sin la ayuda de la gracia del mismo Espíritu Santo… para que no sea posible que ellas, por ningún engaño o poder de Satanás, puedan ser seducidas o quitadas de las manos de Cristo. Pero pienso que es útil y será muy necesario en nuestra primera convención eclesiástica, instituir una investigación diligente de las Escrituras para ver si es posible si algún individuo que por medio de una negligencia deje el comienzo de su existencia en Cristo, para abrazar de nuevo este presente mundo vil, que pierda una buena consciencia y que cause que la gracia divina sea ineficaz o no.
>
> Aquí yo afirmo abierta e ingenuamente que yo nunca he enseñado que un *creyente verdadero puede caer total o parcialmente de la fe y perecer*; no obstante no ocultaré que creo que hay pasajes bíblico que me parecen tocar este aspecto; y las respuestas a éstos que se me ha permitido ver, no se manifiestan totalmente buenas para contestarlos.[1]

Desde una perspectiva histórica, Arminio insistió que la negación de tal posibilidad "nunca fue, desde los días de los apóstoles mismos hasta la actualidad, contada por la iglesia como una doctrina católica", y el punto de vista que expone que la apostasía es posible "siempre ha tenido sus defensores en la iglesia".[2] Y en su "investigación" extensiva sobre el tratado de la predestinación por William Perkins, Arminio decidió demostrar que los argumentos de Perkins en contra de la posibilidad de la apostasía no fueron suficientes para establecer, con certeza, tal punto de vista — siendo así aún como Arminio entró en la discusión diciendo: "No me atrevería decir que se puede perder total y finalmente la verdadera fe salvífica".[3]

Sin embargo, el hecho de que el mismo Arminio y sus seguidores sugirieron la cuestión indica que este punto de vista ciertamente tenía que venir de los principios básicos de que la salvación es condicional. Así, pues, desde este período temprano, cuando se estaba examinado de nuevo el tema, los arminianos han enseñado que los que son verdaderamente salvos deben recibir la advertencia en contra de la apostasía como un peligro real y posible.

Esencial a esta creencia es la convicción de que la salvación es condicional. Según este caso, el continuar poseyendo la salvación es continuar cumpliendo la condición bíblica de la fe. Es verdad que los arminianos de tiempos y lugares diferentes han presentado los detalles de este punto de vista de maneras distintas. Aún así, este punto de vista ciertamente *no* exige que hay que creer, en ningún sentido, que la salvación (en su principio o subsecuentemente) sea por las obras.

El arminiano cree, igual que el calvinista, que la Biblia advierte al regenerado en cuanto a volverse en contra de Dios: es decir, en contra de la apostasía. Así pues, le parece claro al arminiano que debe, por tanto, existir la posibilidad de la apostasía.

Entre los otros temas debatidos por los arminianos entre sí son tales cuestiones como: *¿Incluye la palabra "elegidos" sólo aquellos que perseveran para la salvación final?*, o ¿tiene que ver con los regenerados que caen de la gracia? Arminio mismo definió la elección a favor de la primera de estas dos preguntas. En esta manera, él estaba aparentemente de acuerdo con Agustín en que los regenerados que apostatan no son los elegidos.[4] Puede que este asunto no sea más que cosa de terminología. No seguiremos su hilo en esta obra.

¿Se puede remediar la apostasía? En otras palabras, ¿puede una persona regenerada que cae de la gracia por medio de la apostasía volver para ser regenerada de nuevo? Han habido arminianos a ambos lados de esta cuestión. No se investigarán los detalles de esta diferencia en esta obra. Creo que la respuesta es: "No", y se indicarán algunas razones por esta respuesta en el capítulo siguiente durante la exposición de la carta a los Hebreos.

1. El argumento bíblico para la perseverancia condicional

El arminiano insta que el asunto en cuanto a que si una persona salva puede perderse o no deba establecerse sobre una base bíblica. Esta es la pregunta (como concuerda todo el mundo): ¿Enseña la Biblia la posibilidad de la apostasía?

1) Los pasajes del Nuevo Testamento que enseñan la posibilidad de la apostasía incluyen:

La carta a los Hebreos. Las advertencias y exhortaciones relacionadas a la apostasía y la perseverancia son temáticas en toda la carta. Cada sección principal contiene un "centro" exhortatorio que toma por sentado la posibilidad de la apostasía. Son:

—los capítulos 1—2, con 2.1-4 en su centro;
—los capítulos 3—4, con 3.7—4.2 en su centro;
—los capítulos 5—7, con 5.11—6.12 en su centro (especialmente 6.4-6);
—los capítulos 8—12, con 10.19-39 y 12.1-24 en su centro.

De una manera especial las secciones 6.4-6 y 10.19-39 llevan esta doctrina a su desarrollo más completo y claro. En el capítulo siguiente exploraremos detalladamente las enseñanzas de Hebreos sobre el tema. Como se notará entonces, si queremos saber los mejores materiales bíblicos sobre cualquier tema, hemos de consultar la Biblia *en los pasajes donde ella trata directamente tal tema*, si tales pasajes claves existen en ella. La carta a los Hebreos trata directamente la perseverancia y la apostasía y nos provee la parte más importante de cualquier discusión bíblica sobre este tema.[5]

El pasaje de *2ª Pedro 2.18-22* es muy similar a los que se encuentran en el corazón de la carta a los Hebreos. También se tratará éste en el capítulo que sigue.

Hay otros pasajes incluidos en la discusión que se mencionan aquí, aunque el enfoque mío al tema es que no tiendo a buscar entre las intimaciones de la posibilidad de la apostasía encontradas por todo el Nuevo Testamento, sino más bien construyo el caso sobre los pasajes que tratan directamente el tema. Siguiendo esta práctica, estoy preparado para cualquier otra intimación de la posibilidad cuando sugieran. Entre éstos están:

1ª Timoteo 1.18-20 y 2ª Timoteo 2.16-18 se refieren (por nombre) a algunos que aparentemente han apostatado de la fe.

Colosenses 1.21-23 presenta la salvación final condicionada en la continuación en la fe.

1ª Pedro 1.5 indica que el guardar la fe, igual que la justificación original, siendo por medio de la obra poderosa de Dios, también es por la fe.

Gálatas 5.1-4 advierte en contra de caer de la gracia y parece implicar que tal cosa ha ocurrido a los falsos maestros que están molestando a los creyentes gálatas.

1ª Tesalonicenses 3.5; Filipenses 2.16; y Gálatas pueden agruparse como situaciones en que Pablo se refería a la posibilidad aterradora de que su obra (que resultó en los creyentes verdaderos) sería en vano.

En 1ª Corintios 10.1-14 Pablo, empleando una parte de la historia de Israel, advierte a aquellos que se crean firmes a que no caigan.

Hay arminianos que citan otros pasajes que varían en fuerza y aplicabilidad del tema. Para mí, estoy dispuesto a dejar que la enseñanza doctrinal de Hebreos y la de 2ª Pedro establece el tema y que los otros muchos pasajes confirman lo que aprendemos en estas dos cartas. Si éstas enseñan que la apostasía es realmente posible, y estoy convencido que lo hacen, entonces el calvinista se equivoca en su posición.

2) La respuesta a las citas bíblicas expuestas por los calvinistas (y por los subcalvinistas) para sostener la idea de la necesidad de la perseverancia del regenerado.

Estos pasajes, especialmente los encontamos en el Evangelio de Juan, que contienen las *promesas* firmes en cuanto a la salvación (final) de los creyentes y, por tanto, expuestos como pruebas que implican una perseverancia necesaria no pueden emplearse por este propósito porque ellos "probarán demasiado". En otras palabras, decir que estas promesas requieren la imposibilidad de una situación cambiada coloca una carga demasiado pesada sobre la sintaxis de las afirmaciones. Una comparación de dos promesas similares demuestra fácilmente, usando la misma síntesis, el problema en cuanto a los no creyentes. Por ejemplo:

Juan 5.24	Juan 3.36
"…el que oye mi palabra, y cree…	"…el que rehusa creer
no vendrá	*no verá*
a condenación…"	la vida…"

Gramáticamente, si la primera promesa quiere decir que la condición del creyente *no puede ser* cambiada, entonces la segunda quiere decir que *tampoco puede* cambiarse la condición del que rehúsa creer. El hecho es que ni el uno ni el otro pasaje habla de tal tema. El incrédulo puede dejar su incredulidad, hacerse un creyente y ver la vida —así escapándose de la promesa hecha al no creyente que continúa en su incredulidad. De igual manera, el creyente puede abandonar su fe, hacerse un incrédulo y llegar a la condenación, así librándose de la promesa dada a los creyentes que continúan en la fe. Cada promesa se aplica con una fuerza igual a aquellos que continúan en el estado respectivo descrito.

Yo sé como creyente que no vendré a condenación y me regocijo en la promesa del Señor. Además, se notará una clarificación adicional sobre este punto: la gran mayoría de pasajes semejantes a éstos presenta consistentemente el "creer" como una acción que continúa (un tiempo presente "continuo" en el griego). Por ejemplo:

Juan 3.36: "El que *está creyendo* (participio presente)…tiene vida eterna"

Juan 5.24: "El que *está oyendo*…y *está creyendo*…tiene vida eterna…"

Juan 3.16: "…para que todo aquel que está creyendo (participio presente)… esté teniendo vida eterna. Se nota que el "tener" corresponde precisamente con el "creer".

En algunos pasajes, aún cuando no se menciona la condicionalidad de la salvación, es implícita y para tomar por sentado de los otros pasajes que la enseñan claramente. (A través de toda la Escritura, la mayoría de los tratos de Dios con los hombres adquiere esta condicionalidad aunque a veces no se la declara abiertamente.)

Este es el caso de Juan 10.27-29. La promesa de que "no perecerán jamás" es para aquellos que son sus ovejas. Se toma por sentado de que permanecerán siendo sus ovejas. De hecho, es el mismo tipo de promesa como las mencionadas anteriormente. Sobre este pasaje, Arminio observó que "si las ovejas no están en las manos del pastor, no pueden estar libres del peligro de Satanás", arguyó que si la defección de las ovejas precede su captura por Satanás no se puede emplear eficazmente el pasaje para demostrar una seguridad incondicional.[6] (Este pasaje también encaja en la categoría siguiente.)

La meta de algunos pasajes es asegurarnos de nuestra "seguridad" en contra de las fuerzas que van en nuestra contra. Su propósito no es proveer una certeza en contra de las consecuencias o posibilidades de nuestra propia negligencia, apatía o incredulidad.

Como ya se ha notado, Juan 10.27-29 pertenece a esta categoría; el énfasis cae en que "nadie las puede arrebatar de la mano de mi Padre". Satanás mismo no nos puede quitar de la preservación de Dios.

Lo mismo va por Romanos 8.35-39: ninguno de los enemigos de Dios (detallados en 8.38, 39) pueden separarnos del amor de Dios en Cristo.

Hay pasajes que expresan la confianza para el escritor o para sus lectores en que Dios "que comenzó en vosotros la buena obra, la perfeccionará...". Estos pasajes expresan la confianza en lo que Dios hará *por su parte*, tomando por sentado que las personas mencionadas continúan en la fe.

En esta conexión, por ejemplo, Filipenses 1.6 y en 2ª Tesalonicenses 3.3 se refieren a los lectores de Pablo, y en 2ª Timoteo 1.12 Pablo se refiere a sí mismo en cuanto a esta confianza.

Mientras es verdad que 1ª Pedro 1.5 expresa confianza en el poder de Dios como el medio para guardarnos, también indica al mismo tiempo que la fe es la condición que los regenerados debe cumplir para que el poder de Dios que les guardará sea aplicado eficazmente a ellos. El hecho es que este versículo sostiene más la posición arminiana que la calvinista.

Se ve en Romanos 8.29, 30 una "cadena" intacta de llamamiento-justificación-glorificación en un retrato de lo que ocurre a aquellos en quienes el propósito de Dios se lleva a cabo plenamente. No se habla de la cuestión de que si hay cualquier condición que se requiere para que se logre cualquier parte de la "cadena" o no. De todos modos, "a los que ante conoció" sigue *condicionado* toda la "cadena". (Ya se ha tratado este pasaje en el capítulo 4.)

El pasaje de Romanos 11.29 simplemente nos asegura que Dios no quita de lo que ha dado, y que no se le puede estorbar en los propósitos que él quiere lograr. A pesar de todo lo demás que el pasaje quiera decir (algo que no encaja en este estudio), no se encuentra en un contexto de la salvación por medio de la evangelización personal como tal.

2. El argumento sistemático

En términos generales, los arminianos no dependen tanto de los argumentos lógicos como los calvinistas, es decir, no para sostener esta doctrina en particular. (El hecho es que los arminianos nunca han sido muy fuertes en el área de la teología sistemática.) Aún así, igual que el calvinista, el arminiano insistirá que el punto de vista en cuanto a que la apostasía es posible tiene sentido cuando se vincula con las otras doctrinas soteriológicas. Si Dios realmente desea que todo el mundo se salve, y si envió a Cristo en expiación por todos los pecados de todo el mundo, y si él "llama" a todos con inteligencia así restaurando su "libertad" para creer o rechazar el evangelio, pero después sólo salva a aquellos que deciden libremente creer, entonces es obvio que la salvación es condicional.

Si la salvación es condicional, entonces es verdaderamente condicional. Arminio expresó esta verdad básica: "[Dios] no abraza a nadie en Cristo que no esté realmente en Cristo. Pero nadie está en Cristo excepto por medio de la fe en Cristo, una fe que es el medio necesario para nuestra unión con Cristo. Si uno cae de la fe, sale de esta unión, y como consecuencia, del favor de Dios por medio de cual previamente fue recibido en Cristo".[7] Continúa a advertir que el regenerado no puede caer de su lugar en Cristo "mientras sigue siendo creyente, porque como creyente sigue estando en Cristo".[8]

Todo lo que esto significa simplemente es que, desde la perspectiva arminiana, la posesión de la salvación individualmente es, en cualquier tiempo, condicionada por la fe. Así pues, en el análisis final, el arminiano sólo puede depender de que la Escritura lo enseña así o no.

Lógico o no, el subcalvinista introducido en el capítulo anterior, parece estar de acuerdo con los arminianos en todas las demás doctrinas soteriológicas menos la de la perseverancia. En otras palabras, parece que creen que la salvación es condicional, pero no quiere insistir en que siga condicional después de la experiencia inicial de la regeneración.

Para los calvinistas consistentes y para los arminianos, esta posición parece contradecirse internamente. Es por esta razón que no quiero tratar esta posición con mucho detalle. Por tanto, sólo sugerir algunas respuestas breves a algunos de los argumentos lógicos de los subcalvinistas ya mencionados en el capítulo anterior.

1) Algunos de estos argumentos se basan en una analogía y no pueden resistir una investigación cuidadosa. Por ejemplo, si la apostasía de un creyente verdadero significase que el "cuerpo" de Cristo sería "dañado", uno se pregunta si el cuerpo está deformado hasta que la última persona en la historia se salve. El cuerpo de Cristo no es algo físico para presentarse en tales términos de analogía.

2) Algunos de los argumentos se basan en declaraciones lógicas más bien que bíblicas, afirmaciones en cuanto a lo que Dios o una persona verdaderamente regenerada *haría*, suponiendo que se pueden aplicar experiencias humanas con declaraciones lógicas. A la luz de la naturaleza nueva quiero creer que una persona regenerada nunca desee dejar a Dios. Pero entonces recuerdo a Adán y a Eva, personas que ni tuvieron una naturaleza depravada que les inclinaba hacia el pecado interior, que cayeron debido únicamente a una tentación exterior. Así después no soy tan arrogante en cuanto a lo que soy capaz de hacer o no hacer.

3) Algunos de sus argumentos son meras palabras. Mientras que supongo que una persona puede ser "no nacida" (que en sí retrata algo ridículo), tal persona sin duda puede morir.

Vuelvo a decir, pues, las raíces de todos de estos argumentos, y otros semejantes, se encuentran en la suposición básica de que la salvación no es condicional. Si es condicional, todas las cosas que Dios, o el hombre, "haría" fluye de este hecho. En el análisis final, Dios sigue siendo amor si condena a uno que anteriormente fue su hijo o si condena a otra de sus criaturas que nunca creyó en él. Les ama a todos, pero su relación salvífica con ellos se condiciona en la fe.

3. Lo que hay que tener en mente en el desarrollo de una doctrina de apostasía

Si la Biblia enseña que es posible la apostasía de una persona verdaderamente regenerada, uno debe ejercer, de todas maneras, mucho cuidado en cuanto a cómo expresa o formula tal doctrina. He aquí algunos de los temas que hemos de cuidar.

1) Es extremadamente importante que expresemos nuestro punto de vista de tal manera que la fe, y no las obras, sea la única condición para la salvación. No debemos establecer una salvación por la gracia con la fe en la mano derecha y luego quitarla con la izquierda. La puerta abre sobre las mismas bisagras con que cierre: en otras palabras, la condición de la salvación siempre es la misma. Arminio lo expresa así, diciendo que "es imposible que los creyentes, mientras que sean creyentes, dejen la salvación".[9] Si a una persona se le otorga el acceso salvífico por medio de la gracia por la fe y no por las obras, si la rechaza no es por las obras sino por la incredulidad. Y, en cuanto a que se ha definido la fe salvífica en el capítulo 9, su naturaleza no cambia una vez que la persona se ha salvado. Igual que antes, sigue siendo el extender manos *vacías* a Dios para aceptar su don dado gratuitamente, es el abandono deliberado de toda dependencia en cualquier cosa que una persona pudiera "hacer" y echar todo sobre en lo que Dios, en Cristo, ha hecho.

La expresión "salvado por la fe y guardado por las obras" simplemente no encaja con la enseñanza bíblica relativa a la base de la salvación. La base siempre permanece igual.

2) En cualquier manera que las "obras" positivas del creyente se involucren en la perseverancia, debemos relacionarlas a la fe y no como condiciones de continuación en la salvación. A veces es difícil expresar esta relación con precisión. La Biblia misma no siempre intenta hacer que nosotros entendemos tales cosas que *no son* "esenciales" a la salvación.

No se puede dudar que se exige de los cristianos la fidelidad, la conducta, la oración y la obediencia a Dios, ni que son importantes para el bienestar espiritual del creyente —y así, eventualmente para su perseverancia. Aún así, es obvio que hay que comprender éstas como relacionadas íntegramente a la fe que es la única condición para la salvación. Es decir, estas "obras" —si este es el término adecuado— son evidencias de la fe (y quizás para el cristiano, un medio para afianzar o sostener la fe), pero es la fe y no sus evidencias la que salva.

En este sentido, podemos llamarlas "esenciales", igual que producir manzanas es "esencial" al manzano, pero su fruto sólo manifiesta lo que es el árbol y el fruto en sí no hace que el árbol sea árbol.

3) A la inversa (e igualmente difícil para expresar con precisión), no debemos creer que los actos pecaminosos en sí sean la causa de caer de la gracia. Tampoco hemos de dar la impresión de que cada vez que un cristiano peque se pierda y necesite salvarse de nuevo. Además no debemos equivocarnos en creer que las personas cristianas no pecan.

Si la fe sola es la condición para la salvación, entonces la incredulidad es la "condición" para la apostasía. En este aspecto, pues, también las obras tienen un papel importante, negativa o positivamente, pero son las evidencias de la fe o de la incredulidad más bien que la condición fundamental de ser salvo o estar perdido. Como McKnight lo expone, aunque un poco torpe: "El único pecado...capaz de destruir la fe del creyente genuino es el pecado de la apostasía".[10] Es mejor decir que la retractación de la fe es el medio singular y final de la apostasía; la apostasía *es* la retractación deliberada de la fe.

¿Pecan los cristianos? Sin duda lo hacen. Aún los arminianos wesleyanos que creen en alguna forma de "santificación completa" creen que los cristianos pecan. Igual lo creen los calvinistas, aunque los calvinistas clásicos no nos animan a creer que un cristiano puede continuar indefinidamente con una vida caracterizada por el pecado. Así pues, ¿cuál es la diferencia entre el pecado de una persona regenerada y los pecados de un no regenerado?

Mientras ando con cautela, entendiendo que no siempre puedo examinar la vida de un individuo y sacar una conclusión dogmática en cuanto a su condición, pienso que puedo *definir* las diferencias fundamentales involucradas. Cuando un no cristiano peca, este pecado representa lo que realmente es en su naturaleza. Cuando una persona regenerada peca, este pecado es una contradicción de lo que realmente es, y ella lo reconoce como tal. Consecuentemente, para parafrasear algunas de las palabras de 1ª Juan, la persona regenerada no vive en el pecado; la no regenerada sí lo hace. Pero en ambos casos la práctica es la *evidencia* de la naturaleza interior, no su *causa*.

Nos regocijamos en que Dios es el único Juez que realmente importa. Él conoce perfectamente el corazón de cada individuo, y sabe si hay una fe genuina presente o no. Por otra parte, nosotros sólo podemos "juzgar" por lo que vemos exteriormente, y este tipo de juicio, aunque a menudo necesario, puede ser erróneo. Así pues, en términos bíblicos, con razón continuamos considerando que cualquier persona cuya vida se caracteriza por la práctica pecaminosa (a pesar de lo que la persona afirme en cuanto a su "salvación") no tiene ninguna base para la certeza de su salvación.

¿Significa esto que cada vez que yo peque debo comenzar inmediatamente a dudar de mi salvación? No. Y aquí deberíamos asegurarnos que esta doctrina incluye lugar para la disciplina (el castigo) de Dios. Según Hebreos 12, Dios disciplina a sus *hijos* cuando pequen, porque como hijos suyos, él les ama. Esta doctrina aclara la verdad de que un cristiano puede equivocarse y ser disciplinado por ello *como un hijo de Dios*.

4) Como corolario a lo que ya se ha dicho, debemos permitir en nuestra expresión de esta doctrina el hecho de que la obra salvífica de gracia que recibimos se basa en la "unión con Cristo". Se establece esta unión únicamente en la condición de la fe. Recibo tales bendiciones soteriológicas como la justificación, mi estado justo ante Dios en la justicia de Jesucristo, por virtud de estar "en él".

Si la justicia de Jesucristo se me imputa "en Cristo", entonces este estado es mío mientras tanto que estoy en él. Y si estoy en él por la fe, entonces sólo un abandono de la fe salvífica puede "quitarme" de él (aunque suena algo crudo este término). Admito que esta es una afirmación expresada lógicamente, pero no veo otra alternativa a ella cuando busco en las enseñanzas del Nuevo Testamento en cuanto al significado y la condición de la justificación.

Una de las implicaciones de todo esto es que simplemente no hay ningún estado "medio" entre ser salvo y estar perdido. No existe ningún purgatorio protestante en esta vida ni la venidera. Cualquier individuo, en cualquier tiempo, se encuentra en una unión salvífica con Cristo o no en unión con él. Si está en Cristo, está allí por la fe sola. La muerte física misma no trae ningún cambio en el estado justificado o no justificado del individuo (aunque, desde luego, el estado de una persona podría cambiar estando él muy cerca a la muerte). Al mismo tiempo, "el morir en los pecados" es sin duda una expresión bíblica que se refiere al estar perdido.

5) Por tanto, es importante para nosotros que creemos que la Biblia expone la posibilidad de la apostasía, que enseñemos la certeza de la salvación y las bases debidas para tal confianza. Este punto de vista no significa, por ejemplo, que un cristiano no puede poseer certeza, ni que el creyente tiene que pasar toda su vida lleno de temor de que va a "perder" su salvación. Vivir así o sin la falta de confianza en su salvación no es la voluntad de Dios para su hijo ni tampoco se armoniza con la enseñanza bíblica.

La certeza debe basarse en la Palabra de Dios que promete la salvación a aquellos que abandonan sus obras y se entregan por la fe a Jesucristo. El testimonio interior dado por el Espíritu de Dios confirmará esta certeza para aquellos que creen en Jesús. La comprensión de que el ser considerado justo ante Dios depende de la justicia de Cristo que se imputa al creyente en él por la fe debería ayudar hasta el creyente más tímido para poseer la certeza de su salvación.

Al mismo tiempo la Biblia no nos indica que hemos de hablar de una certeza para aquellos cuyas vidas se caracterizan por la práctica pecaminosa. Igualmente los calvinistas tradicionales y los arminianos están de acuerdo en cuanto a esto.

6) También es importante que expresemos nuestro punto de vista de tal manera que se reconozca que la apostasía es una crisis seria, deliberada y decisiva. La apostasía no es lo que la gente generalmente quiere decir por "deslizarse". No es algo que el creyente verdadero, regenerado por el Espíritu de Dios, puede hacer fácilmente y sin pensar. Una persona no es salva hoy, perdida mañana y salva el día después.

Mientras tanto que la persona ejerce la fe salvífica, no ha cometido la apostasía. De hecho, parece ser verdad que mientras que uno desea ser justo ante Dios en Cristo que no ha cometido apostasía, pero va más allá de mi propósito con este tomo explorar este punto.

La apostasía es final. No puede ser cambiada. Como ya se ha notado, expondré la base para este punto de vista en el siguiente capítulo. Al mismo tiempo, aunque no se llega fácilmente a la apostasía, no deberíamos decir que realmente no ocurre. En la Biblia y en las observaciones y experiencias de la iglesia, los casos de la apostasía son relativamente comunes.

7) Por tanto, es igualmente importante que advirtamos a los creyentes del peligro de la apostasía, y que les exhortemos que perseveren en la fe y en las buenas obras, no como un medio para asustar o molestarles, sino para edificar y nutrirlas en su

desarrollo espiritual, que en sí es el camino bíblico seguro y cierto para evitar la apostasía (2ª Pedro 3.17, 18).

Se ha observado anteriormente que el calvinistas tradicional está de acuerdo en que el Nuevo Testamento mismo realmente presenta estas advertencias y exhortaciones, y que son, de hecho, medios de la perseverancia. Por tanto, es bíblico prestar atención a éstas. Sin embargo, no es bíblico enseñar a los creyentes que son meramente advertencias en contra de algo que no puede suceder. Me pregunto si estas advertencias y exhortaciones puedan tener el efecto determinado si la persona que las presenta después asegura a sus oyentes que tal apostasía no es en realidad posibile. ¿Advierten estos pastores que niegan la posibilidad de la apostasía a su rebaño en contra de ella?

Si no, es cierto que no es el camino bíblico. De hecho, tales advertencias y exhortaciones encuentran su fuerza precisamente porque se refieren a un peligro real. Convencer a los creyentes que no hay posibilidad de una apostasía es negar la advertencia bíblica. Por lo cual, no puedo evitar decir que el intento calvinista de explicar las advertencias bíblicas como un medio por el cual se asegura la perseverancia es, en su fin, una travesía triste.

Por la parte negativa, se debería advertir a los creyentes en contra de los caminos que les puedan llevar a la apostasía. Se incluyen la tolerancia de la doctrina falsa, una indulgencia continua en el pecado y la rebelión en contra de la disciplina de Dios. Cualquiera de éstos puede resultar en que un cristiano se encuentre en una senda que le llevará a una incredulidad consciente y deliberada "para apartarse del Dios vivo" (Hebreos 3.12b).

Por el lado positivo, se debería exhortar y nutrir a los creyentes en el desarrollo espiritual. Como ya se ha observado, la carta entera de 2ª Pedro lo presenta como un camino cierto y singular para asegurar que el cristiano no apostate.

Lectura adicional sobre la doctrina arminiana de la perseverancia

en español

F. Leroy Forlines, *Teología Cristiana Sistemática* (Casa de Randall, 1992), pp. 208-231. (un compañero del autor)

en inglés

James Arminius, *The Writings of James Arminius* (tres tomos), trad. James Nichols y W. R. Bagnall (Baker, 1956), tomo I, pp. 252-255, 262-264, 278-282, 285-289; tomo II, pp. 499-501.

Guy Duty, *If Ye Continue* (Bethany, 1966)

I. Howard Marshall, *Kept by the Power of God* (Bethany, 1969)

Grant Osborne, "Soteriology in the Epistle to the Hebrews" (cap. 8) y "Exegetical Notes on Calvinists Texts" (cap. 9), *Grace Unlimited*, redactor, Clark H. Pinnock (Bethany Fellowship, 1975). (Entre los contribuidores a este libro, Osborne no parece tanto a la búsqueda de novedades como hacen Lake y Pinnock.)

Robert Shank, *Life in the Son* (Wescott, 1960).

Richard Watson, *Theological Institutes* (Nelson & Philips, 1850), tomo II, pp. 295-301. (un temprano teólogo wesleyano importante)

Notas del Capítulo 12

[1] Jacobus Arminius, *The Writings of James Arminius* [*Los escritos de Jacobo Arminio*], trad. James Nichols y W. R. Bagnall (Editorial Baker, 1956), I:254.

[2] Arminius, II:502, 503.

[3] Arminius, III:491ss.

[4] Por ejemplo, ver la discusión de Arminio en III:511.

[5] También se le refiere al lector a Grant R. Osborne, "Soteriology in the Epistle to the Hebrews" [*"La soteriología en la carta a los hebreos*] en *Grace Unlimited* [*Gracia ilimitada*], Clark H. Pinnock, redactor, (Editorial Bethany Fellowship, 1975), 144-161.

[6] Arminius, III:499.

[7] Arminius, III:498.

[8] Arminius, III:499.

[9] Arminius, I:281. Para evidencia y citas que demuestran que Thomas Grantham también estaba muy claro aquí, ver Matthew Pinson, "The Diversity of Arminian Soteriology" [*"La diversidad de la soteriología arminiana"*] (ensayo no publicado), 12, 13.

[10] Scot McKnight, "The Warning Passages of Hebrews: A Formal Analysis and Theological Conclusions" [*"Los pasajes de advertencia de Hebreos: Un análisis formal y las conclusiones teológicas"*] (*Trinity Journal* 13NS [1992]) 55.

Capítulo Trece

Hebreos, 2ª Pedro y la posibilidad de la apostasía

Me parece claro que un enfoque teológico que es verdaderamente bíblico o exegético sostendrá la doctrina que he expuesto en el capítulo anterior. El propósito de este capítulo es demostrarlo a través de las cartas a los Hebreos y 2ª de Pedro.

Hebreos 6.4-6

Para aquellos que creen en la posibilidad de la apostasía personal, la carta a los Hebreos (en su totalidad) y, especialmente Hebreos 6.4-6, provee uno de los pasajes más importantes para la base bíblica de este punto de vista. Por lo cual, se dedica la parte principal de este capítulo a una exégesis completa de este pasaje clave, en el contexto de la carta, y a las cuestiones en cuanto a cómo todo se relaciona a la posibilidad de que una persona verdaderamente regenerada puede "caer de la gracia".

A pesar de que todo el mundo pueda estar de acuerdo en cuanto a una doctrina o no, los cristianos se deben acordar en que nuestra enseñanza sobre cualquier tema ha de basarse en lo que la Biblia tiene que decir más bien que en los argumentos filosóficos tradicionales o teológicos. Así pues, mi meta aquí es determinar exactamente lo que se enseña en Hebreos 6.4-6.

1. El contexto del pasaje

Uno de los requisitos para una exégesis sana es comprender la manera en que un pasaje dado encaje en su contexto. En este caso hemos de considerar el enfoque general de la carta. Estos tres versículos se encuentran en medio de una carta que expone la perseverancia como su tema principal.

No nos es necesario repasar la discusión sobre el escritor original de la carta. El texto inspirado no le identifica.

Tampoco tenemos que establecer con precisión la identidad de los lectores originales. El texto inspirado no nos imparte esta información. El título: "A Los Hebreos" fue añadido a la carta más tarde.

Aún así, la tradición que expone que la "epístola" fue escrita para algunos cristianos hebreos encuentra su fuerza en el hecho obvio de que se presenta toda la enseñanza contra el telón de fondo del ritual hebreo. Tiene razón el Dr. Kent cuando escribe: "La mayoría de los conservadores está de acuerdo en que el carácter hebreo cristiano de Hebreos es auto evidente".[1] Explica que el entendimiento normal de la situación de los primero lectores en aquel entonces:

Un estudio cuidadoso de los cinco pasajes de advertencia demuestra que el problema de ellos parecía ser muy serio en que tenía que ver con vacilar ante la tentación de abandonar el movimiento cristiano para buscar el refugio "seguro" del judaísmo. Por medio de tal cambio, ellos podrían haber evitado la persecución por parte de su compatriotas, y también de haber disfrutado de la protección legal que el judaísmo recibía del gobierno, un favor que los cristianos de aquel entonces (los años 60 d.C.) no poseían.[2]

Aún si uno pudiera oponerse con éxito (y hay los que les gustaría hacer tal cosa) en contra de esta conclusión, no se afectaría significativamente la interpretación del pasaje. Quienesquiera fueran los primeros lectores, un estudio inductivo de Hebreos en sí aclara el hecho de que ésos estaban considerando la posibilidad de la defección y necesitaban una exhortación que perseveraran en la fe.

Un tema de Hebreos

Una indicación del motivo dominante de Hebreos es la ocurrencia frecuente de las palabras que instan a los lectores a que "retengan" la fe. Varios de los usos de esta idea reflejan la raíz griega *ecö*. En el 2.1, se escribe: "...es necesario que con más diligencia atendamos a las cosas que hemos oído". La palabra traducida "atendamos" es *prosecho*, que quiere decir "agarrarse a". En el 3.6, dice que nosotros que formamos la casa de Cristo "retenemos firmes hasta el fin", una buena traducción de *katecho*. La misma palabra aparece de nuevo en el 3.14: "...somos hechos participantes de Cristo, con tal que retengamos firmes hasta el fin..."; y en el 10.23, donde se nos exhorta a que "mantengamos firme". Se usa un verbo distinto y aún más fuerte en el 4.14, el verbo *krateo*, que quiere decir aferrarse, agarrar, tener agarrado. Se nos insta a que retengamos nuestra profesión, que nos aferremos a ella desesperadamente.

Algunos escritores han citado "vamos adelante" como la fase clave de Hebreos. Griffith Thomas la empleó como título para su comentario.[3] Shank ha observado correctamente que "retengamos firmes" es mucho más frecuente y significativa, y merece mejor el estatus como el tema de la carta.[4]

La estructura de Hebreos

Más importante que esta frase que se repite es el patrón de los contenidos de Hebreos. En el centro de cada sección principal de la carta se encuentra una advertencia a la perseverancia.

Casi todo el mundo está de acuerdo en que Hebreos recalca su interés en convencer a los lectores de que Cristo y el Pacto Nuevo son infinitivamente superiores a todo que sucedió anteriormente y que son finales. Este centro cristológico de interés sin duda es la pasión *doctrinal* de la carta. Pero la preocupación *exhortatoria* es la perseverancia. De hecho, casi la única exhortación práctica en toda la carta, excepto por algunas exhortaciones variadas al final de la carta, es la exhortación para perseverar. Grant Osborne observa: "La apostasía deliberada de algunos de la fe es el problema a que se dirige la epístola".[5]

Esta preocupación en cuanto a la perseverancia, vinculada inseparablemente con las advertencias en contra de la apostasía es, por tanto, el interés pastoral dominante de la carta. Se ve en toda la tela de la carta. Es el patrón con que se ha entretejido el contenido. Aún la enseñanza en cuanto a la superioridad y finalidad de la revelación y religión en Cristo sirve para afianzar las exhortaciones repetidas a que "se retengan la fe". Comenta el Dr. Guthrie: "El autor nunca pensó en su carta como un ensayo académico, sino que su meta en toda la carta era recalcar el significado práctico de sus argumentos".[6] Marshall nota que los pasajes de advertencia "no son paréntesis... sino que forman una parte íntegra de la estructura en que se vinculan intrincadamente las exhortaciones de la teológica dogmática y las prácticas".[7]

La Carta a los Hebreos no es meramente una "epístola" en el sentido normal. En su forma es semejante pero no comienza como una carta. En su contenido es más bien como un sermón totalmente desarrollado. Es por esto que George Buchman expone que la carta a los Hebreos "es un midrash homilético basado en el Salmo 110".[8] (Sin embargo esta idea limita demasiado el "sermón".) El texto y la introducción se encuentran en 1.1, 2. Es decir, Dios nos ha hablado en maneras distintas durante el pasado, pero ahora nos ha dado su palabra final y perfecta en su Hijo. La conclusión viene en el 12.25-29. No debemos rehusar al que nos habla; si aquellos que le rehusaron cuando él habló en el pasado no escaparon, mucho menos nosotros escaparemos si abandonamos al que es la Palabra final. Esta conclusión aclara el significado de todo el mensaje que el 13.22 llama una "palabra de exhortación".

Se cree en general que la primera sección de la carta (después de la introducción en 1.1-5) se compone de los capítulos 1 y 2. El Dr. Westcott los tituló: "La Superioridad del Hijo, el Mediador de la Revelación Nueva, a los Ángeles".[9] En medio de esta sección se encuentra 2.1-4 (lo que el Dr. Kent llama el "primer pasaje de advertencia"). Se reza (literalmente) el 2.1: "Debido a esto, nos es necesario que agarremos más extremadamente a las cosas oídas, no sea que nos deslicemos (de ellas)". Aún los cristianos que no creen que la apostasía personal sea posible están de acuerdo en que el significado realmente es *no sea que nos deslicemos.* "El significado de la palabra con su sujeto personal (nosotros) indica no que algo se nos va a deslizar, sino que nosotros vamos a deslizarnos de algo".[10] Solía emplear este término a veces para decir que las amarras de una nave se habían so Hado.

La segunda sección se delinea claramente en los capítulos 3 y 4: "Moisés, Josué y Jesús—Los Fundadores de la *Economía* Vieja y de la Nueva".[11] En el corazón de esta sección es el pasaje 3.7—4.2) (lo que el Dr. Kent llama el "segundo pasaje de advertencia", que extiende al 4.13). Esta advertencia se reza: "Mirad, hermanos, que no haya en ninguno de vosotros; corazón malo de incredulidad para apartarse del Dios vivo" (3.12). El verbo "apartarse" es de la misma raíz griega de donde viene nuestra palabra castellana "apostasía" (el verbo es *apostenai*; el sustantivo cognado es *apostasia*), "una credulidad que abandona la esperanza".[12] El autor está diciendo: "Hermanos, guardaos de no apostatar de Dios".

El Dr. Lenski observa que en Hebreos la *incredulidad* "se entiende en el sentido de una vez habiendo creído en el Dios vivo y después de haberla abandonado".[13] F. F. Bruce lo compara con "la acción de los israelitas cuando 'en sus corazones volvieron a Egipto'…un gesto de apostasía directa, una separación completa con Dios".[14] Donald Guthrie ve en esto "la defección más grande posible".[15]

También se reza literalmente en esta sección: "Hemos llegado a ser participantes de Cristo, si de hecho retenemos [la palabra temática vista anteriormente] firme el comienzo de nuestra confianza hasta el fin" (3.14). El Dr. Wescott escribió: "Lo que ha expuesto como un hecho [es decir, habiendo llegado a ser participantes de Cristo] ahora se hace condicional en su permanencia por razón de guardar o mantener la fe".[16]

Se ve la tercera sección, y la central, en los capítulos 5—7: "El Sumosacerdocio de Cristo, Universal y Soberano".[17] En el medio se encuentra la exhortación extendida de 5.11—6.12 (lo que el Dr. Kent llama "el tercer pasaje de advertencia", 5.11—6.20). Puesto que este es el pasaje que contiene 6.4-6, se comentará más tarde sobre la parte siguiente de este capítulo.

La última sección se compone de los capítulos 8—12, aunque hay muchos intérpretes que prefieren dividirla en dos secciones: 8.1—10.18 y 10.19—12.29. Al hacerlo yo, colocaría la división en el 11.1; así pues, cada sección de enseñanza se concluiría con una advertencia. Pero esto asunto no nos entra aquí en el tema a mano.

De todos modos, hay dos pasajes extendidos de exhortación entretejidos en estos cinco capítulos (el "cuarto pasaje de advertencia" del Dr. Kent, 10.26-31; aunque la exhortación realmente se extiende del 10.10-39). Una vez más se nos insta (literalmente): "Mantengamos firme [la palabra temática] la confesión de esperanza inquebrantablemente" (10.23). Y a ésta se acompaña la advertencia terrible de los versículos 26-31: Si volvemos a nuestros caminos pecaminosos, así pisoteando la sangre de Cristo e insultando al Espíritu, nuestro castigo será mucho peor que la muerte sin misericordia prescrita en el sistema mosaico.

Citando el texto favorito para la justificación por la fe: "Mas el justo vivirá por fe", el escritor añade (de la misma fuente en la LXX): "y si retrocede, no agradará a mi alma" (10.38). El Dr. Wescott tiene razón al insistir que "el justo"[18] es el término correcto en este versículo (y no "cualquiera" como si pudiera ser alguien más que un "justo", como en algunas versiones). El autor inspirado de Hebreos se refiere específicamente al "retroceder" de una persona justificada por fe, así llegando a este pronunciamiento por Dios.

La última exhortación extensiva sirve como la conclusión a la sección y al sermón entero. Se incluye todo el capítulo 12 (aunque el Dr. Kent sólo incluye en su "quinto pasaje de advertencia" 12.18-29). En este pasaje se nos advierte: "no sea que alguno deje de alcanzar [Westcott: "implicando una separación moral"[19]] la gracia de Dios" (12.15). El escritor lo ilustra como el ejemplo de Esaú como una persona que no pudo encontrar oportunidad para el arrepentimiento y la restauración a lo que él había perdido. Así, pues, la conclusión seria es que no escaparemos si "desechamos" al que es, y que habla, desde los cielos. El asunto es que el autor no lo presenta de alguna manera hipotética; literalmente, las palabras son: "nosotros que estamos desechando". Es evidente que él cree que el proceso de apostasía ya ha empezado y se identifica con su pueblo en esta cosa terrible.

Entonces, queda claro que el pasaje de 6.4-6 se encuentra en el fondo de una carta que se interesa sumamente en la cuestión de la apostasía y la perseverancia. Los cinco pasajes de advertencia unen el "sermón" y revelan que su enfoque principal es exhortar a la audiencia que retenga firme la fe que ha puesto en Cristo para que no ocurra la apostasía, que no abandone al mismo y único Dios que ha provisto, en la provisión de su obra redentora, para ellos la justicia salvífica ante él. Fuera de él no hay sacrifico por el pecado, no hay provisión para la justicia.

Tal es el contexto de 6.4-6, y está claro que cada uno de los cinco pasajes de advertencia se aclara por medio de los otros pasajes de advertencia. Los cinco describen el mismo pecado, incluyen las mismas advertencias y exhortan la misma audiencia. Scot McKnight ha demostrado concluyentemente este hecho en un estudio que establece claramente, empleando una comparación "sintética" de estos pasajes, el significado de cada uno de los componentes.[20]

2. El Texto

Para comenzar, presento mi propia traducción, más o menos literal, del pasaje. Lo he expuesto de manera que el lector pueda ver más claramente la relación de las cláusulas:

> Porque es imposible para aquellos
>> que fueron iluminados una vez para siempre
>> y gustaron del don celestial y gratis
>> y fueron hechos partícipes del Espíritu Santo
>> y gustaron de la buena palabra de Dios
>> y de los poderes del siglo venidero,
>> y recayeron
>
> sean otra vez renovados para arrepentimiento,
> ellos crucificando de nuevo a/para sí mismos al Hijo de Dios y exponiéndolo a vituperio público.

La exégesis y interpretación de estas palabras tienen que ver con tres cuestiones claves en cuanto a la experiencia de las personas descritas por el autor. (Por el momento, no es necesario tocar la cuestión en cuanto a si realmente lo habían hecho o sí simplemente fueron candidatos para hacerlo.)

¿Describe el pasaje a cristianos genuinos?

Se sugiere esta pregunta porque hay algunos intérpretes que exponen que se quiere decir algo menos que una conversión genuina. Las personas descritas por el autor de Hebreos han experimentado cuatro cosas. Así pues, la cuestión tiene que ver con el significado de estas cuatro cláusulas.

Que fueron iluminados una vez para siempre. Esta frase parece indicar, por cualquier interpretación que sea, la iluminación espiritual que asociamos con la salvación. El verbo *fotizomai* quiere decir dar luz a alguien o llevarle a una luz. La misma descripción aparece otra vez en el 10.32, donde tampoco hay razón para dudar que el escritor la está empleando para significar la conversión. El trasfondo bíblico involucrado es el contraste entre las tinieblas y la luz y entre aquellos en las tinieblas y los de la luz (cf. 2ª Corintios 4.4).

La palabra traducida por "una vez", *hapax* conlleva la idea de "una vez para siempre" o "una vez eficazmente". La misma palabra aparece varias veces en la carta, y una comparición entre sus usos es instructivo: 9.7, 26, 27, 28; 10.2; 12.26, 27. En cada instancia la palabra indica conscientemente algo hecho una vez de una manera no repetida o que ninguna adición sea necesaria para completarlo. El Dr. Kent reconoce que "El uso de "una vez" señala a algo completo, más bien que parcial o inadecuado".[21]

Gustaron del don celestial. Se han sugerido dos argumentos en contra de la idea de que esta frase se refiera a la salvación genuina. Uno es el uso de "gustar" que algunos exponen que implica una experiencia parcial más bien que plena. Pero esta objeción se apoya en un modismo castellano moderno más bien que la manera en que los griegos de antaño usaron *geuomai*. Aún cuando se refería a la comida, ellos emplearon la palabra metafóricamente para significar "experiencia". Es especialmente significativo el hecho de que el autor de Hebreos usa esta misma palabra en 2.9 para referirse a que Cristo experimentó la muerte. No hay nadie que quiera exponer que él solamente experimentó parcial o incompletamente la muerte.

La otra objeción es más técnica: es decir, en este versículo "gustaron" se une con un objeto *genitivo* más bien que con un *acusativo*, y que el caso genitivo meramente identifica qué tipo de cosa es mientras que el caso acusativo es el caso de la extensión [de una acción]. Los objetores dicen que esto significa que la gente, a la que se refiere, gustó *de* el don más bien que gustarlo a la extensión más completa de la experiencia.

Hay dos equivocaciones involucradas en esta objeción. En primer lugar, aunque el caso genitivo no habla expresamente de una extensión, no la niega. Más importante, ¡el genitivo es también el caso empleado por el objeto en el 2.9 donde Cristo gustó la muerte! (Ver también 2.1.4.)

Así pues, las personas descritas en este versículo "experimentaron" el don celestial gratuito. Los intérpretes no todos son unánimes en identificar este "don gratis", pero el desacuerdo es más técnico que substancial, y está claro el significado general. Los distintos intérpretes sugieren [por el significado] la salvación, la vida eterna, el perdón de pecados, el Espíritu Santo o Cristo mismo. Probablemente la mejor conclusión es que quiere decir la salvación y todo lo que viene con ella: justificación y vida eterna en Cristo, las "bendiciones de la salvación".[22]

Fueron hechos partícipes del Espíritu Santo. Observa Donald Guthrie: "La idea de compartir el Espíritu Santo es asombrosa. En sí hace una distinción entre la persona creyente y la que sólo tiene un conocimiento pasajero con el cristianismo".[23]

La palabra "partícipes", *metochoi*, que quiere decir "poseer juntamente con", y el escritor de Hebreos aparentemente la usa exclusivamente para referirse a la participación común de los cristianos en las cosas relaciones a su salvación. En 3.1. somos "participantes" del llamamiento celestial; en 3.14, "participantes" de Cristo; y en 12.8 "participantes" de la disciplina que distingue entre hijos verdaderos y bastardos. Cualquiera de los cuatro usos de *metochoi* en sí es adecuado para identificar a tal "participante" como un cristiano.

Poseer el Espíritu Santo, comúnmente con los otros creyentes, sin duda significa ser un cristiano. En el Nuevo Testamento, el recibir el don del Espíritu es una manera normal para declarar lo que significa ser un cristiano. Entre muchos ejemplos de este uso se encuentran Hechos 2.38, 39 y Gálatas 3.14.

Gustaron de la buena palabra de Dios y los poderes del siglo venidero. De nuevo nos encontramos con "gustar" (ver la segunda cláusula anterior). Si todavía hubiera cualquier duda en cuanto al uso del objeto genitivo en la cláusula en el versículo 5, este uso debería borrar tal duda. Aquí el objeto es acusativo.

Aquellos descritos han "experimentado" la buena palabra de Dios. Significa que han experimentado la bondad de que Dios ha hablado. Dios ha proclamado su bondad a aquellos que ponen su fe en él, y éstos han disfrutado de esa bondad. El Dr. Kent lo expresa, diciendo que es "experimentar la palabra de Dios en el evangelio y haberla encontrado buena"[24] (compárese 1ª Pedro 2.3).

Aún más, ellos han "experimentado" los poderes del siglo venidero. Los "poderes", *dunameis*, suelen significar "milagros" (como en 2.4). En su sentido más amplio, esta es la idea aquí, es decir, las obras sobrenaturales. Las manifestaciones del poder divino no tienen su origen en esta edad actual. Todas las grandes obras de Dios vienen del siglo venidero, o como lo expresa el Dr. Lenski, son "poderes de otro mundo".[25] Pero los cristianos, aunque viviendo en esta era actual, ya han comenzado a experimentar las obras sobrenaturales características del siglo venidero. Se incluye algo más que necesitamos exponer aquí, pero la regeneración y el don del Espíritu son las obras poderosas iniciales de esta era venidera que todos los cristianos tienen en común.

El Dr. Osborne señala que "el siglo venidero" es importante en la escatología de Hebreos, donde la "escatología se hace parte de la soteriología" y así esta frase implica un anticipo de las "bendiciones del reino".[26] Al discutir todas las frases que usan "gustar" en el versículo, J. Behm dice que describen "vívidamente la realidad de las experiencias personales de la salvación disfrutadas por los cristianos en su conversión".[27]

Así, pues, de estas cuatro cláusulas, podemos decir que sería difícil encontrar una mejor descripción de la regeneración y la conversión genuina. Cualquier de las cuatro en sí puede afirmarlo en este respecto. Juntas, las cuatro proveen una de las mejores declaraciones sobre la salvación, de su lado experiencial, que aparece en cualquier lugar de las Escrituras.

Entre las personas que estarían de acuerdo con la posición expuesta aquí se encuentra Scot McKnight, y él llama a los lectores de la carta "creyentes fenomenológicos" con que quiere decir que, en cada manera observable, son creyentes genuinos en el presente. Es así como les percibe el autor de la carta. Pero puede que perseveren en la fe o no. Si lo hacen, su fe es una fe salvífica en los ojos del que escribe Hebreos, dado que él usa "salvación" para decir la salvación *final*. Mientras tanto, la suya es la condición de *todos* los creyentes en la vida actual.[28]

Debo criticar la terminología empleada por el Dr. McKnight en lo que de otra manera es una monografía destacada. Aunque él la justifica como una manera para ser fiel al uso de tales palabras en Hebreos como fe y salvación, pienso que se equivoca en varios puntos. (1) No parece darse cuenta del choque que dan tales declaraciones como: "Esta expresión nos provee aún más evidencia para contender que esos lectores fueron, al nivel fenomenológico, convertidos a Jesucristo".[29] De hecho, su afirmación sonaría más como la del escritor de Hebreos si se omitiese "al nivel fenomenológico". (2) La calificación de "fenomenológico" echa algunas dudas sobre la realidad de su cristiandad, aunque él aclara que esta no es su intención, así afirmando que estos son "cristianos" y "regenerados", y que la fe de *todos* los cristianos es "verdadera fenomenológicamente".[30] (3) Crea confusión cuando se usan los términos en una manera distinta de su uso normal. No ayuda a suavizar el desacuerdo básico con el calvinismo. No creo que tal fuera la intención del Dr. McKnight. (4) Mientras que no podemos juzgar la autenticidad de la fe por la observación, Dios no tiene tal limitación y la inspiración del autor de Hebreos parecería garantizar la autenticidad de la fe de aquellos que él describe como genuina. Es decir, al final de la cuestión, en la carta a los Hebreos no hay diferencia alguna entre un "creyente fenomenológico" y un "creyente verdadero".

¿Describe el pasaje una apostasía de la salvación?

La respuesta a esta pregunta reside en el significado de la cláusula: "y recayeron" (RV/1960).

No hay disputa en cuanto al significado de las *palabras*. A la luz de la imposibilidad de arrepentirse de nuevo vinculada a ellas, la mayoría de los intérpretes aceptan, sin problema, que el "recaer" empleado aquí deja a una persona fuera de una relación salvífica con Cristo.[31]

"Recaer" es *parapipto*, y es el único tiempo que este verbo se emplea en el Nuevo Testamento. El verbo aparece en la LXX en los pasajes que se refieren a la apostasía, como por ejemplo Ezequiel 18.24. El Dr. Kent escribe, aunque no cree en la posibilidad de la apostasía, que la palabra significa "un repudiación completa y final de Cristo (como en 10.26, 27)" y describe "a aquellos que son regenerados y después repudian a Cristo y le abandonan".[32] El "recaer" es una defección de la experiencia descrita en las cuatro cláusulas que preceden este versículo.

Este es el significado de la apostasía. A la luz de los contenidos de toda la carta a los Hebreos (delineados anteriormente), el "recaer" es obviamente un sinónimo con "deslizarse" (2.1), "apartarse [literalmente, apostatar de] del Dios vivo" (3.12), "retroceder" (10.38) y "desechar al que amonesta desde los cielos" (12.25). De una manera convincente Scot McKnight demuestra que toda la carta a los Hebreos se enfoca en el "pecado" singular de la apostasía.[33]

Algunos intérpretes, quizás no familiarizados con el griego original, no entienden correctamente la relación entre estas cláusulas. Sin problema ellos reconocen que las primeras cuatro positivas describen la posición de una persona verdaderamente regenerada. Entonces añaden, usando palabras encontradas en su versión vernácula, que tales personas regeneradas como ésas, *si* recayesen, que les sería imposible renovarse para arrepentimiento. Se notará el uso enfático de "si". De hecho, estos intérpretes exponen que es una adición puramente hipotética; los verdaderos regenerados no pueden "recaer".

Sin embargo la gramática del original no permite tal lectura del pasaje. La quinta cláusula no puede ser una mera adición hipotética a lo que es, de otra manera, unas circunstancias reales. La traducción literal que expuse lo demuestra en el castellano. En el griego la gramática está igualmente clara. Tenemos en una serie de *cinco participios iguales y coordinados del tiempo aoristo*. Las personas descritas han hecho igualmente las cinco cosas: fueron iluminados, experimentaron el don de Dios, fueron hechos partícipes del Espíritu Santo, experimentaron la buena palabra de Dios y las obras milagrosas del siglo venidero y recayeron.

Así es exactamente como reza el griego original. Tomo por sentado que a veces los traductores de la Biblia a otros idiomas introducen "si" para ayudar a "suavizar" una frase muy larga y hacerlas más leíble, y al mismo tiempo eliminan el griego *kai* ("y"). [Por ejemplo, en la versión inglesa "King James", el principio del 6.6 reza: "Si recaen...". En la versión castellana Dios Habla Hoy, el versículo comienza: "si caen de nuevo...".] El Dr. Kent reconoce lo que involucra aquí: "Gramáticamente no hay justificación para tratar el último [participio] de la serie distintamente de los otros".[34] *La Biblia de las Américas* provee una traducción especialmente clara y precisa: "Porque en el caso de los que fueron una vez iluminados... pero *después* cayeron, es imposible renovarlos otra vez para arrepentimiento".

¿Cuál es la naturaleza de la imposibilidad mencionada?

Sobre las personas que han experimentado las cinco cosas detalladas, el autor de Hebreos dice que no es posible renovarlas de nuevo para arrepentimiento. Es una afirmación muy fuerte. Se ve su énfasis en el hecho de que el autor coloca "imposible" al principio de la oración.

Hay dos aspectos involucrados en esta imposibilidad, aunque no pueden estar separados. En primer lugar, hay que considerar lo *qué* es imposible. Es imposible "renovarles para arrepentimiento". Esta frase aclara el hecho de que previamente se habían arrepentido. El arrepentimiento es un cambio total del corazón, de la mente y de la voluntad. Ahora que ha ocurrido el recaer, no es posible ningún arrepentimiento de esta creencia apóstata. Todo esto parece bastante obvio de las palabras mismas.

En el contexto inmediato ya se ha introducido el arrepentimiento. En 6.1-3 el autor ha dicho que deberíamos, en nuestra experiencia, dejar que se nos lleve hacia la madurez más bien que echar de nuevo (entre otras cosas) el fundamento del "arrepentimiento de obras muertas". Él añade en los versículos 4-6 que la persona convertida que recae no puede ser renovada para arrepentimiento. Así pues, está claro que se quiere decir el mismo arrepentimiento: el arrepentimiento de las obras muertas que ocurre al momento de la conversión.

La asociación del "arrepentimiento" en 12.15-17 con una advertencia en contra de la apostasía respalda este entendimiento. Se vincula la advertencia de que "no sea que alguno deje de alcanzar la gracia de Dios" como en el caso de Esaú para quien "no hubo oportunidad para el arrepentimiento", un arrepentimiento que le hubiera permitido recibir la herencia con que él había traficado tan trágicamente.

La segunda consideración es *por qué* no hay posibilidad para el arrepentimiento. La explicación se encuentra en la frase: "crucificando de nuevo para sí mismos al

Hijo de Dios y exponiéndole a vituperio" (RV/1960). Literalmente la frase es: "ellos crucificando de nuevo a/para sí mismos al Hijo de Dios y exponiéndole al vituperio público". En los tiempos romanos la cruz fue un objeto de vergüenza destacada. "Se identifican [a los apóstatas] con aquellos cuyo odio por Cristo les llevó a exhibirle como un objeto de menosprecio sobre una horca romana".[35] Arminio se enfrentó a la objeción expuesta por William Perkins en contra de la posibilidad de la apostasía, basándose en que "la defección total de la fe verdadera exigiría un segundo injerto si, de hecho, la persona al recaer, pudiera salvarse". También escribió: "No es absolutamente necesario que la persona que recae debería ser injertado de nuevo; de hecho, algunos dicen, basándose en Hebreos 6 y 10 que una vez recaída, la persona que totalmente recae de la fe verdadera, nunca puede ser restituida para arrepentimiento".[36] No está claro aquí si esa fue al opinión de Arminio mismo. Está claro que Tomas Grantham, uno de los primeros teólogos de los bautistas generales, estaba de acuerdo de que la apostasía es "un 'estado irrevocable' del cual el apóstata nunca puede volver".[37]

En este pasaje los traductores de la versión inglesa "King James" añadieron la palabra "viendo que" a esta parte del versículo 6: "*viendo que están* crucificando de nuevo para sí mismos…". Hay muy pocos intérpretes que les darían la razón en esta adición. Los tecnicismos de la gramática son que estos son participios circunstanciales, que deja al intérprete determinar del contexto exactamente qué tipo de circunstancia se quiere decir. Así Robert Shank ofrece su opinión de que son circunstancias de *tiempo* y no de causa (como en la versión de "King James"). Por tanto, él lo traduce: "Es imposible renovarles de nuevo para arrepentimiento *mientras tanto* estén crucificando…y exponiéndole al vituperio público".[38]

Tal traducción conduce a la conclusión de que se puede remediar la apostasía descrita en el pasaje, que el arrepentimiento de la apostasía para volver a Dios no es, en el final, imposible. Westcott (aunque diferente que Shank, ve los participios como causales) cree que el pasaje enseña la apostasía y que se puede remediar: "La causa moral de la imposibilidad que se ha afirmado…es una hostilidad activa y continua a Cristo en las almas de tales hombres".[39] Por lo tanto él limita la imposibilidad a la agencia *humana* y sugiere que la agencia *divina puede* lograr en tal caso una restauración de la muerte a la vida (técnicamente no otro nacimiento nuevo).[40] Estoy de acuerdo con Howard Marshall en que "El pasaje no nos da ningún derecho a confirmar que podría existir una intervención especial de Dios para restituir a aquellos que los hombres no pueden [guiar al arrepentimiento]".[41]

Muy pocos son los intérpretes que exponen que se puede remediar la apostasía descrita en el pasaje. Existen algunos argumentos buenos en contra de tal idea. Uno es que la cláusula simplemente no encaja aquí con una cláusula temporal. Sólo "se siente correcto" como una causal, y los intérpretes y traductores casi son unánimes en expresarlo: "Es imposible…*porque* están crucificándole de nuevo".

Otra cosa es que el énfasis que cae en "es imposible", como ya se ha notado, tiene más sentido si es una imposibilidad real (y no meramente una para los humanos). La interpretación expuesta por Robert Shank resulta en afirmar que es imposible renovar para arrepentimiento mientras tanto que ellos persistan en su actitud de rechazo, que en sí no tiene sentido puesto que siempre es imposible llevar a nadie al arrepentimiento mientras que persista en su rechazo de Cristo. El Dr. Bruce dice que tal idea es "un dicho que salta a la vista que no merece expresarse".[42] Esta opinión del Sr. Shank es casi como decir que es imposible llevar a tal persona al arrepentimiento mientras que persista en una actitud que le hace imposible ir hacia el para arrepentimiento; y tal expresión es pura tautología. La idea del Dr. Westcott no es igual de débil. Lo que dice es que es imposible que *los hombres* puedan conducir a esta persona al arrepentimiento debido a su hostilidad activa y continua a Cristo. Pero aún así, su opinión tampoco trata la frase como merece; siempre es imposible para los hombres producir el arrepentimiento sin la agencia divina.

Otro aspecto: hay que tratar 6.7, 8 debidamente. El "porque" del versículo 7 se adjunta estos dos versículos a 6.5, 7 como una razón, dada en la forma de una ilustración. Así, que, la imposibilidad de 6.4-6 no se encuentra meramente en la actitud del apóstata sino también en el juicio de Dios. La tierra en la ilustración es "tierra réproba",[43] *adokimos* (como en 1ª Corintios 9.27, "ser eliminado").

Finalmente, una razón para considerar la apostasía de 6.4-6 como final se ve en los otros pasajes en Hebreos que la tratan. De esta manera 2.1-4 nos pregunta cómo vamos a escapar si "nos deslizamos" de esta salvación tan grande, implicando que no hay escapatoria. El pasaje que comienza con 3.7 respalda su advertencia en contra de la apostasía recordándonos de los israelitas a quienes Dios juró que no entrarían en el descanso prometido. Otra vea, en 12.25, la advertencia es que no escaparemos si le desechamos.

El pasaje en 10.26-39 especialmente ilumina la finalidad seria de la apostasía. Nos advierte aquí que la persona que retrocede no agradará al alma de Dios (v. 38). F. F. Bruce habla aquí del "desagrado divino que vendrá sobre tal persona".[44] También el pasaje nos provee la razón verdadera para la imposibilidad: para la persona que vuelve al pecado, así pisoteando bajo sus pies la sangre del sacrífico de Cristo hecho por nosotros e insultando al Espíritu de gracia, "ya no queda más sacrificio por los pecados" (v. 26). La sangre de Cristo es la única expiación por los pecados. Habiéndola experimentado y después al rechazarla, el apóstata no tiene ningún otro lugar para buscar ayuda. Hablar de crucificar de nuevo a Cristo y exponerle públicamente (6.6) se refiere claramente a la mismo cosa de pisotear y considerar la sangre de la expiación por inmunda (10.29).

Entonces, por todas estas razones parece claro que la apostasía enseñada en estos versículos es una apostasía final e irreversible.

3. Otras Puntos de Vista del Texto

Brevemente y en la forma de un resumen, se debe notar los puntos de vista de aquellos que no están de acuerdo con la posición expuesta aquí, sean calvinistas o subcalvinistas. Entre los que no creen que sea posible una apostasía personal de la fe salvífica, hay dos maneras principales para explicar Hebreos 6.4.6.

1) La negación de la regeneración

En primer lugar se expone que la intención del autor no fue describir a las personas del pasaje como realmente regeneradas. Kenneth Wuest expresa el punto de vista de que la "apostasía" en Hebreos es "el acto de un judío no convertido... que renuncia su fe confesada en el Mesías".[45] F. F. Bruce les compara a personas "inmunizadas contra una enfermedad por medio de recibir una inyección leve de ella...algo que, en el momento, parece tan real que equivocadamente se cree que es genuina.[46] Leon Morris habla de Simón el magno, citando Hechos 8.13 de que él creyó "y habiéndose bautizado, estaba siempre con Felipe". Entonces nota: "Este hecho es tan definido como cualquier hecho en Hebreos 6".[47] (De hecho, ¡todo lo que hay en Hebreos 6 es mucho más definido que la experiencia de Simón!)

Ya se ha contestado este enfoque anteriormente y no es necesario que hablemos mucho de él de nuevo. (Uno quisiera decir que tal exégesis sirve la necesidad del calvinista para invalidar el punto de vista arminiano; sin embargo se pregunta si sirve igualmente bien como una base para advertir a las personas que se encuentran en tal peligro.) El hecho es que los cuatro participios positivos describen, en la manera clara más posible, una conversión genuina. Aún el Dr. Kent lo tiene correcto cuando dice que él "duda si, al encontrar la misma descripción en otro lugar, estos intérpretes tratarían de explicarla de otra manera excepto por la plena regeneración".[48] Roger Nicole, después de haber expuesto las explicaciones calvinistas del hecho de que esos apóstatas se habían "arrepentido" anteriormente, reconoce que "ninguna de estas explicaciones se queda libre de dificultades, aunque uno puede preferir acudir a ellas más bien que sentir la obligación de aceptar la conclusión de que un individuo regenerado puede perderse".[49] ¡Bueno por su sinceridad, malo por su objetividad exegética!

2) Advertencias hipotéticas

El otro enfoque dice que el escritor sólo trata una situación hipotética. He notado anteriormente que tal interpretación simplemente no funciona tratando de considerar los primeros cuatro participios como reales y luego tratar el quinto como hipotético. Pero algunos intérpretes insisten en explicar el pasaje de esta manera. En otras palabras, dicen que lo que el pasaje realmente está describiendo es una persona verdaderamente regenerada que comete la apostasía. Pero luego exponen que tal caso es hipotético y nunca puede ocurrir.

Este es el punto de vista del Dr. Kent. Sugiere que "El autor ha descrito un supuesto caso, reconociendo, por el momento, las presuposiciones de algunos de sus lectores confusos e indecisos".[50] Es decir, tomando por sentado que los lectores como cristianos verdaderos sentían la tentación de abandonar el cristianismo para volver al judaísmo, el escritor les demuestra la necedad de tal consideración, diciendo que tal persona verdaderamente salva que abandona a Cristo nunca podría salvarse de nuevo. "Los creyentes verdaderos (viendo la consecuencia horrible de una apostasía, si fuera posible) sería advertidos por esta declaración para mantenerse firmes (y desde la perspectiva humana las advertencias bíblicas forman un medio para asegurar la perseverancia de los santos)".[51]

Homer Kent cita al Dr. Westcott para esta explicación: "El caso es hipotético. No hay nada para demostrar que se han cumplido las condiciones finales de la apostasía fatal, menos para decir que se hayan cumplido en el caso de cualquiera de las personas que recibieron la carta. De hecho, se toma por sentado lo contrario:

vv. 9ss".[52] Pero es evidente que el Dr. Kent se equivocó en su entendimiento de lo que escribió el Dr. Westcott porque éste quería decir algo distinto con su uso de "hipotético", porque cree que la apostasía es una posibilidad *verdera*. Donald Guthrie entiende al Dr. Westcott más correctamente: "Parece que el escritor está pensando en un caso hipotético, aunque en la naturaleza del argumento entero se debe suponer que era una posibilidad real".[53]

En este sentido, se puede argüir que el escritor de Hebreos no necesariamente está describiendo a personas que ya han cometido apostasía, como implica el 6.9. Al mismo tiempo, estoy seguro que el pasaje describe la apostasía como una posibilidad real, aún si es sólo un caso extremo. Si el escritor describe las consecuencias horribles que resultaría si las personas fueran salvas y finalmente apostataran no lleva en sí ninguna advertencia si no puede suceder tal cosa. Como lo expone el Dr. Morris: "Si él no está hablando de una posibilidad real, su advertencia no significa nada".[54] En el capítulo anterior he mencionado el hecho de que los teólogos que no creen que la apostasía sea posible ¡en realidad están advirtiendo en su contra!

Además, la gramática de este pasaje va en contra de la idea que es meramente una construcción hipotética. Los griegos tenían varias maneras para presentar las proposiciones hipotéticas: el modo subjuntivo, el modo optativo y aún el imperfecto del modo indicativo (por ejemplo, como en el 11.15). Pero los participios aoristos, empleados como son en esta oración, simplemente no transmite una hipótesis. He contado unos 77 ejemplos del participio aoristo en la carta a los Hebreos, y ni uno de ellos es hipotético, excepto si se cuentan los de 6.4-6 y de 10.29 donde la gramática y la teología son iguales que aquí.

Si miramos no a los participios sino a la cláusula principal, el escritor está diciendo abiertamente que "Es imposible renovarles [a ellos] para arrepentimiento", y no que *sería* imposible renovarles bajo las circunstancias dadas. La construcción es exactamente igual como en 6.18 (es imposible que Dios mienta); en 10.4 (es imposible que la sangre de toros y de los machos cabríos quita el pecado); y en 11.6 (es imposible agradar a Dios sin fe).

En cada manera el escritor está diciendo directamente que no es posible renovar para arrepentimiento a las personas que han hecho las cinco cosas que él detalla. Esta advertencia, considerada en sí misma o en asociación con las advertencias repetidas en toda la carta, se ve tan eficaz porque esta apostasía es posible y su recuperación imposible.

Habiendo considerado la manera en que se interpreta el texto por los que rechazan la posibilidad de la apostasía, debo añadir, para completar la presentación, que aquellos que creen en la posibilidad de la apostasía pero también creen que se puede remediar, interpretan el texto distintamente que la manera que he sostenido en este capítulo. Ya se han mencionado los puntos de vista (distintos) de los Srs. Shank y Wescott a este efecto y no hace falta repetir la discusión aquí. Sólo notaré que los usos de "imposible" en Hebreos (6.18; 10.4; 11.6) dan peso al punto de vista que expone que la palabra no se refiere a una imposibilidad "temporaria", sino a algo que en su naturaleza es imposible. Dice el Dr. Guthrie: "Las declaraciones todas son absolutas".[55] Scott McKnight, después de hacer una comparación de todas las advertencias, saca la conclusión: En tal contexto, se ha de entender 'imposible' como 'Dios ya no obrará más en ellos porque es imposible que sean restituidos'".[56]

Conclusión

Igual que se ha notado anteriormente, hemos de obtener nuestra doctrina acerca de cualquier tema de un pasaje que trata directamente tal tema. Hebreos 6.4-6, y toda la carta, parece demasiado claro para disputarlo: la apostasía personal de una condición verdaderamente regenerada es realmente posible y la recuperación de ella es imposible.

Por tanto esta apostasía es mucho más seria que lo que la mayoría de las personas quieren decir con "deslizarse". Puesto que la salvación viene primeramente, y siempre, por la fe, esta apostasía tiene que ver con una defección deliberada del conocimiento salvífico de Cristo. Es una retractación final de la fe aquel en quien solo se encuentra el perdón de los pecados. El apóstata abandona la cruz donde encontró la redención: "En su rechazo de Cristo ellos mismos se colocan en la misma posición de aquellos que, deliberadamente rehusando su aseveración de ser el Hijo de Dios, le crucificaron y le expusieron al vituperio público".[57]

Yo debería añadir probablemente que tal apóstata, no deseará, evidentemente, encontrar el perdón en Cristo. Es precisamente lo que ha abandonado. Aquellos que sinceramente desean el perdón y el compañerismo con Dios no han cometido la apostasía. "Aquellos que se preocupan en cuanto a que si hayan cometido este pecado se manifiestan, por tanto, que no la han cometido...La apostasía en Hebreos conduce...al orgullo en la rebelión deliberada en contra de la voluntad de Dios".[58]

Mi propósito con esta obra no incluye el desarrollo de las implicaciones prácticas de esta enseñanza. Como resumen de tales implicancias, las observaciones de Osborne bien nos servirán: "El único remedio [en contra del peligro de la apostasía] es una perseverancia constante en la fe, y un crecimiento continuo hacia la madurez cristiana".[59] También hemos de notar que el escritor de Hebreos "llama a sus lectores que ayuden el uno al otro por medio de la exhortación mútua durante su peregrinaje[60] (Ver 3.13; 10.24s; 12.12s; y 13.17.).

2ª Pedro 2.18-22

Debido a razones de espacio y para no repetirme, no intentaré tal trato tan desarrollado de este pasaje como se ha hecho por el pasaje de Hebreos 6.4-6. Aún así, me parece claro por un estudio cuidadoso de toda la epístola (mucho más detallado que el de Hebreos) que el mismo tipo de análisis produce los mismos resultados.

Por ejemplo, las consideraciones del contexto son similarmente importantes e indicativas. En toda esta carta Pedro[61] está pensando en el peligro de la apostasía, y él se refiere específicamente a ella en 1.8, 9 y 3.17. Estos dos pasajes, digamos, actúan como si fueran un par de sujetalibros sosteniendo esta biblioteca pequeña que tiene que ver con la importancia del crecimiento espiritual como una fortificación en contra de la apostasía de la doctrina falsa. Este pasaje delante de nosotros revela la clave de la razón por la cual Pedro advierte tan severamente a sus lectores.

He aquí un borrador de una traducción propia de 2ª Pedro 2.18-22:

> Porque, diciendo (palabras) sobreinfladas de vaciedad, ellos [los falsos maestros descritos en los versículos anteriores] seducen, en las malos deseos de la carne con excesos licenciosos, a los que verdaderamente (o ahora mismo) han escapado de aquellos que viven en error, prometiéndoles la libertad, ellos mismos siendo esclavos de la corrupción; porque lo que venza a una persona, le hace esclavo. Porque si (después de) escapando las contaminaciones del mundo por medio del conocimiento de nuestro Señor y Salvador Jesucristo, se les vence otra vez enredándose con éstas (contaminaciones), les ha llegado que "el postrero es peor que el primero". Porque mejor les hubiera sido no haber llegado al conocimiento del camino de la justicia que, (después) llegando al conocimiento, volverse atrás del mandamiento santo que les fue dado. Les ha ocurrido lo del proverbio verdadero: "Un perro volviendo a su vómito", y "Una puerca lavada para revolcarse en el cieno".

Una cuestión preliminar tiene que ver con la identidad de "ellos" en el versículo 20, a los cuales se refieren como apóstatas: ¿Son los falsos maestros? o ¿son sus víctimas? Debido al hecho de que en este pasaje Pedro está tratando el tema como una apostasía que ya ha ocurrido, creo que él está identificando a los falsos maestros como los apóstatas. Sin embargo, como observa George Bauckham, "Los falsos maestros ya se encuentran en un estado de apostasía definida en los versículos 20-22; sin duda sus seguidores corren el riesgo de llegar al mismo estado".[62] No obstante para nuestros propósitos aquí, no importa a cuál grupo se refiere Pedro como apóstatas o en peligro de la apostasía.

Los "movimientos" principales del pasaje pueden verse relativamente fácil:

vv. 18, 19: los intentos de los falsos maestros de seducir a los creyentes;
vv. 20, 21: la apostasía que ejemplifican;
v. 22: una analogía ilustrativa.

Por tanto, en la discusión de la apostasía los versículos claves son 20 y 21. Sin tomar el tiempo para analizar lo que venía antes, procederé a las cuestiones principales del tema.[63]

1) Hay por lo menos tres frases que pueden verse que demuestran que Pedro cree que esos apóstatas tuvieron una experiencia cristiana genuina.

En primer lugar ellos habían escapado totalmente de las contaminaciones del mundo, que trae a la mente la frase en 1.4. El verbo arista *apofugontes* (vr. 20 y 1.4) hace recordar el tiempo de su conversión.

Segundo, lograron escaparlas "por el conocimiento del Señor y Salvador Jesucristo". Un estudio especial del uso que hizo Pedro de *epignosis* me deja sin duda alguna de que él usa conscientemente este palabra compuesta para el conocimiento que representa el conocimiento salvífico de Cristo que uno recibe al momento de su conversión.[64]

Tercero, ellos habían llegado a conocer "el camino de la justicia". El verbo "haber conocido" es cognado con el sustantivo *epignosis* y se emplea aquí con el mismo significado. El hecho que se encuentra en el tiempo perfecto recalca el estado de conocimiento que continuaba después de la conversión inicial. "El camino de la justicia" es obviamente lo mismo como "el camino de la verdad" en 2.2. y como "el camino recto" de 2.15.

Como ya he observado en referencia a las cuatro expresiones empleadas en Hebreos 6.4-6, sería difícil encontrar una mejor descripción de lo que quiere decir ser cristiano. Después de haber comparado las palabras de estos pasaje con las de 1.3, 4, el Sr. Bauckham llega a la conclusión de que son similares porque "este es el vocabulario en que nuestro autor expresa el contenido esencial del cristianismo".[65]

2) Hay dos expresiones que manifiestan la apostasía que Pedro adscribe a ésos y la cual advierte a sus lectores. Cada una de ellas hace un contraste marcado a la experiencia descrita previamente.

En primer lugar, ellos se han enredado "otra vez en ellas (las contaminaciones del mundo)". ¡Y esto ha ocurrido después de haber escapado las mismas contaminaciones! A la luz de 1.19b, su derrota es lo mismo a ser hecho esclavo. Está clarísimo que esos apóstatas han regresado a la práctica de la vileza carnal que les había profanado previamente.

En el versículo 20, "si" no mitiga esta conclusión. Su uso es lo que se llama de condición de primera clase en el griego, es un "si" de realidad que podría traducirse "puesto que". Aún el Dr. Kistemaker, una calvinistas total, reconoce que esas personas fueron una vez "cristianos ortodoxos" que "escaparon las contaminaciones del mundo", pero en seguida procede para hacer que esos "cristianos ortodoxos" sólo fueran ortodoxos en una confesión y su manera de vivir exteriores.[66] No parece darse cuenta de lo contradictorio que suena su afirmación, ni de la diferencia entre su interpretación y el significado obvio de Pedro.

Segundo, ellos han llegado al lugar donde le han de dado las espaldas al somto mandamiento que les fue entregado". ¡Y esto después de haber conocido el camino de la justicia! El "santo mandamiento" podría ser "la ley moral del evangelio"[67] o "toda la gama de la verdad del evangelio"[68] o mejor, "la cristiandad como una manera total de vivir".[69] Les fue dado cuando el evangelio les fue predicado y sus implicaciones enseñadas. Es un santo mandamiento porque aparta a las personas para Dios y les enseña una manera de vida que es apropiada para los santos.

3) Pedro indica la seriedad de esta apostasía con el uso de dos expresiones y un proverbio.

Primero, "su postrer estado viene a ser peor que el primero". Sin duda Pedro alude a las palabras de Jesús en Mateo 12.45, y ve el cumplimiento de este principio en la experiencia de esos apóstatas. Ya se encuentran en un estado peor del que vivían antes de llegar al conocimiento salvífico

Segundo, "mejor les hubiera sido no haber conocido el camino de la justicia". Esta es una afirmación increíblemente chocante: ¿hay algo que podría ser peor que nunca haber llegado al conocimiento salvífico del camino del Señor? El Dr. Kelly nota que los apóstatas ya son peores que los incrédulos no convertidos "porque han rechazado la luz".[70] Y si nuestro estudio de Hebreos nos ha llevado a las conclusiones correctas, entendemos aún mejor por qué Pedro se expresa tan enfáticamente. No se puede recuperar a un apóstata; un incrédulo puede salvarse.

Tercero, Pedro lo ilustra con un dicho proverbial doble. La expresión "les ha acontecido lo del verdadero proverbio" a los apóstatas quiere decir que los proverbios concuerdan con su situación. Igual que un perro que regresa para lamer su vómito que le enfermó en el principio, igual que una puerca lavada vuelve al cieno que la ensució antes, así esos apóstatas regresan a la maldad que esclaviza y contamina desde donde habían sido rescatados antes.

Los intérpretes que tratan de mitigar la enseñanza de Pedro sugiriendo que la naturaleza verdadera de la puerca o del perro no habían sido cambiadas, así implicando que esos falsos maestros apóstatas nunca fueron regenerados, están tratando de sacar más jugo del proverbio que el que contiene. De hecho, para interpretar los dos proverbios, hay que emplear las palabras más claras que lo preceden, no al revés. El párrafo anterior expresa precisamente el significado que los proverbios quieren comunicar.

En conclusión, está claro que Pedro describe una apostasía verdadera del cristianismo genuino. No continuaré más sobre este pasaje para contestar las interpretaciones calvinistas dado que mis respuestas serían esencialmente una repetición de lo que contesté de las interpretaciones calvinistas sobre el pasaje de Hebreos 6.

Lectura adicional de la enseñanza bíblica sobre la apostasía

en español

F. Leroy Forlines, *Teología Cristiana Sistemática* (Casa de Randall, 1992), pp. 208-231.

en inglés

I. Howard Marshall, *Kept by the Power of God* (Bethany, 1969)

Scot McKnight, "The Warning Passages of Hebrews: A Formal Analysis and Theological Conclusions", en *Trinity Journal* 13NS (1992), 21-59.

Grant R. Osborne, "Soteriology in the Epistle to the Hebrews" en *Grace Unlimited*, redactor, Clark H. Pinnock (Bethany Fellowship, 1975). 144-166.

Robert Shank, *Life in the Son* (Wescott, 1960). (El punto de vista de Shank no paralela totalmente al de este escritor.)

Notas del Capítulo 13

[1] Homer A. Kent, *The Epistle to the Hebrews: A Commentary* [*La epístola a los hebreos: un comentario*] (Editorial BMH Books, 1972), 23.

[2] Kent, 25.

[3] W. H. Griffith Thomas, "Let Us Go On" [*Qué continuémonos*] (Editorial Westcott Publishers, 1960), 233.

[4] Robert Shank, *Life in the Son* [*Vida en el Hijo*], (Editorial Westcott Publishers, 1960), 233.

[5] Grant R. Osborne, "Soteriology in the Epistle to the Hebrews" [*"La soteriología en la carta a los hebreos"*] en *Grace Unlimited* [*Gracia ilimitada*], Clark H. Pinnock, redactor, (Editorial Bethany Fellowship, 1975), 146.

[6] Donald Guthrie, *Hebrews* [*Hebreos*] (*Tyndale NT Commenaries* Editorial Inter-varisty, 1983), 81.

[7] I. Howard Marshall, *Kept by the Power of God* [*Guardados por el poder de Dios*], (Editorial, Bethany, 1969), 139.

[8] George Wesley Buchanan, *To the Hebrews* [*A los hebreos*] (Anchor Bible: Editorial Doubleday, 1972), xix.

[9] B. F. Westcott, *The Epistle of Hebrews* [*La epístola a los hebreos*] (Editorial Eerdmans, 1955), xlviii.

[10] Kent, 47.

[11] Westcott, xlviii.

[12] *Theological Dictionary of the New Testament* [*Diccionario teológico del NT*], (Editorial Eerdmans, de aquí en adelante identificado como DTNT), I:513.

[13] R. C. H. Lenski, *The Interpretation of the Epistle to the Hebrews and the Epistle of James* [*La interpretación de la epístola a los hebreos y a la epístola de Santiago*] (Editorial Wartburg Press, 1956), 118.

[14] F. F. Bruce, *La Epístola a los Hebreos*, trad. Marta Márquez de Campanelli y Catharine Feser de Padilla, (Editorial Nueva Creación, 1987), 66.

[15] Guthrie, 106.

[16] Westcott, 85.

[17] Westcott, xlix.

[18] Westcott, 337.

[19] Westcott, 406.

[20] Scot McKnight, "The Warning Passages of Hebrews: A Formal Analysis and Theological Conclusions" [*"Los pasajes de advertencia de Hebreos: Un análisis formal y las conclusiones teológicas"*] (*Trinity Journal* 13NS [1992]), 21-59.

[21] Kent, 108.

[22] Osborne, 149.

[23] Guthrie, 142.

[24] Kent, 109.

[25] Lenski, 184.

[26] Osborne, 148, 149.

[27] DTNT, I:676.

[28] McKnight, 24, 25.

[29] McKnight, 47.

[30] McKnight, 49.

[31] Una excepción es T. K. Oberholtzer en una serie, "The Warning Passages in Hebrews" [*"Los pasajes de advertencia en hebreos"*] en *Bibliotheca Sacra* 145, 146 (1988-89).

[32] Kent, 110.

[33] McKnight, 39, 40.

[34] Kent, 108.

[35] Guthrie, 144.

[36] Jacobus Arminius, *The Writings of James Arminius* [*Los escritos de Jacobo Arminio*], trad. James Nichols y W. R. Bagnall (Editorial Baker, 1956), III:494.

[37] Matthew Pinson, "The Diversity of Arminian Soteriology" [*"La diversidad de la soteriología arminiana"*] (ensayo no publicado), 13, citando a Thomas Grantham, *Chistianismus Primitivus, or the Anciento Christian Religion* [*El cristianismo primitivo, o la religión cristiana de antaño*] (Londres, 1678), II:154.

[38] Shank, 318.

[39] Westcott, 151.

[40] Westcott, 150, 165.

[41] Marshall, 142.

[42] Bruce, 126.

[43] Bruce, 126.

[44] Bruce, 278.

[45] Kenneth S. Wuest, "Hebrews Six in the Greek New Testament" [*"Hebreos seis en el NT en griego*] (*Bibliotheca Sacra* 119 [1962], 46.

[46] Bruce, 119-121.

[47] Leon Morris, *Hebrews*, [*Hebreos*], (*Bible Study Commetary*; Editorial Zondervan, 1983), 59.

[48] Kent, 112.

[49] Roger Nicole, "Some Comments of Hebrews 6:4-6 and the Doctrine of the Perseverance of God with the Saints" [*"Algunos comentarios sobre Hebreos 6.4-6 y la doctrina de la perseverancia de Dios con los santos*] en *Current Issues in Biblical and Patristic Interpretation* [*Temas actuales en la interpretación bíblica y patrística*], G. Hawthorne, redactor, (Editorial Eerdmans, 1975), 361.

[50] Kent, 113.

[51] Kent, 113.

[52] Westcott, 165.

[53] Guthrie, 145.

[54] Morris, 59.

[55] Guthrie, 141.

[56] McKnight, 33 (nota 39).

[57] Bruce, 126.

[58] McKnight, 42, 43.

[59] Osborne, 153.

[60] Marshall, 153.

[61] Creo que Simón Pedro es el escritor inspirado de esta epístola. Para una defensa de este punto de vista y una presentación de otros asuntos introductorios, ver Robert E. Picirilli, "Commentary on the Books of 1 and 2 Peter" [*"Comentario sobre las epístolas de 1• y 2ª de Pedro"*] en *The Randall House Commentary: James, 1, 2 Peter and Jude* [*El comentario bíblico Randall: Santiago, 1ª y 2ª de Pedro y Judas*] (Editorial Randall House, 1992), 217-227.

[62] Richard J. Bauckham, *Word Biblical Commentary: Jude, 2 Peter* [*Comentario bíblico de Word: Judas, 2ª de Pedro*] (Editorial Word, 1983), 277.

[63] Para un tratamiento más completo, ver Picirilli, "Commentary", 285-292.

[64] Robert E. Picirilli, "The Meaning of 'Epignosis'" [*"El significado de 'Epignosis'"*] (*Evangelical Quarterly* 47:2 [1975], 85-93).

[65] Bauckham, 276.

[66] Simon J. Kistemaker, *New Testament Commentary: Peter and Jude* [*Comentario del NT: Pedro y Judas*] (Editorial Baker, 1987), 311, 312.

[67] Henry Alford, *The Greek New Testament* [*El nuevo testamento griego*] tomo 4 (Editorial Deighton, Bell and Co., 1871), 411.

[68] R. C. H. Lenski, *The Interpretation of the Epistles of Peter and Jude* [*La interpretación de las epístolas de Pedro y de Judas*] (Editorial Wartburg Press, 1945), 340.

[69] J. N. D. Kelly, *A Commentary on the Epistles of Peter and Jude* [*Un comentario sobre las epístolas de Pedro y Judas*] (Editorial Baker, 1981 reimpreso), 350.

[70] Kelly, 349.

Epílogo

Al llegar al fin de una presentación extendida, uno se pregunta si puede terminarla sin parecer demasiado abrupto, o si ha habido algún patrón general para todo lo que ha dicho, o sea, algo que puede resumirse en unas pocas oraciones o unos párrafos.

En estas páginas he tocado muchos temas. ¿Se pueden incorporar en uno solo? Creo que sí, y últimamente este tema es: *Si la salvación es por la fe o no*. El asunto es, que no se ha expresado el tema tan frecuentemente en estos términos como debería haberlo hecho. Es tan simple, y es tan complejo y allí es donde hemos de enfocarnos.

No debemos equivocarnos en esto: la posición calvinista tradicional es que la salvación *no* es por la fe, y los elementos distintos en la teología de la salvación lo destacan. Cuando el calvinista mira hacia atrás en la eternidad para explorar el plan de Dios, ve la salvación por la elección sin tomar en cuenta cualquier decisión tomada por el hombre. Habiendo tomado la decisión, Dios envía a Cristo para redimir a los escogidos y sólo a ellos. Cuando llegue su tiempo en la historia humana, para experimentar esa redención, el Espíritu de Dios primero regenera a la persona elegida para que le pueda dar la fe que Dios mismo exige. Sin duda este resumen es demasiado simplificado, pero es preciso; y los capítulos anteriores sirven para rescatarnos de simplificación excesiva.

El arminiano reformado comparte algunos de los mismos principios bíblicos: el hombre es un pecador depravado, y en su naturaleza es incapaz de recibir la gracia salvífica de Dios. Por tanto, la salvación debe ser totalmente por medio de la gracia y no por las obras, y sin duda, el plan todo inclusivo de Dios para su creación se llevará a cabo. Aun así, la salvación es por la fe. Dios constituyó al hombre con una agencia moral, y la voluntad divina en cuanto al hombre es que tenga la libertad para elegir. Por tanto, cualquier persona que ejerce esta decisión hacia el bien o hacia el mal, como tal, cumple la voluntad de Dios. Viendo el destino del hombre como caído, Dios determinó proveer la redención para todos los seres humanos y aplicarla a todo aquel que la recibe por la fe. Dios hizo esta provisión por medio de la obra expiatoria de Cristo. Igualmente él determinó que mientras el evangelio de esta redención se extiende así también, por la gracia pre regeneradora, el Espíritu de Dios capacitará al hombre para ejercer la fe que él exige. Así pues, todas las bendiciones de la salvación, sea la regeneración o la justificación, son por la fe, no por las obras y, por tanto, son totalmente de gracia. Una vez salvado por la fe, el creyente está guardado por medio de la fe.

Desde luego, la posición Arminiana es que este último es el punto de vista bíblico. El "secreto" de Dios en cuanto a la salvación es nada menos que la voluntad que él ha revelado en la Biblia, y esta voluntad es salvar a todos aquellos que creerán. ¡Qué viva para siempre el grito de la Reforma: sola fe, sola gracia, solo Cristo!

Índice de Citas Bíblicas

Índice de Autores y Temas

Otros títulos disponibles de la Casa Randall de Publicaciones

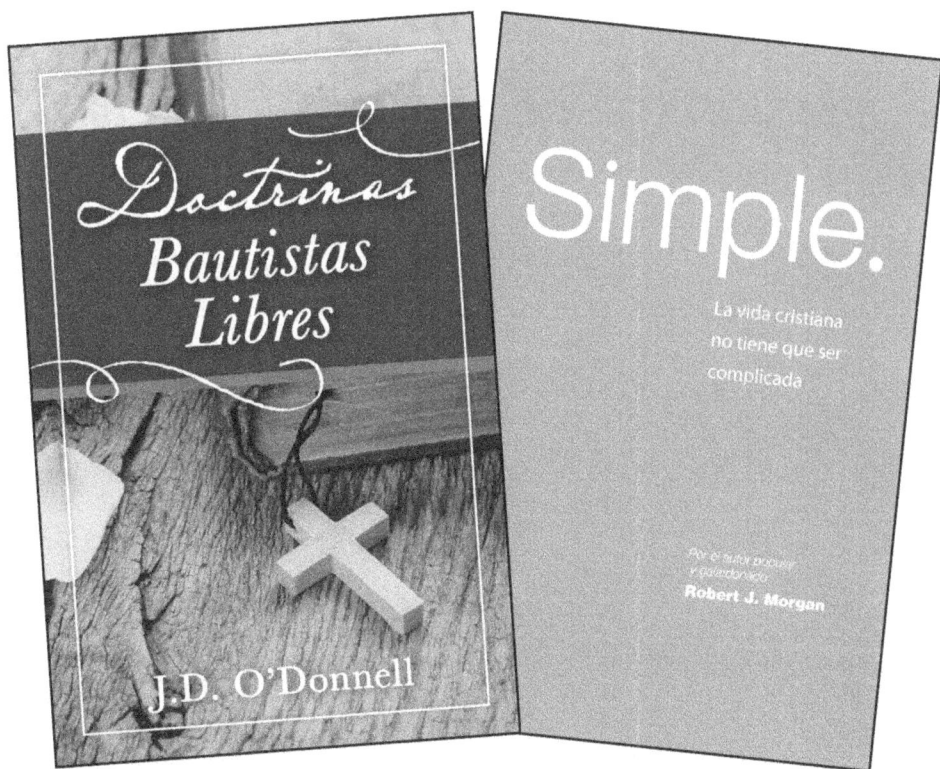

Para más información,
llame al 1-800-877-7030

www.ingramcontent.com/pod-product-compliance
Lightning Source LLC
Chambersburg PA
CBHW060022100426
42740CB00010B/1558